舆 论 学

——舆论导向研究

陈力丹 著

上海交通大学出版社

内 容 提 要

　　每个人都会感受到一种难以把握的外部精神力量对自己言行的制约。本书揭示的便是这种力量——舆论的内在要素、它的形成、形态、传播特征，以及与此相关的传播学理论、美学接受理论、舆论引导的若干问题。本书初版后受到社会的好评，被不少高校新闻传播学作为舆论学课程的教材使用。鉴于当前的新形势，本版增补了导言一和导言二，在论述舆论学基本理念的基础上，着重叙说了数字化时代舆论形成和传播的特点。全书分为九章，深入浅出，适合高校社会学、文化学和新闻传播学学生和研究者，以及对该领域感兴趣的社会读者。

图书在版编目(CIP)数据

　　舆论学：舆论导向研究 / 陈力丹著. —上海：上海交通大学出版社，2012(2024 重印)
　　ISBN 978 - 7 - 313 - 08576 - 4

　　Ⅰ. ①舆…　Ⅱ. ①陈…　Ⅲ. ①舆论—概论　Ⅳ.
①C912.63

　　中国版本图书馆 CIP 数据核字(2012)第 111411 号

舆论学
——舆论导向研究

陈力丹　著

上海交通大学出版社出版发行
(上海市番禺路 951 号　邮政编码 200030)
电话：64071208
常熟市大宏印刷有限公司印刷　全国新华书店经销
开本：787mm×960mm　1/16　印张：16.5　字数：255 千字
2012 年 6 月第 1 版　2024 年 1 月第 12 次印刷
ISBN 978 - 7 - 313 - 08576 - 4　　　定价：58.00 元

写 在 前 面

　　我希望年轻学子在阅读前先了解一下本书出版前后的事情,这也是一种对本学科历史的学习。

　　《舆论学——舆论导向研究》是我1994～1998年做的一项国家社科基金项目的成果,1999年出版。当时的课题费只有3万元人民币,其中1万元支付了出版费,研究工作十分清苦。我本意是研究舆论,而不是什么舆论导向,但是社科基金具有强烈的政治功利目的,纯粹的学术研究很难申请到经费,只好寻着课题指南的"舆论导向"思路申报,写作结构也不得不多少寻着申报的思路。所以,本书的主题和副题是矛盾的,主题论证舆论学的基本原理,说明舆论是自在的人民对于某些舆论客体的意见、态度、情绪,以及这些表达后面的人们的信念,而副题论证的是如何控制舆论。

　　人们的行为要受到法律的制约,否则社会无法形成和运作,但人们的思想是自由的,现代法律不能针对思想规定什么。当然,社会传播中存在种种无形的、自然的对人们思想的影响,例如传统文化和当代大众传媒及各种网络传播平台,但这些影响不是强制的。当对舆论有计划、有目的地进行控制的时候,问题就来了:谁赋予控制者这种权力?控制者凭什么凌驾于人民的思想之上,决定人们想什么和怎样想?这就涉及伦理和政治学的话题了。所以,这本书出版后单波教授就一眼看出来了书的结构矛盾,而其他的书评均是寻着时下舆论导向的套路说的。我劝单波不要发表这个书评,不然根据那时的氛围,书的存在就成问题了。

　　该项社科基金成果验收,我送审的代表章节是第六章(接受理论与引导舆论),这章在理论上比较艰涩。我知道我们有一批评委是拥有学者身份但不懂学术的,他们只会说套话和用当前的套路思想来审视别人,而真正有学术的人再艰涩也是能看懂的。果然,有的评委(均是匿名,至今我不知道是谁)评价很低,因为他们看不懂;有的评委评价很高,显然他们能够掂量出来我的研究在当时学界的水平。评审组长为难了,折衷给了中间的评价"良"。

不过,书的市场评价很高,中国广播电视出版社出版以后,连续六年每年增印一次,该书的责编退休、出版社的领导变动后,书到底印了多少次,我不知道了。当时是以字数算稿酬,第一次印刷后就没有什么稿酬了,印得再多也是出版社赚,我越来越忙,无暇过问。至今还有人问我哪里能买到此书,看来,这本书值得再版。据我身边人的统计,这本书的引证量进了本学科近十年的前十名内,是不是,没有追问过。

我实在太忙,无暇顾及这本书的再版问题。上海交通大学出版社 2011 年盯着我要做这本书,与我协商几次了。这时中国广电出版社的新任负责人电话找到我,希望我同意再版。我想,总有先来后到,上海交大先找我,于是同意与交大签约。但践约难啊,没有时间重做。于是想到现在的办法:正文原文不动,根据当前的情况在前面增设两个导言,一个简论本书的舆论学原理,一个讨论当前网络传播情形下的舆论问题。正文中只有一处增补了一小节,即第七章第三节内关于"议程设置论与舆论引导",对此加了"【增补】"的标识。之所以必须加上这段增补,在于议程设置论的传播效果是客观的,可是现在被学界较多地将其歪曲为舆论导向的理论基础,因而有必要对此加以辨明。

书出版后便是历史了,保持历史原样,对审视自己和当时社会的思想原状是有意义的。再版以附加的方式对现状的变化加以新的说明,可能是一种再版的好方式。

陈力丹

2012 年 2 月 25 日于北京时雨园

目　　录

导言一　关于舆论的基本理念

舆论(public opinion)这个词汇由"公众＋意见"构成,不论中外。"舆"即公众,"论"即意见。公众舆论、公共舆论、社会舆论等种种说法,同义反复。现代"舆论"的概念是在工业革命背景下提出的,意义重大。我们这里专门讨论一下舆论的基本理念及舆论形成的一些问题。

一、现代"舆论"概念体现"人民主权"的理念

现代西方的"public opinion"一词,直到 18 世纪才作为一个独立的词组。这个词组包含了"人民主权"的理念,而这种理念产生于文艺复兴时代。1762 年,法国启蒙学者雅克·卢梭(J. Rousseau)在他的《社会契约论》中首次将"公众"与"意见"组成一个概念,即"舆论"(法文 Opinino Publique)。

卢梭之前,17 世纪的英国哲学家约翰·洛克(John Locke)对舆论(当时尚没有 public 这个定语)的论述为后人提出 public opinion 做了思想准备。洛克把"舆论法则"(the law of opinion or reputation)作为一个范畴,与"神法"、"民法"相提并论。他提出:人们判断行为的邪正时所常依据的那些法律,可以分为三种:一为神法(divine law,相当现在所说的公法);二为民法(civil law);三为舆论法。他认为,舆论法判别的是美德和恶行,而美德完全是根据公众的评价来衡量的。他写道:"这些称、讥、毁、誉,借着人类底秘密的同意,在各种人类社会中、种族中、团体中便建立起一种尺度来,使人们按照当地的判断、格言和风尚,来毁誉各种行动。……他们借这种赞赏和不悦,便在人类中建立起所谓德行和坏行来。"①洛克使舆论从语义上摆脱了最初"不可靠判断"这一略带贬义的含义,而

---

① 洛克. 人类理解论(上)[M]. 北京:商务印书馆,1983:329 - 330.

承认公众舆论是一种合法标准。

马克思把舆论视为"一般关系的实际的体现和明显的表露"。① 马克思和恩格斯认为:"报纸是作为社会舆论的纸币流通的。"②恩格斯年轻的时候说过:"世界历史——我们不再怀疑——就在于舆论。"③(直译:世界历史进入舆论)工业革命背景下,舆论发生了怎样的变化? 他们概括了以下几点:

第一,共同利益愈来愈成为较大范围内的舆论的基础。在古代社会和中世纪,舆论依附于范围较小的共同体,稳定少变,作用有限。工业革命后,因共同利益而形成的舆论一旦激动起来,不解决问题是很难消退的。

第二,先进的阶层和发达地区愈来愈成为舆论的晴雨表。现代社会生活不停顿地动荡,交往频繁程度的差距迅速拉开,于是在各方面和各地的舆论中,自然出现了"带头羊"。这种舆论的"位差"成为现代舆论演进的动力之一。

第三,外部因素愈来愈容易引起舆论的变化。现代交往把每个人的生活同世界连成了一片,遥远地方发生的事件也会影响到人们的切身利益,因而舆论变得十分灵敏,外界的微小变动在一定条件下都可能引起舆论的变化,反过来影响整个社会的进程。

第四,政治自由愈来愈成为舆论发展的必要条件。在舆论不发展的时代,舆论对政治自由的要求是微不足道的。动荡的现代社会生活,使得舆论发达起来,原有的种种限制人民发表意见的政策,如书报检查、出版特许、保证金等就愈发变得不可容忍,政治自由的各种要求被提上了日程。

第五,舆论的逆向反映愈来愈强烈。政治自由实际上是对公众进行的一种公民素质的训练。由于舆论主体成熟起来,舆论的独立意识得到加强。如果舆论的控制者们循着老办法强行压制舆论,得到的将是愈来愈强烈的反抗。

第六,舆论的自发性特点。舆论是一种群体意见的自然状态,因而它的变化在一定程度上是被动式的,传统对现代舆论的影响虽然比过去时代减少,但仍然

---

① 中共中央马克思恩格斯列宁斯大林著作编译局.马克思恩格斯全集(第1卷)[M].北京:人民出版社,1956:237.
② 中共中央马克思恩格斯列宁斯大林著作编译局.马克思恩格斯全集(第7卷)[M].北京:人民出版社,1960:523.
③ 中共中央马克思恩格斯列宁斯大林著作编译局.马克思恩格斯全集(第41卷)[M].北京:人民出版社,1982:515.

不可忽视。这方面的舆论曾经相当程度上阻碍了英国现代化进程。

那么,现代舆论力量表现在哪些方面呢?他们认为:首先,舆论是对权力组织和政治活动家的制约力量。其次,舆论对立法是一种推动力量。第三,舆论所实现的是普遍的社会监督。舆论是公众对社会政治、经济、文化活动的一种评价。在市场经济发展的情况下,舆论趋向于成为一种普遍的社会监督的权力。

马克思使用过"舆论的陪审团"、"名誉审判席"、"批判的法庭"等用语;恩格斯使用过"舆论的权力"、"诉诸公众"、"诉诸公论"等用语,其意思是一样的,即每个人都会感受到周围一种无形的精神力量的制约。这是一种全方位的特殊的精神交往形式,传统、现实、社会关系、心理因素等等交织在一起。①

二、舆论的八要素

并非凡一些人发表了意见就是舆论。舆论应该有衡量的标准,否则我们可能由于把不是舆论的意见看作舆论而错误地判断了形势。舆论是否存在,有八个衡量的要素。

1. 舆论的主体——公众

这里的公众,应该是能够自主发表意见的人。如果发表意见的人不是自主的人,发出的意见不是舆论。自主公众是否形成,对于估量舆论的价值具有重要意义。各种社会团体(这里是指具有一定权力的团体)、党派、学校、企业和政府机关等的宣传部门、接待部门和公关部门,传播代表自己组织方针政策方面的信息,组织社会活动,执行着一种与舆论群体性质相近的职能,但他们不是舆论的主体。现在网上意见的主体是无名的、在虚拟空间聚合的网民。

2. 舆论的客体:现实社会,以及各种社会现象、问题

一般地把"有争议"作为舆论客体的一个重要标志,这是有道理的。如果把范围扩大一些,那么公众对现实社会所表现出来的情绪、态度、观点,只要形成一定规模,表现出某些趋向,那么这种一般的"现实社会"本身,也应视为舆论客体。

3. 舆论自身

舆论的直接表现是公开的意见,但还有许多时候人们并没有清晰地表达意

---

① 参见陈力丹.精神交往论[M].北京:中国人民大学出版社,2008:148-180.

见,而只是各种情绪的流露,这也应视为舆论的表现,只是较为曲折些罢了。

当受到外部信息的刺激时,人们常常不以观察和分析为基础,不经检验而作出接受(相信)或拒绝的反映。人们的"信念"这个深层次的东西在起作用。谈到舆论本身时,要把它看作是信念、意见和情绪表现的总和,这样看问题全面一些。

多数人对舆论的判断常常到此为止,主体、客体、意见本身,完了。其实,如果不具备下面一些要素,我们听到、看到的意见不一定是舆论。

4. 舆论的数量,即一致性程度

一般用占某一范围总数的百分比来表示。舆论的数量是辨别舆论存在与否、存在程度的一个客观标准。

掌握了整体中的多少,能够对整体产生决定性影响,或者可以使整体感觉到一种重要影响的存在。这个在整体中的"点"显然是个临界点。应用数学根据系统工程理论得出的计算结果,便是被称为黄金比例的"0.618"。

一般情况下,如果持某种健康观点的人在一定范围内达到 61.8%,这就已经是可以控制全局的量了,不要追求九成以上的人都说你希望听到的话,那是不可能的,即使出现也存在自我欺骗的假象。从另一方面看,如果某种你不喜欢的观点在一定范围内没有达到总体的 38.2%,这种意见的存在对于当权者来说是安全的,没有必要非得剿灭它。只是在超过 1/3 的时候,才需要予以注意了。这是运筹学的道理。一些事情做得形式上异口同声,显得颇为成功,其实已经把事情办得非常糟糕。因为多数情况下这是不可能的,不同意见的存在是很正常的现象,高度一致反而不大正常。

当然,对社会现象没有必要精确到小数点多少位,大概就是 1/3 多和接近 2/3 这样一个比例。在一定范围内有 1/3 多点的人持某种意见,这种由于开始对全局产生影响,故它已经从少数人的意见转变为舆论。在一定范围内有接近 2/3 的人持某种意见,这种意见已经可以统领全局,当然更是舆论,而且成为主导舆论。

5. 舆论的强烈程度

舆论的强烈程度有两种表现方式,一种是用行为舆论来表达,通常行为舆论比言语舆论的强烈程度大些,例如静坐、游行示威和其他更激烈的行为。这种舆论的强烈程度,一般通过实际的观察、访谈和体验进行估量。

另一种除了部分通过言语表达外,相当程度上表现为没有用言语表达的内在态度,其强烈程度需要通过舆论调查来测量其量级。需要根据舆论调查中常用的各种意见量表(例如"语义差异量表"、"社会距离量表"、"等线间隔量表"等)分析得来。

量表中对于舆论客体的态度通常提供择一的七个选择阶梯(我见到最多的是21个选择阶梯,最少的应该是5个),中心为"中立"或"无所谓",两边分别为正反两种意见的阶梯,例如"略加肯定、肯定、非常肯定"和"略加否定、否定、完全否定"。

如果有约1/3多的人所持的某种意见达到"略加"点,可以说这种意见转变为舆论,并表现出相对弱的强烈程度;如果2/3人的意见处于"非常"、"完全"点上,则舆论的强烈程度趋向极点。

舆论的强烈程度与公众对舆论客体的知晓程度相关。了解得越清楚,所有体验,对表达的意见倾向信心越强,意见的强度也就越大。

6. 舆论的持续性(存在时间),有时又称"舆论的韧性"

舆论一旦形成,总要存在一段时间,即使舆论客体消失了,人们还会有所议论,因为舆论的发生总是滞后于舆论客体的。舆论的存在时间或持续性是舆论存在的另一标志,短则几小时,长则多少年。人们对舆论的感觉,一定程度上是由于舆论通过它的持续性存在,给人不断刺激造成的。

它与舆论客体的情况有关。如果人们议论的客体所体现的观念与公众差距过大,或"问题没有解决",舆论持续的时间就会较长。

7. 舆论的功能表现:影响舆论客体

舆论存在的综合表现,是能够以自在的方式,直接地或间接地、明显地或隐蔽地影响着舆论客体。如果说一种舆论在它存在的范围内没有产生对客体的任何影响,那么,这种舆论便谈不上是舆论,而是一种一般的无足轻重的议论。人们所以能够感觉到周围存在着各种相近的或相对立的舆论,就是由于各种舆论在相互交织中时时影响着舆论客体,促使客体朝着主导性舆论的方向发展或转变。

8. 舆论的质量:含有理智与非理智成分

这个问题可以划分几个小点说。

(1) 舆论是一种群体意见的自然形态,因而它带有较强的自发性和盲目性,它的变化、发展在一定程度上是被动的。不稳定和多变是现代舆论的表面特征；同时由于传统的影响，舆论在一些问题上又相当滞后，传统的封闭社会的观念在较长的时期内还会对现实舆论发生作用，尽管这种影响力在逐渐减弱。

（2）舆论的主体公众，有时来自完全不同的社会阶层，因在某个问题上持有相同或相近的意见，于是在观念形态上呈现为相关联的舆论群体。而舆论本身，实际上也许只在表面意见上相同，进一步考察舆论的信念层次，会发现很大的差距。

（3）不少舆论主要是以不同的社会阶层、不同的发生范围、不同的舆论客体等等划分存在空间的，而不同空间的舆论主体的文化水平和信息接受能力悬殊。

（4）社会的中下层公众，经常决定着舆论的发展方向，具有较高文化水平的所谓精英阶层的舆论，有时并不能够左右这种舆论。

（5）即使是精英阶层的舆论，也是自在的形态，同样会受到各种现实和历史的政治制度、经济制度、文化环境、自身利益的影响，并非总是社会理智的代表。

基于以上五方面的分析，舆论中同时含有理智和非理智的成分是正常的。

舆论不同于自为组织的纲领政策，可以对各种问题表现得十分理智，它的自在形态决定了它在总体上是一种理智与非理智的混合体。

以上八个舆论的要素中，前七个是构成舆论的必要要素，任何一种舆论都不能缺少一项，否则便不成其为舆论。提起舆论，人们通常都会想到前三者而忽略了后四者。后四者（舆论的数量、强度、持续时间、对舆论客体的影响）是区别舆论与个别人意见、一般性议论的重要标志。这里再强调一下：

（1）一定范围内对某种舆论客体持某种意见的公众人数低于整体的1/3，由于无法对整体形成起码的精神压力（影响），所以不能视为舆论；

（2）如果某种意见的行为表达强度几乎使人感觉不到，或者通过舆论调查测得的意见强度接近"中立"或"无所谓"，这样的意见由于强度过于微弱而不能视为舆论；

（3）任何舆论都有一定的存在时间，以表明公众关于某个舆论客体意见的顽强性和韧性，存在时间过于短暂的意见，例如过后就淡忘的某个话题，不能视为舆论；

（4）舆论的无形力量就在于它能够对舆论客体产生影响，如果这种舆论的自在社会功能几乎无法感觉到,那么所谓的"舆论"便谈不上是一种舆论,而可能是一种想象的意见,或者只是闲话之类。

任何一种舆论都可能存在外界对它的质量评判(正确与否、理智与否、方向正确与否等),这个要素不妨碍确认舆论本身的存在。识别舆论的质量,需要较高的素养,尤其是冷静的理智和丰富的知识。马克思有一句名言:"任何的科学的批评意见我都是欢迎的。而对于我从来就不让步的所谓舆论的偏见,我仍然遵循伟大的佛罗伦萨诗人的格言:走你的路,让人们去说罢!"[①]

这里就涉及对舆论的质量分析。舆论有时十分"愤青",有时又十分保守,并非时时代表社会的良知和发展方向。

三、什么不是舆论

这里就随意使用"舆论"概念说几句。舆论不是可以随便说的。说"舆论认为",你必须拿出证据证明你说的那个"舆论"是舆论。在一定的范围内,持某种意见的人数超过总数的 1/3,才可以将这样的意见视为舆论。

什么不是舆论呢? 根据常见到的用词差误,以下一些要辨清:

1. 新闻≠舆论

新闻是对客观发生的事实的叙述。新闻记者把一个事情完整地或选择其中最精彩的片断描述出来,任务就完成了。舆论是社会中自然产生的、自在的意见形态。你没法控制,人们想要发议论就发了,是一种自在的意见形态,不是自为的。自为即是有组织的,有组织的意见不是舆论。因而,新闻和舆论,是有些关系的两回事。"新闻舆论"的说法不科学。

2. 传媒≠舆论

有一篇题为《论社会舆论对道德建设的作用》的文章,讲的是大众媒介在道德方面应如何引导舆论,作者就误把大众媒介等同于社会舆论了。媒体是舆论的载体,理论上可以这么说。但是传媒是否真的代表了舆论,需要具体问题具体分析。某些情况下,传媒不一定代表舆论。

---

① 中共中央马克思恩格斯列宁斯大林著作编译局.马克思恩格斯全集(第 23 卷)[M].北京:人民出版社,1975:13.

3. 意识形态≠舆论

意识形态是掌握国家政权的阶级、政党的主导思想,舆论会受到意识形态的强烈影响,但两者并不完全等同。舆论不等同于意识形态。

4. 公众≠舆论

公众是舆论的主体,但公众并不是舆论本身,当公众尚没有对舆论客体有所感知时,要向公众宣传某种观念,可以说"向公众进行宣传"或"引导公众",说"引导舆论"就不通了,因为这方面的舆论并没有出现。

5. 个人的感觉≠舆论

我们不能凭个人感觉,就说"舆论认为",即便是领导人、人民代表、著名社会活动家的意见,也不能随便替代舆论来"认为",要有确切的材料证明你说的内容确实代表舆论。

我们现在特别看重"网络舆情",其实一些舆情报告所说的内容无法被证明是一定范围内的舆论,所说的"情"可能只是少数几个人的言论("阶级斗争新动向"的思维方式仍在起作用),自己画鬼吓自己。

要注意,不能轻易把网上的意见视为舆论。网民占全国人口 1/3,网民在网上发表意见的人数,只占所有网民的 2%,经常发表意见的人数更少。针对具体的意见对象,这 2% 的人中究竟有多少人发表意见了,无法确认。有可能极少数人激起了全社会关于某个问题的舆论,但是最初的网上意见,即使看起来似乎很多人在发表意见,也就不过数百上千人,与整个社会的人数相比,微乎其微。

最多可以说,在网络的某个具体的论坛中,某种意见已经变成了这个论坛范围内的舆论。如何认识或理解"网络舆论"这个概念,需要讨论。我只在宏观意义上使用"网络舆论"的概念,一到具体问题,通常使用"网络意见",因为我无法确认某种意见是达到一定数量的网民持有的意见。

四、舆论的形成

研究舆论的形成过程,需要研究"舆论的议论量",即一定空间内发表意见的人数达到一定的比例,舆论才能形成;还有"舆论的时空相对性",即舆论只是在一定时间段内一定空间范围内成立;还有"舆论的向量",即公众相对一致的意见应该有一定的方向、强度和大小。

因此,对舆论形成过程的研究,需要涉及:舆论内容的文本研究、舆论强度研究、舆论存在空间内居民态度的实证研究等多个方面。如果研究普通社会生活中的舆论形成过程,为了同时把握上述的几个方面,需要实时跟进调查,才能知道舆论发展的各个阶段的强度和人们的态度,这显然对研究提出了较高的要求。

而网络论坛的出现,使得"网络意见"的形成过程技术上可以做到跟踪观察,这些意见的强度也可以从网络论坛中每时每刻的网民发帖数量中得到一定程度的反应,但是表达意见的人究竟在一定范围内有多少,能否推及整体,现在技术上难以把握。所以我们在掂量网上舆情时,需要经常问自己:这是舆论吗?

1. 舆论形成的一般过程

舆论形成因不同的社会环境、公众心理,以及舆论客体的差异,不会有标准化的形成公式。如果一定要对舆论形成作一大致概述,可以有以下几个形成步骤:

(1) 社会变动、较大事件的发生刺激意见的出现。要注意的是,外界信息的刺激引起何种反应,不仅取决于信息本身,而是通过公众已有的既定信念进行判断,而从表现出某种情绪或发出,某些议论。正是由于每个人的信念差异,结果是出现议论纷纷的场面。

(2) 意见在社会群体的互动中趋同。在这一过程中,舆论领袖和有组织的群体对意见的趋同的影响将是较大的。

(3) 权力组织及其领导人、大众传播媒介促成所希望的舆论。

(4) 文化与道德传统对舆论形成的影响和制约。

2. 舆论形成中舆论与个人意见联系的四种动态形式

舆论的形成实际上是各种因素相互影响的动态过程,这个过程可以用下面的一个图式给予表达:①

---

① 参见 Glasser, T. & Salmon, C. (Eds)(1995). *Public Opinion and Communication of Consent*, Guilford Press New York London. p. 60.

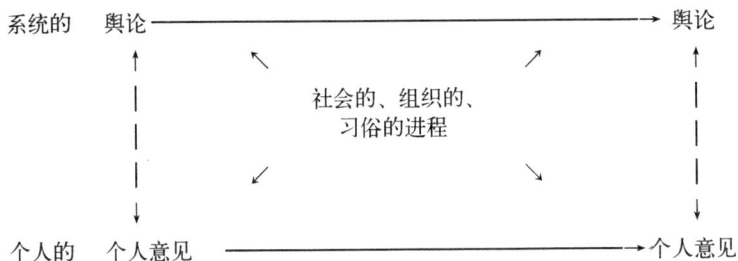

图 0 - 1　四种联系的模型架构

其间存在的四种联系：

(1) 社会系统中过去的舆论向现在的舆论发展变化；

(2) 个人层次的过去意见向现在意见的发展变化；

(3) 过去的个人意见与过去的舆论之间的互动联系；

(4) 现在的个人意见与现在的舆论之间的互动联系。

现代生活中最明显的是有关于道德的舆论变化，恩格斯为此曾发出感叹："善恶观念从一个民族到另一个民族、从一个时代到另一个时代变得这样厉害，以至它们常常是互相直接矛盾的。"①年龄大一些的人，只要回顾一下中国改革开放以来人们关于婚姻、爱情的认识变化，便可感觉到舆论在这个问题上发生多么巨大的变化。

3. 形成舆论的一种情形：舆论场效应

以下三个条件如果同时具备，可能会在短时间内形成舆论，这种情形下形成的舆论通常为负面舆论，并伴随破坏性的行为舆论。因而，对此种情形要尽可能防止出现。②

(1) 一定空间人们的相邻密度和交往频率。相邻密度越大、交往频率越高，形成舆论的可能越大。

(2) 空间的开放程度。空间的开放程度越大，形成舆论的可能性越大。

(3) 空间的感染力度或诱惑程度。相互感染的因素越多或兴趣、利益的吸

---

① 中共中央马克思恩格斯列宁斯大林著作编译局. 马克思格斯全集(第 20 卷)[M]. 北京：人民出版社，1971：101.

② 参见刘建明. 当代舆论学[M]. 西安：陕西人民出版社，1990：107,110.

引力越大,形成舆论的可能性越大。

4. 从传统社会转向现代社会中"社会动员"带来的舆论问题

改革总要进行社会动员,动员总得展现美好的前景,然而,实际进展通常总是落后于动员时所承诺,于是,就发生了亨廷顿(Samuel Huntington)所说的下面的公式:①

$$\frac{社会动员}{经济发展}=社会挫折感$$

所以,"适度动员"成为把握舆论的重要一环,既要说明改革的美好前景,也要说明存在的一定风险。不能把一切说得过于美好,但也不能说得很糟糕,否则动员没有意义。

---

① 亨廷顿.变革社会中的政治秩序[M].北京:华夏出版社,1988:56.

导言二 流言、意见的流通与 Web2.0 环境

一、早期的流言传播公式

流言是一种畸形的舆论形态,关于它的传播公式,早在 1947 年就由奥尔波特(G. Allport)和波斯特曼(L. Postman)在《谣言心理学》提出来了:

$$Rumor(流言)＝Importance(重要)×Ambiguity(模棱)[①]$$

后来又有人加了一个分母,变成这样一个公式:

$$Rumor＝\frac{Importance\ 重要×Ambiguity\ 模棱}{Critical\ ability\ 批判能力}$$

用文字叙说,便是:公众越认为重要的讯息,同时越感到模糊不清的讯息,传布越快越广;公众的批判能力越强,讯息的传布越少。[②]

二、现在的流言传播公式

在这个经典的流言公式的基础上,新的研究思路使流言产生的条件变成了以下四点:

一是"好奇"(Curiosity)。亚里士多德说:好奇是发议论的开端。以"人们对外界的变动始终怀有好奇心"为前提,把流言传播看作是一种寻求解释的过程,这是流言研究中一个被认可的核心观念。

---

① 参见奥尔波特,波斯特曼.谣言心理学[M].刘水平等译.沈阳:辽宁教育出版社,2003.
② 参见陈力丹.舆论学——舆论导向研究[M].北京:中国广播电视出版社,1999.

二是"不安"（Anxiety）的心理状态，这是流言传播的心理条件，由于人们对生活的预期被一些突发事件或未预料到的结果所打破，事件越是复杂，人们越需要制造些说法来化解不安，它包含着对即将发生和正在发生的事情的理解。

三是"不确定性"（Uncertainty），原来是"模棱"（Ambiguity，含糊）。对流言的进一步观察发现，"模棱"其实是对澄清事实的信息源不信任引发的。对"澄清"本身的质疑，可能进一步增加关于事物的不确定。这里出现的问题实际上是关于对"证据是否确实"的判断，是对消息来源的信任问题。因此，在新的研究中一般用"Uncertainty"（不确定）代替。

第四个心理因素是"相关程度"（Involvement），而原来是"重要"（Importance），但这是一个综合的心理判断，它依赖个人的即时感受。流言传播开来，其实就默认了这个信息"值得谈"，这个价值判断其实包括了重要性、趣味性、好奇心等多种界定。

因此，近年来的研究，倾向于把"I"定义为"个人感觉对这个事件或者这种情况的卷入程度"，即"Involvement"（相关程度）。

研究者重点放到个体分辨能力上，从而提出了新的公式：①

$$R = \frac{C\,好奇 \times A\,不安 \times U\,不确定 \times I\,相关程度}{C\,批判能力}$$

这样，流言的传播会有两种后果，如果流言能完全填补人们的信息空白，消除不确定性，那么它可能起到控制不安的作用；否则，会引发新的更大的不安和恐惧，又寻求新的解释和举措，流言传播中的"滚雪球"效应，就来源于此。为何控制流言的难度极大，也在于此。除非有决定性的证据或者不安心态的消除，流言极难消失。

三、流言传播中内容变动的心理因素

这方面的研究已有很多，这里简化为四种演变过程：省略（Leveling）、突出

---

① 参照蔡静. 流言：阴影中的社会传播［M］. 北京：中国广播电视出版社，2008. 具体叙述有所改动。

(Sharpening)、同化(Assimilation)和泛化(Generalization)。①

"省略"是最早出现的。从第一次复述开始,大部分细节就被忽略了,原来包含有 20 个左右细节的描述,迅速被简化为平均只有约 5 个细节。而且,消失的细节中甚至包括那些对事实具有至关重要作用的信息,比如,人名和地名。

流言在传播中经历了一个相似的遗忘过程,省略一些不必要的(被接受者认为不重要的)细节,使流言更便于传递。不论是整个故事还是它的细节,将被不断地合理化,直到达到一种能为所有受试者接受的,属于特别的社会阶层所关注的形态。

"突出"或"加强"包括几个方面,比如,复述中用过的术语,"这是个战斗场景","战斗"二字会作为主题不断重复。还有关于数目和体积,这往往被夸大:十变成一百,快变成迅疾,枪声变成炮声。

"同化"现象则更进一步,它是指对细节进行人为的改变以适应整个叙述的逻辑,会迎合先验的情感构成和思维特征。比如在一张地铁照片上,一个白人手握剃须刀站在一个黑人旁边,经过几次传递之后,就变成了黑人手握锋利的剃刀在威胁白人,似乎是一个黑人正准备袭击一个白人。这完全是一个心理暗示导致的情节转换,它赋予零散的细节以同一种含义。

"泛化":这是降低消息的专指程度。把特殊现象进行归类的努力,而归类就方便进行"标签"和评价。

流言传播中追求完美,故事被合理化("原型沉淀")的例子:

小孩划宝马车后

在我们这个百万人口大城市的一个麦当劳门口(为了避免报复,我就不说具体哪个城市了)。

一天,一个小男孩跟她奶奶吃完出来,小男孩手里拿个吃套餐给的玩具,轻轻地一甩,给甩了出去!

没那么巧的,门口停着辆很酷的宝马(好像是 750i,如果我没记错的话),结果就那么巧的给砸上面了,给划了那么一道小小小小……的痕迹!

---

① 参照蔡静. 流言:阴影中的社会传播[M]. 北京:中国广播电视出版社,2008. 李冠礁. 试论流言传播变异的社会心理[D]. 陈力丹(导师). 北京:中国人民大学硕士论文,2009. 具体叙述有较大改动。

那个宝马的主人一看爱车给划了道痕,什么也没说啪啪就给了那小孩两嘴巴!

小孩他奶奶就打了个电话,并且把那个宝马的主人给拽住。

大概15分钟,门口当道停着好像四五辆车,都是什么奔驰宝马级别的,还站着15～20个人,那叫一个nb!!!

小孩他爸很客气地说:我们小孩划了你的车,是我们不对,你这车多少钱买的?

那个人回答:200w(kao! 真吭人!)

他爸说:现在值多少?

那个人:160w(cao,扯淡!)

孩他爸:那行,到车的后背箱数160w

那人估计当时也软了,就乖乖的跟着他去数了160w。真nb

然后,小孩他爸说:把那车给我砸了!

kao! 宝马啊! 结果那跟着的10多个人就回车里取了斧子,把那宝马给砸了!

那个宝马的主人彻底软了,p都不敢放!

一会儿车彻底报废了。然后那小孩他爸说:车的事,咱们解决了!

接下来你打我小孩的事,咱们该说说了! 我小孩可比车值钱多了! 一个巴掌500w,你看着办吧!

kao! 我当时就傻了! 估计那宝马车主子魂都没了!

就看他被"请"上了个车,走了,估计丫要是没点家底,死定了,有家底也败家了!

他们走后110就来了,真她妈准,刚走就来,我怀疑……

绝对我自己经历的! 不含夸张水分!

网上评论:

老帖子了,不过第一次看见图。

这车白天黑色,晚上白色 。(指所附照片)

白天是奥迪,晚上是宝马,牛。TMD比变形金刚还厉害。

第二辆不是宝马,貌似是克莱斯勒。还有晚上那张明显是撞的 没看到防护栏都他娘的变形了。

哪一年的事,还拿出来说……

哥看这帖子的时候,楼主还是液体了。

我记得前几天看这个故事的时候还没发展到 750 啊。

这个上过报纸了,很久的事情了。

这件事太久了,是发生在唐山。上了报纸了。

天啊,这也太牛了吧,简直像是写电视剧的。(2010 - 8 - 11)

是真的宁波发生的,不过好几年前的事了。(2009 - 9 - 26)

是义乌啊,好几年了。(2009 - 9 - 26)

这帖子 N 年前的啦,土啊,不知道是不是思想倒退了哦。(2009 - 12 - 12)

四、如何看待最近的抢盐流言?

2011 年 3 月中旬在我国发生的"抢购食盐"风潮,是由流言的大面积迅速传播引发的。流言不是个人智力游戏的结果,而是群体议论和传播的结果,同时也是社会生活中常见的与传播有关的一种集群行为方式。我们习惯于一出问题,就从传媒方面找"控制不利"的线索,以便进一步加强对传媒的控制。这个思路以传统社会为背景,以为只要大众媒体闭嘴或不说错话,就会天下太平。

这次抢购碘盐的事件,属于同一类流言的循环再现。2003 年我国"非典"疫情的传闻之下抢购板蓝根,后来几年里发生禽流感、猪流感、大地震、泥石流,以及香蕉致癌、松花江水污染、柑蛆事件等公共危机事件中,都存在不同程度的抢购(或拒购)相关商品的风潮。这是公众对危机的应激反应,不论怎样防备,以后还会发生,但若对眼下流言发生和传播的特点有所了解,几乎同步发布权威信息,流言持续的时间会很短,扩散的地域也会小些。企图通过封锁信息或只放出所谓正面信息来处理危机,基本是徒劳的。抓几个传谣的人充当替罪羊或把事情归罪为游资炒作,是舍本逐末。这类事件中,其实没有真正的信息源和阴谋实施者。

一旦人们新获取的信息(例如这次的日本核辐射)与原有的经验(例如 2003 年"非典"疫情下的抢购等)相联系,从而进行判断和采取行动,就会发生流言四起和随后的抢购或拒购,这是由于眼下的事情与人们的记忆结构和社会认知心理相关联。

过去的流言可能消失或被否定，但它的"印象"会残留为人们记忆的一部分，一旦相关主题再次被激发，流言造成的这部分印象会和其他相关信息一起，成为判断新情况的依据。这次抢购碘盐的事件中，消息来源之一是假冒的 BBC，这是流言得以迅速传播的原因之一。流言在传播过程中引用具有权威性的消息源或强调"每个人"已经如何，或传播给你的人是较为熟悉的人，这就会产生一种权威归属、全体归属、亲近归属的心理，导致公众产生恐慌。

根据中国人民大学新闻学院舆情研究组的调查，这次"谣盐"的传播，主要通过传统的人际口头传播、电话和手机传播，最早开始于 3 月 12 日。新媒体的传播不是主要的流言传播渠道，不仅不是，而且最早抵制了"谣盐"，尤其是微博。"中盐"等较多的企业和社会团体及时通过微博，对"谣盐"进行了各种方式的抵制（主要方式是幽默的讽刺）。

传统媒体对"谣盐"澄清的峰值发生在 17 日，这正是"谣盐"陡然下滑之日。这说明，传统媒体对制止"谣盐"虽然产生了作用，但多少有些滞后。

微博和网络传播的自净化现象（理性战胜非理智），对于抑制谣言发挥了很大的作用，使得抢盐的高峰持续不到一天，就在一片嘲笑中被化解了。

微博可能会传播流言，但更是制止流言传播的最有效的渠道。因为在微博这个渠道上呈现的是一种意见多元的状态，这种状态有可能使得健康的意见通过观点的交锋而战胜非理性的意见，在学理上这是一种信息载体的"自净化"现象。

我们总是习惯于以舆论一律的标准来防范各种不喜欢的观点。其实，意见多元本身是最安全的和谐状态，希冀只有一种意见存在和流通，反而意味着潜在很大的不安全因素。

如果没有确凿的材料，对流言的否认导致流言的复述，反而会使流言的记忆更加牢固。当一则丑闻和某个政治人物相联系后，即使最后澄清了，这个政治人物的形象也会因此长期和丑闻的标签结合在一起（例如最近发生的世界货币基金组织前总裁卡恩的性丑闻）。

人们在认知框架中接受了流言对原有主题的改变，因此，会经意不经意地受流言的影响而行动，而行动又会巩固流言本身，成为一个循环。

五、小世界网络模型

在 web2.0 的信息环境中,沃茨(J. Watts)和斯托加茨(H. Strogatz)1998 年提出的"小世界网络模型",再次被人们关注。它原来基于人类社会网络的网络模型,通过调节一个参数可以从规则网络向随机网络过渡。现在通过 web2.0 的各种新型传播途径,已经可以在很短的时间内查找到目标信息。

这个模型的构造算法是:从一个环状的规则网络开始,网络含有 N 个结点,每个结点向与它最近邻的 K 个结点连出 K 条边,并满足 $N \gg K \gg \ln(N) \gg 1$。对每一条边,有 p 的概率改变它的目的连接点来重新连接此边,并保证没有重复的边出现,这样就会产生 pNK/2 条长程的边把一个结点和远处的结点联系起来。改变 p 值可以实现从规则网络(p=0)向随机网络(p=1)转变。

我们把社会中的人们看成是网络的结点,把人们之间的亲密接触关系表示为结点间的连接边。由于现代通讯技术的发展,K 值将会比以前更大。

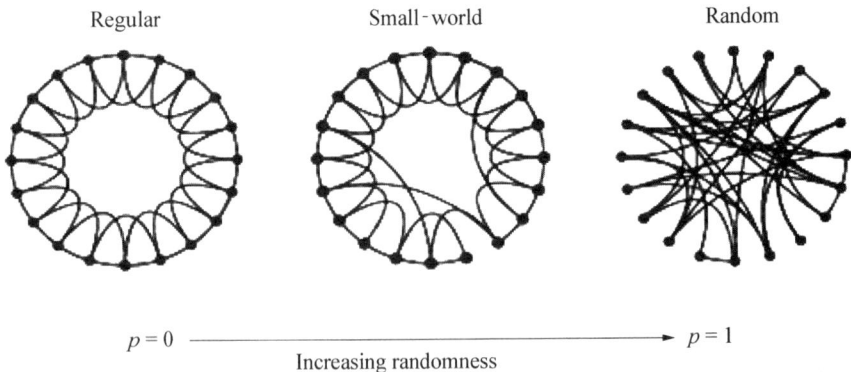

Regular   Small-world   Random

$p = 0$ ⟶ $p = 1$
Increasing randomness

这意味着,现代信息社会中,信息的传播速度会非常快,例如:

N   2 000 000   该城市中的人口数量

K   30   某个体和其他 K 个个体有联系

S   20   消息源数(罪魁祸首)

P0   0.05   小世界模型中的 p 值

P1   0.40   有 100 * P1% 的个体将成为传播者

P2   0.60   在每次的接触中,流言有 100 * P2% 的机会被传播我们假定这个流言是有关家乐福超市的。这样的话，这些参数值就十分合理了。以下通过 CPU 统计：

第×天	受感染者	传播者
1	437	127
3	2 156	788
5	7 695	2 781
8	53 679	20 108
30	1 940 196	793 298

可以看出，第 3 到 8 天内，感染者增长率最大，在 100% 左右。然后增长率将逐渐降低，直到几乎所有人都已经知道了这则流言。[1]

大众传媒未能及时提供大众需要的信息、传媒本身作为信息来源，其公信力受到了怀疑，都可能造成流言的进一步传播。

2001~2002 年，天津发生的"艾滋病患者扎针"流言。说一批河南的艾滋病人来到天津，在商场、超市、路边等公共场所，用装有含艾滋病毒血液的注射器乱扎市民，报复社会。随后五年内 12 个城市出现这种流言。

对此，当时天津的媒体集体保持沉默。天津的恐慌情绪蔓延，很快，北京的媒体和其他地区媒体如《南方周末》等开始介入调查。据卫生部、公安局、天津市政府的各个职能部门后来进行的解释，说是"案子未破，不希望扰乱民心"。从辟谣的结果来看，尽管后来媒介介入了，但它在提出证据方面不完备，和流言相比，特别是在否认事实发生的可能性上缺乏力量。

"流言"只要和大众媒介联系起来，不论是作为辟谣，还是作为对一种说法的引用，都能刺激流言的传播。对于尚未听到这则流言的人来说，这是提醒他们有这种说法，而对已经知道的人来说，媒介提到本身就证实了流言的影响力。因为所有的辟谣运动都是两种交流：一是使那些未听到流言的人知道了流言；二是试图影响那些已经听到流言的人。"郭美美事件"便是最近的一例。

---

① 材料来源：才鸟的窝博客 http://hi.baidu.com/gip0/blog/item/1963638bebd2f917c9fc7a5e.html.

六、互联网上观念群体极化的问题

美国学者凯斯·桑斯坦(Cass Sunstein)对网络群体中所存在的"群体极化"现象进行了分析。在《网络共和国——网络社会中的民主问题》一书中,他写道:"群体极化的定义极其简单:团体成员一开始即有某些偏向,在商议后,人们朝偏向的方向继续移动,最后形成极端的观点。"[①]

通过对 60 个政治网站的随机研究,他发现,网络上圈内传播容易造成群体意见的极端化倾向。他谈到,网站通过信息的同类搜集和网址链接,导致了信息"窄化",网络团体一方面更容易听到与自己意见和立场一致的言论,另一方面,网络团体其实并没有在进行真正的讨论,他们不过是在谈论既定倾向里的某个想法,他们在这个方向上提供更多的论点,而另一个方向只有小部分的论点,讨论的结果就是让一开始的倾向向前再跨一步。

此外,网络群体讨论的匿名,也增加了群体极化现象发生的几率。"在网络和新的传播技术的领域里,志同道合的团体会彼此进行沟通讨论,到最后他们的想法和原先一样,只是形式上变得更极端了"[②]。

流言传播,会越来越趋向"群体偏向"。流言中,个体赋予的偏向在群体的传播中会逐渐消失,而代之以群体的希望、认知和欲求。这就导致流言内容对群体偏向的迎合,而且具有高度的惯例化。例如,贪财的总是"犹太人",威胁社区的是一个"陌生人",如果是有关富人的案子,那么"财产争夺"一定是热门话题。知情冲动、成见和群体的欲望交织在一起,共同对事件进行阐释。

这个群体与外界客观信息环境的隔绝,在虚假的、表面一致的群体凝聚力下,再加上一位或者数位强烈宣扬自己观点的意见领袖,以及传播、拥护他们观点的关键人,那么网络群体会做出依据盛行的情绪而非事实本身为参照系的结论。

群体讨论中所表现出的主流"民意",会对不同意见构成压力,持不同意见的人将会受到冷落、批评和排斥,也就是在群体讨论中出现的群体极化和群体盲思

① 桑斯坦.网络共和国——网络社会中的民主问题[M].黄维明译.上海:上海人民出版社,2003:47.
② 同上,第 17 页。

现象。

七、"水军"对网络议题的操纵和控制

现在的某些网上议题,带有明显的包装和操纵痕迹。如今对网络议题的操纵,已经成为一个需要"团队合作"的流水线作业,即"水军"的灌水。

追逐商业利润促成了网络社区对网络热点议题的操纵。一些网络社区中的领跑者都还在寻找有效的盈利模式。吸引注意力,提高人气,争取广告。

如果商业游戏规则健全,广告商需要的是网络社区对成员、产品具有黏着力的核心价值,**需要的是口碑而非点击率**;而在目前的中国,因为商业化的程度不够,游戏规则的不健全,网络社区只能以流量说服对此不加分辨和挑剔的广告商。

八、网民意见表达的多种渠道和基本评价

在网络时代,每个人都可能成为信息渠道,都可能成为意见表达的主体。每个人面前都有一个麦克风。在突发事件和敏感问题上缺席、失语、妄语,甚至想要遏制网上的"众声喧哗",则既不能缓和事态、化解矛盾,也不符合党的十七大提出的保障人民知情权、参与权、表达权、监督权的精神。目前网上发表意见的较为重要和广泛的渠道有以下数种:

(1)最草根的意见——新闻跟帖。(2)最新锐的意见广场——微博客。(3)意见茶馆——QQ 群。(4)网络意见的推手——BBS。(5)体制内回应网民关切的在线访谈。(6)在线调查试温民意。(7)通过权重较高的网络意见领袖表达意见。(8)搜索引擎关键词排行。(9)其他网络意见的形态,例如若干门户网站新闻订阅 RSS 的热度排行,豆瓣网讨论组、MSN 签名档,甚至百度知道、百度百科,都可以从中考察网上意见的着重点和意见发展倾向。

如果主流媒体的宣传一厢情愿,忽视甚至蔑视 web2.0 的疑虑和怨气,企图用删帖、封堵 IP 乃至"跨省抓捕"来压制不同的声音,有可能陷入"塔西佗陷阱"。

塔西佗曾出任过古罗马最高领导人——执政官,此外还先后干过保民官、营造官、财务官、行政长官和外省总督等,因此对"执政为民"很有个人心得,他曾经这样谈论执政感受:"当政府不受欢迎的时候,好的政策与坏的政策都会

同样的得罪人民。"这个卓越的见解后来成为政治学的定律之一——"塔西佗陷阱"。

此前的央视大火,全国网友"一如过年";网络上偶尔传出某官员"问题死亡",各地网友纷纷"发来贺电",敲响的应该都是"塔西佗陷阱"的警钟。它提醒每一位执政的官员:当民众把欢乐寄托在政府和官员的灾难与痛苦之上时,这样的社会离和谐还相距甚远。

网络意见的持续高涨,会不会把互联网变成"文化大革命"中的"四大",即大鸣、大放、大字报、大辩论,恶化和挑拨官民关系、党群关系、搞乱社会秩序? 只要我们深入考察中国特色的网络舆情就能发现,网上尽管不乏戾气,但网民中理性、建设性的心态和诉求仍占主导地位。

在一些群体性事件中,民众对村、乡、镇、县等基层干部评价偏低,但对中央评价极高、期待甚殷。"上级比下级好,中央比地方好";"中央政策好,到下面走了样";"把事情闹大,让中央知道,就好惩治这些无法无天的地方官了"……这些是草根民众聚集"闹事"的观念基础。

桂林"一尺水"宾馆,一进门便是三尊雕塑,人民法官、包公、狄仁杰。雕像下面写着这样的文字:"包公狄公显显灵,法院判决要公正,政府招商来投资,数亿投入酒店成,突然有人要无赖,出尔反尔把人坑,企盼老天睁睁眼,派下青天把冤鸣。"显然,寄托于法治(尽管其中包含对现代法治的不正确理解),是百姓的理性表现。

九、区分目前的群体性事件

第一,有关民众权利和利益纠纷的。如提升劳动福利待遇、提高移民补偿待遇标准、抗议企业污染、追索医疗责任等,占事件的80%。

这类事件的特点:(1)争利不争权,是利益之争,不是权力之争。(2)讲规则,规则意识大于权利意识。(3)反应性大于进取性,一般说来,你不找他麻烦,他不会找你麻烦。(4)目标的合法与行为的非法共存,处于灰色地带。游行示威、堵塞交通,很少打砸抢。

第二,社会泄愤事件。有暴力行为,但没有政治诉求。大多数参与者与事件没有直接利益关系,主要表现在对社会不满,以发泄为主的一种"泄愤冲突",例如瓮安事件。特点：（1）别看来了几万人，没有明确的组织者，找不到磋商对象。（2）参加者没有明确的利益诉求，只说为了维护公正云云。（3）一些偶然事件引发，没有个人上访、行政诉讼等征兆，突发性极强。（4）没有规则意识，没有规则底线，有打砸抢违法行为。

第三，社会骚乱。最大的特点是目标无关性，乱来了。例如 2008 年湘西非法集资引发的动荡，把政府的牌子砸了，抢了无关的商铺。

不要把什么群体性事件放到一起统计，要区分不同性质，不然把自己把事情搞得很恐怖，维稳变成第一大任务。维稳这个思路太刚性了。我们需要制度建设。

十、引导舆论讲究方式方法

第一，恰当评估互联网作用。不要把互联网，特别是微博看作是麻烦事，它可以作为社会的减压阀，是集权政治的修正和补充。

社会学家刘易斯·科塞(Lewis A. Coser)形象地把"排气阀"应用于社会学研究，指出：社会存在着矛盾和冲突，而对于这些矛盾和冲突，社会主体会产生一些不满情绪，如果长期得不到释放，使这种情绪不断堆积，便会产生许多社会问题。一个社会，需要设置一类经常化的、制度化的通道，以保障社会运转的安全，及时排泄累积的不满情绪。[①]

当今人们获取信息的渠道广泛而多样，管理网络意见，与其采用强制删除的手段，不如运用温和的管理办法。对于一些敏感的话题不用过于惊慌失措，一味妄图强制性的遮盖，应该给网民一些发泄的空间。随着时间的推移，网民关注的热点转移，热度自然消退。

管理网络应重在疏导而不是封堵，可以有一些灵活的应对办法。不妨换一个角度去考虑，使网络充分扮演好"排气阀"的角色，将网络视为一个适当的出气渠道，最安全的意见环境是多种意见并存的环境，较为极端的意见在这种环境中往往被稀释，其作用的发挥变得有限。

---

① 参见刘易斯·科塞. 社会冲突的功能［OL］. 电子书：http://ishare. iask. sina. com. cn/f/4970608. html.

网站除了提供排气渠道外,更应发挥自身的资源优势,主动疏导公众的情绪。例如人民网的"人民时评",在网民中就有很大的影响力,作为权威信息的来源,网站理性的观点,容易得到较多人的响应。传统媒体对网络意见的适当报道,也会影响网络意见,成为网络意见的必要补充和权威引导的外在力量。央视的"新闻1+1"栏目,经常就网络中流行热点话题组织讨论,也许争论形式上很激烈,其实一旦有机会表达,即使没有得到公众的热烈反响,当事人的火气已经变得平和多了。

处理事件的原则:

第一,分清性质,区别对待。要对当前的中国社会有深刻认识。80%的中国老百姓走上街头不是反规则,而是要求官员守规则,与西方相反。中国的情形是:你说给10块钱,结果只给2块,讲话不算数;西方是你给10块,根据人权,你应该给100块。性质不同。

第二,就事论事。不做过度政治化解读。越向政治这边引,越把自己陷进去。很多突发公共事件,包括群体性事件,当事人和围观民众的诉求都是地区性、行业性利益问题。高明的领导者把带有某种政治诉求的问题化解为地区性问题、行业性问题,把社会压力分解到社会治理的各个环节中去逐一处置,问题就容易解决。把具体的经济、民生问题政治化,只会激化矛盾,让各种社会压力都集中到一个断裂点上。

第三,第一时间发布真实信息,滚动增加信息,不要扭扭捏捏。公开是原则,不公开是例外(《政府信息公开条例》)。杞县因为钴-60辐射问题而发生10万人大逃亡的现代"杞人忧天"的事件不能再发生了。

第四,速报事实,慎报原因。有人跳楼,就说跳楼,不要抢先说自杀。这样既不失语,又不妄语。危机管理实质上是"危机沟通管理",不要先入为主。要尊重网民的判断力,讲求沟通技巧,不要"侮辱公众智商"。

第五,上一级领导靠前指挥敢于露面。老百姓对乡长有意见,还叫乡长靠前指挥不行,要上一级的县长来指挥。同时要讲究策略,无论是胡斌还是邓玉娇,他们的"生"或"死",法律上是有一定弹性的。

第六,及时问责。事件发生后,中央要与地方切割、政府要与无良官员切割,基层不要用冠冕堂皇的理由绑架上级,不要置上级政府于不义。

第七，慎用警力。不要动辄把公安，甚至武警推上第一线，警力主要是维护现场，制止过激行为的，防止流血伤亡。

在中国，党政权力组织天然拥有主场优势：公权力优势，媒体优势，知情优势。但是，现在很多情况下这种优势变成了"主场劣势"：网民对公权力丧失信任，对司法公正失望，对社会公正缺乏信心。最好的办法是主动公开信息，这可以适当扭转主场劣势。"一壶已经烧开的水，如果还使劲捂着盖子，结果只能是连壶底都被烧穿；而盖子一揭，尽管有可能会烫着自己的手，但沸腾的民意也就会变为蒸汽慢慢消散"（伍皓）。

另外，要重视党的三大法宝之一"统一战线"在当前情形下的运用。网上新意见阶层关注新闻时事，他们是非公经济的反映，一定的经济能量自然会伴随意见的能量。他们不是部下，不是敌对势力，应该放下身段，平等对话，保持他们意见的相对独立，求同存异，聚同化异。灵活处理网上言论，也是一种执政能力。

第一章　认识舆论

第一节　初识舆论和舆论学：现实——
　　　　历史——现实

　　每一个正常思维的人,都有一种感觉外界精神的能力,诺埃勒-诺依曼(Noelle-Neumann,E)称它为人的"准统计器官"(quasistatiscal sense organ)、"统计直觉"(statistical intuition)、"意见器官"(opinion organ)(王石番,1995：216)①等。一个人开始思想、说话或写作时,会都既清晰又模糊地意识到：有许多无形的观念包围着他。这些观念的存在形式是多样的,但有一个共同点,即它们处于"我"以外。在这个意义上,李普曼(Lippmann,W)说："其他人头脑里的想象,他们自己的情况、他们的需要、意图和关系等等都是他们的舆论。"(李普曼,1989：19)"清晰"是指这种感觉的确定性；"模糊"是指对这些观念的数量、内容的把握,依据的是个人的估量,一种大体上的感觉。也许他本来有自己的看法,但是表达时必须考虑这些包围着自己的无形观念。对少数意志坚定的人来说,这些外界观念的影响是微小的,但对大多数人来说,他们通常要避免与周围既定的观念发生过于明显的冲突。同类的情形多了,所谓"自己的看法"便不知不觉地与周围的观念一致起来。这种能够感觉到而个人难于把握的存在物便是"舆论"。如果感觉到的无形观念是社会总体意义上的,即各个层次、各个领域舆论的总和,它便被称为"舆论环境"。

---

　　①　本书采用国际通行的引文标注法。括号内第一项为引文作者(编者)名；第二项为出版年份；第三项为著作或文集的页码(若无第三项,表明引文系报刊文章)。详见书末"参考文献"。

传统社会的舆论

从广义上说,舆论是一种控制机制。人天生是社会的动物,早在原始时期,以血缘为基础的氏族、部落得以形成和保持稳定的精神因素便是舆论。恩格斯曾写道:"氏族制度是从那种没有任何内部对立的社会中生长出来的,而且只适于这种社会。除了舆论以外,它没有任何强制手段。"(恩格斯,21 卷:192)当然,这尚不是现代意义上的舆论,而是一种群体意识。在较为封闭、交往范围非常狭窄的传统社会,除非社会制度发生巨大变动,舆论的变化通常很小。作为一种观念形态,它往往滞后于社会经济、政治、文化的发展,从而基本上是社会中的保守性因素。例如"王权至上"的观念,在很长的历史时期都是多数人认同的。恩格斯谈到中世纪的法国舆论时说:"作为民族代表的王权受到那样大的尊重,只有国王同外国订立的同盟和关于军事援助的条约才被认为是合法的并为舆论所承认。其他人在社会舆论看来总是叛乱者和叛徒。……亨利四世只是靠了国王称号的影响才获得了最后胜利。"(恩格斯,45 卷:174)

"舆论"这个概念在我国史籍中出现较早,可以追溯到《三国志》和《梁书》,它当时用于泛指众人的看法,与现代意义的"舆论"概念尚有较大区别。

当周围的生活环境几乎是凝固不变时,舆论较多地集纳了各种传统的观念,呈现为一种僵滞态势。外部因素若没有足够的冲击力,很难使麻木的舆论发生重大变化。因此,传统社会的舆论通常不处于哲人们的主要视野内,虽然东西方古代哲人的论述,都涉及对大众意见的评价,但数量不够多,且缺少系统。

现代社会的舆论与舆论研究的历史轨迹

随着现代世界贸易—世界交往向全世界的拓展,地区内部和地区之间的交往频率急遽增多,公众参与社会经济、政治的机会日渐增多,较大范围内的共同利益得以形成,于是现代舆论开始显示出它的独特作用和能量,同时亦唤起公众自身的自主意识。不知不觉中,舆论变得十分灵敏,外界的微小变动在一定条件下都有可能引起舆论的波动,无论是各种情绪表现、纷纷议论,还是公开的言论和行为,都会进而影响整个社会的进程。于是,舆论的滞后性似乎消失了,它成为现代社会变动的先兆、观察社会动向的晴雨表。鉴于舆论在社会变动中的显性效应,从 18 世纪起,它作为一种重要的社会精神现象和交往形态,得到了哲人们的持续关注。

　　1762 年,卢梭在他的《社会契约论》中首次将拉丁文字体系中的"公众"与"意见"两个词汇联系起来,用来表达人们对于社会性的或者公共事务方面的意见,即"舆论"(法文原词 Opinino Publique)。他充分肯定了舆论的巨大力量,认为它是正规法律以外的法律,"既不是铭刻在大理石上,也不是铭刻在铜表上,而是铭刻在公民们的内心里;它形成了国家的真正宪法;它每天都在获得新的力量;当其他的法律衰老或消亡的时候,它可以复活那些法律或代替那些法律,它可以保持一个民族的创制精神,而且可以不知不觉地以习惯的力量代替权威的力量。我说的就是风俗、习惯,而尤其是舆论"(卢梭,1987:73)。然而,卢梭同时又将舆论分为"公意"和"众意"。众意着眼于私人的利益,是个别意志的总和。公意是指人们最初自由结为共同体时的协议、约定、公共意愿,它是"普遍的意志"和"有机结合的意志"。他认为,公意永远是公正的,永远以公共利益为依归。人民的考虑并非永远正确,人民也会被腐蚀,也会受骗(同上,39)。

　　这其中,卢梭的理论出现了两个很大的漏洞:首先,他无法实际说明(实际上回避)公意从何而来,公意从众意中的产生过程十分神秘,但却要求公意高于众意,甚至对立于众意,然而最终又能为众意接受。于是,他不得不求助于一个先知型半人半神者,一个非凡的立法者,他"就像是一个牧人对他的羊群具有优越性那样"(同上,53)。其次,他接着论证下去,矛盾再次展现:"公意"作为一种精神,按照他的说法,本应是来自众意,但是对于一个新生的民族而言,他却提出了以下的治理方法:"必须倒果为因,使本来应该是制度的产物的社会精神而凌驾于制度本身之上,并且使人们在法律出现之前,便可以成为本来应该是由于法律出现才能形成的那种样子。这样,立法者便既不能使用强力,也不能使用说理;因此就有必要求之于另外一种不以暴力而能约束人、不以论证而能说服人的权威了。"(同上,57)这"另外一种权威",卢梭的本意是道德,十分纯正的道德,但它其实是不存在的,它成了一个外来的推动力,牛顿式的"第一推动力"(上帝)。因此,为了保证"公意可以永远发扬光大而且人民也决不会犯错误",他提出消灭国家以下的集团利益、禁止结社等荒谬的方法(同上,41)。显然,他关于舆论的认识存在着悖论,他的出发点是尊重公众的意见,同时又想克服舆论中某些代表私利的成分。然而，截然区分"公意"和"众意"的设想，只能是一种理论上说得通的乌托邦，一旦贯彻他的理论，则可能导致以"公意"的名义对舆论的钳制，"从道德理想的高尚起点，走向观念形态的封闭结局"（朱学勤，1994b：94）。

不过，正是这种悖论使得卢梭一个人无意中同时表达了舆论学发展中的两种基本观点（或主要倾向），即对舆论作用的肯定和对舆论作用的怀疑否定。从马基雅弗利（Machiavelli，N）、洛克（Locke，J）、休谟（Hume，D）、尼科（Necker，J）、边沁（Bentham，J）、杰弗逊（Jefferson，T）到马克思，主要从政治民主、尊重人权的角度，给予舆论以较多的肯定；而从霍布斯（Hobbes，T）、黑格尔（Hegel，G）、汉米尔顿（Hamilton，A）、麦迪逊（Madison，J）到李普曼，主要从社会管理、理智决策的角度，对舆论的自发性、混杂和非理性给予了较多的注意（孟小平，1989：97 - 104）。其实，如果全面阅读他们的有关论述，会发现他们对于舆论的认识大都两方面都讲到了，只是论证的视角和侧重面不同。

20 世纪上半叶发生的法西斯主义对人类社会和人性大规模摧残事件，引发了不少人研究舆论在法西斯主义产生和扩张中的作用问题。1933 年，法西斯主义刚刚在德国获得成功之际，奥地利社会心理学家赖希（Reich，W）便出版了他的《法西斯主义群众心理学》，指出："法西斯主义的精神是'小人'的精神，小人被奴役，渴望权威，同时喜欢造反。……以法西斯主义的形式，机械主义的权威主义文明从被压抑的小人那里收获的只是若干世纪以来在被征服的人民大众中以神秘主义、军国主义、自发主义的方式种下的东西。"（赖希，1990：三版序 5）在德国长期受到压抑的公众中存在的各种"主义"，其实就是当时德国舆论的主要表现形式之一，在一定的意义上，"小人"希特勒是在德国舆论的拥戴下上台的；反过来，希特勒又通过宣传，更大地扩张了拥戴法西斯主义的舆论。就此赖希写道："正是人的畏惧自由的权威主义结构，使希特勒的宣传获得了根基。因此，社会学上有关希特勒的重要东西，不是来自他的个性，而是来自群众给予他的重要性。使这一问题显得更加复杂的是，希特勒把握了群众，以十足的蔑视态度想靠群众的帮助来实行他的帝国主义。用不着举很多例子来证明这一点，看看一个坦率的表白也就足够了：'人民的情绪永远是上面输入到舆论中的东西的十足排泄物。'（《我的奋斗》第 128 页）尽管如此，群众的性格结构仍能吸收希特勒的宣传。"（赖希，1990：35）

　　在现代法西斯主义扩张和反法西斯战争胜利的历史事件中,不论是肯定和否定舆论作用的理论,都可以找到证明自己和反对自己的明显例证。不仅舆论作用的复杂性,而且对引导舆论本身也需要提出一个"正义"与"合理"的前提,回答诸如谁赋予这种引导权利等棘手的问题。

　　在当代和平的市场经济环境下,人们侧重的是另一类问题。如同德国舆论学研究者诺埃尔-诺依曼注意到多数人的舆论对个人意见的发表具有很大制约力一样,捷克作家昆德拉(Kundera, M)也深刻地意识到这种现象,即个人通常需要考虑大多数人的心态和做法,然后再把自己放到这个既定的思潮之中,而把自己真实的意见隐藏起来,这种现象他称之为"Kitsch"(媚俗),就此写道:"我们中没有一个超人,强大到足以完全逃避媚俗。无论我们如何鄙视它,媚俗都是人类境况的一个组成部分。""脑子里留有一个公众,就意味着生活在谎言之中"(昆德拉,1989:273、118)。他希望人们学会思索,以便保持个性。他引证一句犹太谚语"人们一思索,上帝就发笑",说明思索对于人生的意义,因为"这个世界可以没有弗洛依德的心理分析学说,但是不能没有抗拒各种泛滥思潮的能力。这些洪水般的思潮输入电脑,借助于大众传播媒介,恐怕会凝聚成一股粉碎独立思想和个人创见的势力"(同上,343)。显然,他对舆论的认识站在文化精英的角度,更多地考虑的是舆论在商业化社会中的非理智成分问题。

舆论学对我国"舆论导向"研究的意义

　　在改革开放之初的中国,鉴于舆论在"文革"中遭到任意践踏的教训,人们看重舆论的尊严,渴望公正舆论对于历史的裁决,渴望舆论能够在社会政治、经济生活中发挥监督职能。于是,1980 年中央电视台播出的一出罗马尼亚话剧《公正舆论》(编剧奥·巴琅格)中将舆论拟人化的台词,一时被人们传诵:

　　"他是个奇怪的人物。你可以同时在任何地点,在所有的地方遇到他。在城市,在乡村,在火车里,在大街上……他以各种不同的面貌出现;有时是工人,有时是农民、战士或大学生……他有各种不同的年龄:年岁不大,或上了年纪。他有时是妇女,有时是男人,但他无所不知,无所不察,什么事情也休想逃过他的眼睛,什么人也骗不了他"。

　　如果用最为普通而形象的话来表达舆论的作用,巴琅格的这段话很有代表性。他道出了舆论的主体特征和舆论的存在方式，并表达了人们对于舆论公正性的理想化认识，尽管这段话的实现程度可能是有限的。

在中国从计划经济向社会主义市场经济的转型时期，由于人们感到社会风气不正、抱怨"道德滑坡"（这里涉及的是广义上的舆论质量问题），黑格尔的一段关于舆论的话，也许会得到许多人的赞同：

"公共舆论中真理和无穷错误直接混杂在一起，所以决不能把它们任何一个看做的确认真的东西"。"公共舆论又值得重视，又不值一顾。不值一顾的是它的具体意识和具体表达，值得重视的是那具体表达中只是隐隐约约地映现着的本质基础。……脱离公共舆论而独立乃是取得某种伟大的和合乎理性的成就（不论在现实生活或科学方面）的第一个形式上的条件。这种成就可以保得住事后将为公共舆论所接纳和承认"，"谁在这里和那里听到了公共舆论而不懂得去藐视它，这种人决做不出伟大的事业来"（黑格尔，1961：333、334）。

与黑格尔诉诸伟大人物的舆论观有些不同的是法国历史学家丹纳（Taine, H）的舆论观。他从同样的前提出发，认为"形成舆论的方式证明舆论的可靠，近代批评所用的方法进一步证明舆论的可靠"。他写道："大众像个人一样有时会有错误的判断，错误的理解，但也像个人一样，分歧的见解互相纠正，摇摆的观点互相抵消以后，会逐渐趋于固定，确实，得出一个相当可靠相当合理的意见，使我们能很有根据很有信心的接受。""可以用判断的过程证明判断的可靠。……有多少不同的气质，不同的教育，不同的思想感情共同参与；每个人在趣味方面的缺陷由别人的不同的趣味加以补足；许多成见在互相冲突之下获得平衡；这种连续而相互的补充逐渐使最后的意见更接近事实"（丹纳，1983：17、344 - 345）。

如此不同的舆论学说，对于舆论导向研究来说其实都有意义。舆论的主体是公众，普通的社会成员，虽然公众会出现错误的判断，舆论形成的过程则可能会集中社会的理智，因而舆论应当得到尊重，这是社会民主化的基础。然而舆论的自发、混杂和舆论形成中可能的"媚俗"现象，又需要理智的引导。在这个意义上，如果不去讨论黑格尔对民众过于藐视的态度、昆德拉文化精英式的清高，他们对舆论的分析还是相当深刻的，恰好说出了强调舆论导向时人们考虑的舆论的另一面。在舆论形成中让公众多一些独立思索而少一些盲目从众，使舆论增添些理智的成分，这应当是舆论导向的本来意义。不过，卢梭的"公意"引导"众意"背后隐藏的可能的思想专制,则是需要警惕的。在这个意义上,丹纳多少有些理想化的舆论观仍然应当作为总体上认识舆论价值的基础。

第二节　解析舆论:舆论的八要素

每个人都感觉到舆论的存在,那么舆论究竟是什么? 关于舆论的定义实在太多,例如美国学者哈伍德(Harwood, C)对相关的历史文献进行研究,搜集了关于舆论的定义有 50 多个,发表在他 1965 年出版的一本著作中(Glasser, 1995:34;王石番,1995:7)。由于观察舆论的角度不同,关于舆论的定义有时差距较大。政治学和历史学的定义着重点在于舆论对于决策的影响方面,心理学注重公众意见表达的心理过程,社会学注重舆论的社会化产生过程,社会心理学则从知觉、感触舆论来界定舆论。

就我国一些舆论学著作所表达的定义而言,主要有以下三种:

(1) 舆论是显示社会整体知觉和集合意识、具有权威性的多数人共同意见(刘建明,1988:11)。

(2) 舆论是社会或社会群体中对近期发生的、为人们普遍关心的某一争议的社会问题的共同意见(喻国明,1993:277)。

(3) 舆论是公众对其关心的人物、事件、现象、问题和观念的信念、态度和意见的总和,具有一定的一致性、强烈程度和持续性,并对有关事态的发展产生影响(孟小平,1989:36)。

第一种强调的是舆论对于社会的知觉,第二、三种强调舆论是对于某一具体对象而发出的意见。三者都强调这种意见的"共同"特征,但表述的分寸有所差异。第三个定义显然是经过深思熟虑的,字斟句酌,相当全面。

我国现在流行的"舆论导向"概念里的"舆论",实际上相当宽泛,不仅包括人们对于具体对象的意见,而且更多地包括人们对于社会某一领域或部分,乃至整体社会的知觉;表现形式也不止于公开的意见,还包括道德观念的流露与通过行为表达的道德观念、关于社会的各种无定形的情绪表现。为了更准确地定义"舆论导向"中的"舆论",可以在第三个定义的基础上,作出以下定义:

　　舆论是公众关于现实社会以及社会中的各种现象、问题所表达的信念、态度、意见和情绪表现的总和,具有相对的一致性、强烈程度和持续性,对社会发展及有关事态的进程产生影响。其中混杂着理智和非理智的成分。

　　这个舆论定义要顾及一般意义上的舆论含义,同时覆盖现在所说的被引导的"舆论"更为宽泛的内涵,还要说明对于"舆论导向"来说十分重要的舆论质量特征,所以看起来长了些。但是它有一个好处,就是以较强的逻辑性涵盖了舆论的八个要素。将舆论分解为八个要素,对于深刻认识舆论至关重要。关于舆论的八要素,"导言一"中我们有所涉及,这里详细论述。

舆论的主体——公众

　　作为舆论主体的公众,是自在的对于外部社会有一定的共同知觉,或者对具体的社会现象和问题有相近看法的人群。他们在舆论调查的分析报告中是集合的,但在现实社会中一般是分散的。把他们联系起来的,是在某一方面对外部事物的共同或相近的情绪、观点等。因而,每个人对"公众"的感知既是实在的(可以感受到有限的相近情绪或观点的人),又是模糊的(对于大范围的相近情绪或观点的人的感知,凭的是所谓"统计直觉")。公众通常面临着共同的社会问题和利益,但有时不同利益和文化背景的人群也可能在某些问题的看法上形成较为一致的意见。公众的构成是变动的,会随着社会结构的变化、某些社会现象和问题的出现、消失而不断重新组合。由于公众面临的社会问题或现象有局部的,也有全局的,因而面对不同舆论客体的公众群的成员,经常是交叉的。

　　作为舆论主体的公众,对于特定问题的情绪表现也许较为朦胧、观点表达较为简单,或正确或荒谬,但是应当能够自主表现或表达,具有自主意识。这是能够视为舆论主体的必要条件,否则,公众意见也许并不是真正来自公众。我国漫长的古代社会结构的特点,是将血缘、宗法的伦理法则上升为国家的政治法则,修齐治平的精神原则高度一致,国家与社会高度一体化,消解了私人生活空间存在的可能性(吴予敏,1988:209-212)。因而,自主公众的形成,对于估量舆论的价值具有重要意义。

　　当代舆论的中心始终在城市,特别是大城市。因为那里人群密集,集中着最大数量、较高质量的公众。我国新的社会制度,特别是社会主义市场经济的新环境,正在造就具有自主意识的我国舆论的主体。一位作者就此这样写道:"据最保守的统计,每年最少有 1 000 万农民涌入城市。而生活在城市中的人们,也不甘于现状,他们从小城镇流入发达的大城市,……这些流动着的在新的经济体制下寻找机会的劳动者普遍具有最基本的文化水准。被纳入现代化的生产体系和全球规模的市场之后,他们很快与大众意识认同,大众传媒的渲染与引导又使这种意识得到深化。于是,大众,作为一种重要的社会现象,在中国现代化的进程中浮出海面。"(陈刚,1996:8-9)

　　各种社会团体、党派、学校、企业和政府机关等的宣传部门、接待部门和公关部门,传播代表自己组织的方针政策方面的信息,组织社会活动,执行着一种与舆论群体性质相近的职能。这种按照一定的规则有意识地组织起来的群体,与本来意义的自在的公众是有区别的。其成员分散在社会中的时候,可能是围绕各种不同问题发表自己意见的公众,但由法定社会组织成员形成的执行某种社会职能的群体,仅是对公众的模拟,可称为"模拟公众"(pseudo-public)(沙莲香,1987:320)。

　　由相近或相同的认知而关联、具有社会参与的自主性,这是作为舆论主体的公众的两个主要标志。

舆论的客体——现实社会,以及各种社会现象、问题

　　关于舆论的客体,通常是在变动过程中成为公众注意对象的。宏观的如社会的变动,微观的如社会活动家的活动、新近发生的重大事件、流行的现象和观念、社会热点问题等。舆论客体不同程度地具有争议性,但争议性较大的客体毕竟是少数,它们直接而快速地引发公众参与议论,形成多种显性舆论。不少舆论学的定义都将舆论客体的主要特征规定为"带有争议性",是有道理的。但是对于"舆论导向"这个研究视角来说,公众对社会变动的知觉,对于各种现实社会现象和问题所表现或表达出来的情绪、态度、观点,只要形成一定规模,表现出一种或几种发展趋势或明显的倾向,即使争议不大,都应视为舆论的存在形式。较为全面而细微地关注这些舆论客体,而不是仅仅关注少数争议性较大的问题,进而观察公众的情绪和态度,对于把握舆论可能的发展方向,进而及时引导是十分重要的。

舆论自身信念、态度、意见和情绪表现的总和

人们一般把公众公开表达的言语意见视为舆论,有的舆论定义则相反,把"一切不同见解、信仰、想象、成见与渴望等的综合体"视为舆论(时蓉华,1989:444)。就一种舆论而言,它的较为明显的存在形式当然是公开的言语意见,但是有时人们感觉到的存在的舆论并不是明显而清晰的言语,而是一种情绪,由体态语、行为语(例如抢购、流行时尚)和流露的冲动性只言片语等形式来表现。若从"舆论导向"的角度观察舆论,仅仅注意公开的表露就不够了,任何外露的言语、情绪都是一种特殊的态度,而态度是由一定的信念(beliefs)决定的。

信念,这里是指人们在接触外界之前,头脑里已经存在的关于现实世界的图像、信条、价值观。换句话说,即人们过去积累的较为牢固的判断事物的标准。"信念"这个英文词的含义就是:当受到外部信息的刺激时,人们常常不以观察和分析为基础,而作出接受(相信)或拒绝的反应(王戈,1989:160)。把信念作为舆论本身的深层内容,有助于深刻地理解舆论。李普曼较早地注意到这个问题,虽然他有时把信念视为"固定成见",但是信念对于产生舆论的决定性作用,是看得很透的。他认为,人们生活中接触的外界信息刺激很多,不可能一一对应作出反应,于是便有一种自然的"省力"原则,起到自我保护的作用,这便是依据信念(或叫固定成见)对感兴趣的事物作出不经思考的直接判断。他写道:"信念一旦引起任何人入迷,就永远不会停止它的影响。""不管我们认识什么熟悉的东西,我们都会借助于我们脑子已经有的形象"。信念"唤起了每个人对于某种景色、某种家具和某些面貌的感情,……不需要追忆那些原始的形象就能唤起这些信念"。"我们的一些信条在很大程度上决定着我们将看到什么"(李普曼,1989:146、76、157、79)。

信念在舆论本身的各种存在形式中处于核心位置,也是在得到外界信息刺激后,进行逻辑推论的大前提。例如对于古典音乐和摇滚乐,如果评价性信念认为前者优雅后者吵闹,那么凡是涉及古典音乐的外部刺激,都会作出相当接近性的反映,而关于摇滚乐的外部信息,将不屑理会;如果评价性信念是前者淡而无味后者振奋精神,那么对于二者的态度就会与前面的截然相反。在日常生活中,

每个人感触到一种新环境、新信息,都会习惯性地将它们归类到已经存在于自己头脑里的许许多多关于事物的描述、评价性信念的"分检箱"(孟小平,1989:41)里。

显然,态度是建立在信念之上的较为表层的结构,表现为"刺激—反应"之间的中介。它包含认知因素,总是对于一定的客体而言;它包含情感因素,大都要对客体表现出好恶的情感("无所谓"是一种中性情感);它包含意向因素,是行为前的思想倾向(接近或远离、占有或放弃等)。

态度的表现形式是多样的,以言语形式的表达,构成显舆论;以情绪形式的表达,构成潜舆论;以规模行为来表达,构成行为舆论。这里容易被忽略的是潜舆论,一些相关著作不把它视为舆论的表现形式,另一些著作则注意到这个问题。例如美国学者伦纳德·多博(Doob,L)1948 年提出"内在舆论"(internal public opinion)、"潜隐舆论"(latent public opinion)的概念(王石番,1995:16-17)。沙莲香 1987 年在其《社会心理学》一书中,将舆论形式分为两类,即"显在性舆论和潜在性舆论"。她认为,潜在性舆论是"只在熟人、亲友之间散步的舆论","带有明显的情绪性"(沙莲香,1987:320)。喻国明 1993 年在《中国民意研究》一书中,以词条形式将"潜在舆论"确定为舆论学的基本概念,但是他却解释为"多属社会不容公开议论的内容"(喻国明,1993:280)。潜舆论不是一般的纯粹个人的情绪表现,而是指有着规模公众、既定舆论客体的情绪性意见,它预示着多数人的预存立场,并有可能进一步形成显舆论。因此,对于舆论导向来说,注意潜舆论甚为重要。如果在舆论处于潜舆论的时候进行适当的引导,容易得到较好的效果;而引导显舆论的困难程度,则远大于潜舆论。

当谈到舆论如何的时候,我们通常指的是这样两个步骤:直接感受(包括调查)公众的公开言语及各种情绪化的表现,接着将这些意见形式的内容归纳为不同层次人群的态度。"信念"这个舆论的深层内容往往被忽略,而这是理解舆论的真正钥匙。因此,将舆论本身确定为信念、态度、意见和情绪表现的总和,对于准确把握舆论具有重要意义。

这里讲的"总和",不是各种舆论表现的叠加,而是在感受到一种意见时,将它平行地理解为"信念→态度→意见和情绪表现"这样一种精神活动的过程(其实这一过程的发生是瞬间的),并将注意力集中于对信念的探究。

舆论的数量

舆论的数量即舆论的一致性程度。围绕一个舆论客体产生的各种意见，如果处于众说纷纭的境地，呈现几乎无限的多样性，那么便不存在关于这个客体的舆论。因而，舆论的数量是辨别舆论存在与否、存在程度的一个客观标准。按照亨内西（Hennessy，B）的说法，小范围内的或较为简单的舆论客体，围绕它产生的各种意见，无论是凭直觉还是进行调查，其多样性是有限的。如果客体本身十分复杂，关心的公众不仅众多，而且差异性强，产生的意见就五光十色了（王石番，1995：16）。这时，估量舆论的数量就显得十分重要。对于较小范围内的较为简单的客体，可以通过随机访问一些人，凭直觉得出"相当数量"、"超过半数"、"较多"或"很多"等模糊性的概念，表达关于某个舆论客体的某种意见的一致性程度。对于较为复杂、涉及面广泛的客体的意见，只能凭借科学的舆论调查来估量舆论的数量。

国内有位学者认为："按照感知事物比例的思维习惯，四分之一的比数通常被认为是'较多'的底数。也就是说，一定范围内有四分之一的人议论某一事物或持有一种意见，使人能够获得'相当多数'的概念，标志着舆论已经形成。"（刘建明，1996）这种出于本能的感觉，是以生活经验为基础的，但是最好还是有个科学依据。实际上，运筹学（系统工程方面的应用数学）已经为这种许多人的模糊感觉作出了说明。在研究信息搜索、宏观的"排队问题"、具体的"顺序问题"方面，运筹学用"优选法"解决了不少难题（王雨田，1988：399、418－421），解决这些问题需要回答：掌握了整体中的多少，能够对整体产生决定性影响，或者可以使整体感觉到一种重要影响的存在。这个在整体中的"点"显然是个临界点。应用数学根据系统工程理论得出的计算结果，便是被称为黄金比例的"0.618"。一般地说，当在整体"1"中达到 0.618，就能够产生对整体的决定性的、全面的影响；而达到临界点的另一半，即达到 0.382，则可以使整体感觉到一种重要影响的存在。依据这个临界点来考察舆论的数量（一致性），则可以说，在一定范围内，有 38.2%（约 1/3 多）的人持某种意见，这种意见便在这一范围内具有了相当的（但尚不能影响全局）影响力；而若有 61.8% 的人持某种意见，则这种意见在这一范围内将成为主导性舆论。当然，实际生活中没有必要精确到如此地步。

换句话说,舆论的数量起点,在于一定范围内持某种意见的人数需要达到总体的约1/3,这时,这种意见可称为"舆论"。

把握舆论的数量,目的在于了解关于某一舆论客体的不同舆论的力量对比。对于"舆论导向"来说,这也是估量舆论、以便采取相应措施进行引导的依据之一。例如,如果一种舆论属于"较多"量级且倾向不够正确,那么起码需要一定范围内1/3的人持有另外的较为正确的意见,方可能不使这种意见发生影响全局的作用;反之,如果一种意见的持有人数远远低于总体的1/3,其他较为正确的意见在整体中占有较大比例,则没有必要对这些不同意见做专门的引导。在保证总体舆论导向正确的前提下,舆论的不一律本来就是正常的,也是社会精神生态平衡所必需的。当然,根据经验,当某种不够正确的意见达到1/4到1/3时,则可以将这种意见列为观察对象,作好及时引导的准备。

舆论的强烈程度

舆论的强烈程度有两种表现方式,一种是用行为舆论来表达,通常行为舆论比言语舆论的强烈程度大些,例如静坐、游行示威和其他更激烈的行为;另一种除了部分通过言语表达外,相当程度上表现为没有用言语表达的内在态度,其强烈程度需要通过舆论调查来测量其量级。前者的强烈程度,一般通过实际的观察、访谈和体验进行估量;后者需要根据舆论调查中常用的各种意见量表(例如"语义差异量表"、"社会距离量表"、"等线间隔量表"等)分析得来。量表中对于舆论客体的态度通常提供择一的七个选择阶梯,中心为"中立"或"无所谓",两边分别为正反两种意见的阶梯,例如"略加肯定、肯定、非常肯定"和"略加否定、否定、完全否定"。如果有约1/3的人所持的某种意见达到"略加"点,可以说这种意见转变为舆论,并表现出相对弱的强烈程度;如果2/3人的意见处于"非常"、"完全"点上,则舆论的强烈程度趋向极点。一般地说,某种意见处于极点是不大正常的状态,需要加以疏导,保持一定程度的舆论分流,以便使社会处于稳态。

舆论的强度与公众对于舆论客体的知晓状况相关。对于舆论客体了解得越清楚,有所体验,对表达的意见倾向信心越强,则意见强度越大;对于客体略知皮毛,决定自己的倾向迟疑,所选择的意见阶梯通常是"略加"点,因而其意见容易受外界影响而变化。

强烈程度是测量舆论存在与否的量度之一。如果只是有少数人持某种意见,表现强度又很微弱,一般无法将它视为舆论。现在所说的"舆论导向",不仅只对于不够正确的舆论给予引导,也应包括对于舆论强度的适当控制,避免过度的舆论趋同,带来舆论震荡。

舆论的持续性(存在时间)

在日常生活中,存在着许多话题,但往往随意性很大,偶尔一谈论,过后即淡忘,谈不上存在时间;人们每天接收到数不清的信息,绝大多数也很快被淡忘。只有不多的话题或传来的信息给公众留下深刻印象,从而形成舆论。而舆论一旦形成,总要存在一段时间,即使舆论客体消失了,人们还会有所议论,因为舆论的发生总是滞后于舆论客体的。舆论的存在时间或持续性是舆论存在的另一标志,短则几小时,长则多少年。人们对舆论的感觉,一定程度上是由于舆论通过它的持续性存在,给人不断刺激造成的。

舆论的持续性有时被称为舆论的韧性。它与舆论客体的情况相关。如果人们议论的舆论客体所体现的信念、价值观与公众差距较大,或者说"问题没有解决",舆论是不会消失的;即使暂时被新的刺激物转移,一旦原有的问题再现,还会形成相近的舆论。还有另一种情况,如果舆论客体所体现的信念、价值观与公众十分相近,只要这个客体存在着,便会产生与之相应的舆论,在通常情况下,这类舆论的强度不大,但存在时间较长,或者说韧性较强,例如涉及道德认识的舆论。

舆论的韧性是从"舆论导向"角度考察舆论的一个重要方面。凸显符合精神文明、同时与公众的现实信念、价值观相近的舆论客体,从而形成较为持久而稳定的良好舆论氛围,这对于抑制倾向不良的舆论是有效的。但是舆论的韧性同时也可能是正确引导舆论的巨大障碍,因为一些陈旧的道德观方面的舆论,具有相当强大的韧性。在从传统社会转向现代社会的过程中,改变大多数人的某些陈旧信念,需要引导者具有较大的韧性。

舆论的功能表现——影响舆论客体

舆论存在的综合表现,是能够以自在的方式,直接地或间接地、明显地或隐蔽地影响着舆论客体。如果说一种舆论在它存在的范围内没有产生对客体的任何影响,那么这种舆论便谈不上是舆论,而是一种一般的无足轻重的议论。人们所以能够感觉到周围存在着各种相近的或相对立的舆论,就是由于各种舆论在相互交织中时时影响着舆论客体,促使客体朝着主导性舆论的方向发展或转变。所以,这种影响表现为各种舆论相互作用的过程。在这个意义上,国际交流委员会1980年的那份著名报告中关于舆论讲了这样一段话:"舆论也不仅仅是各种意见的总和,而是在广泛的知识和经验的基础上不断比较和对比一些意见的一种待续的过程。"(麦克布赖德,1981:268)

舆论的功能表现是自在的,而引导舆论则是自为的。因而,调查现实的各种舆论对于舆论客体将产生、已经产生何种影响,以及影响的程度,是进行舆论引导的前提之一。

舆论的质量——理智与非理智成分

舆论的质量是指舆论所表达的价值观、具体观念及情绪的理智程度。一般说来,在一定时期一定范围内的主导舆论,是大多数公众的意志,这种意志应当尊重,至少要得到重视。在这个意义上,舆论是民主的重要因素。但从以下舆论的特征考察,舆论又是一种内容十分庞杂而多变的社会精神形态:

舆论是一种群体意见的自然形态,因而它带有较强的自发性和盲目性,它的变化、发展在一定程度上是被动的,文化和道德的传统对它的影响相当巨大,同时各种偶然的外界因素也会经常不断地引起它的波动。不稳定和多变是现代舆论的表面特征;同时由于传统的影响,舆论在一些问题上又相当滞后,传统的封闭社会的观念在较长的时期内还会对现实舆论发生作用,尽管这种影响力在逐渐减弱。

舆论的主体公众,有时来自完全不同的社会阶层,因在某个问题上持有相同或相近的意见,于是在观念形态上呈现为相关联的舆论群体。而舆论本身,实际上也许只在表面意见上相同,进一步考察舆论的信念层次,会发现很大的差距。

不少舆论主要是以不同的社会阶层、不同的发生范围、不同的舆论客体等划分存在空间的,而不同空间的舆论主体的文化水平和信息接受能力十分悬殊。

就舆论的数量、强烈程度和持续性而言,对社会整体感知方面的舆论,社会的最大多数,即社会的中下层公众,经常决定着舆论的发展方向,具有较高文化水平的所谓精英阶层的舆论,有时并不能够左右这种舆论。

即使是精英阶层的舆论,也是自在的形态,同样会受到各种现实和历史的政治制度、经济制度、文化环境、自身利益的影响,并非总是社会理智的代表。

基于以上五方面的分析,舆论中同时含有理智和非理智的成分是正常的。舆论不同于自为组织的纲领政策,可以对各种问题表现得十分理智,它的自在形态决定了它在总体上是一种理智与非理智的混合体。分析具体舆论,对它作出正确、错误或无害等的判断,通常是舆论引导者要做的工作。无论引导者对具体舆论的判断如何,深切地理解各种舆论得以产生的社会心理原因,以实事求是的态度而不是以固定、单一的理想化模式苛求舆论,是引导舆论成功的首要前提。

舆论的必要要素和非必要要素

任何一种意见形式,只要同时具备舆论的主体、舆论的客体、舆论本身、舆论的数量、舆论的强烈程度、舆论的持续性和舆论的功能表现七个要素,便可视为一种舆论。

任何外界的质量评判(正确与否、理智与否、方向正确与否等)都不妨碍确认舆论本身的存在,即使判定某种舆论是不正确的,只要它具备了舆论的七个必要要素,它依然存在,而且依然会对舆论客体产生自然的影响。所以,舆论的质量不是舆论存在的必要要素。但是,质量又是每种舆论所具有的,尽管可能不同人的评判相佐,因而带有主观的色彩。如果从"舆论导向"的角度考虑,评判舆论的质量尤其重要,这是对舆论进行引导的前提。

舆论对个人的独立意识来说,是一种无形的精神压力,它可以迫使个人从众而失去自己独立的精神人格,一些社会心理学家就是从这个角度,深刻地分析了舆论的威力。显然,识别舆论的质量,需要较高的素养,尤其是冷静的理智和丰富的知识。马克思有一句名言:"任何的科学的批评意见我都是欢迎的。而对于我从来就不让步的所谓舆论的偏见,我仍然遵循伟大的佛罗伦萨诗人的格言:走你的路,让人们去说罢!"(马克思,23卷:13)这里就涉及对舆论的质量分析。舆论有时带有较多的传统成分,并非时时代表社会的良知和发展方向。例如19世纪,德国小市民的舆论在城市里据主导地位,恩格斯深知这种舆论是对时代进步的反动,因而致信德国社会民主党领导人,批评他们说:"为什么要迎合'舆论'(这种'舆论'在德国总是啤酒馆里庸人的舆论)?""有一处认为争取舆论具有这样重大的意义:好像是这个力量敌视谁,谁就要失去活动能力;……不该讲的话太多了"(恩格斯,34卷:396、402-403)。显然,即使是从保持个人的独立意识角度,将舆论的质量与舆论的七个必要要素并列为"舆论的八要素",也是必要的。

舆论的非必要要素有许多,例如空间要素(即舆论总是有一定范围的)、民族或种族特征、表现方式、文化含量、信息含量等。其中对于"舆论导向"的课题来说,最为重要的是质量要素。

从以上八个方面全面考察舆论,眼前便可呈现舆论的立体形象。养成这样的关于舆论的思维习惯,有利于在较短的时间内把握舆论,及时给予正确的引导。

第三节　什么不是舆论

舆论是一种人们感觉到,但又时常难以进行确切分析的精神集合现象。在一些社会性的言论中,常常出现"舆论认为"、"新闻舆论"、"宣传舆论"等用词,由于人们使用这个概念较为随意,仅根据自己的理解,因而"舆论"常常被误指并非舆论的东西。"为了给舆论下定义,指出什么不是舆论也许是有益的"(麦克布赖德,1981:270)。

大众传播媒介或媒介的言论不等同于舆论

媒介上的言论可能代表了一定范围内的舆论,也可能并不反映现实公众的意见,尽管大众媒介有"舆论界"的别称。从理论上说,媒介应该代表舆论,而且由于它的职业特征,至少会经常表达所代表的群体、阶层的舆论,但是媒介自身亦受到各种利益、权力组织、隶属关系等的控制,代表舆论的程度要具体分析。

现在经常看到"新闻舆论"、"宣传舆论"的概念,如果理解为新闻与舆论、宣传与舆论,尚不会发生歧义;把"宣传舆论"作为动宾结构的词组,也可讲通。如果将新闻与舆论、宣传与舆论两者等同看待,就在概念上搞混淆了。新闻、宣传、舆论这几个概念不是一回事,新闻、舆论是社会观念形态的不同表现形式,宣传是一种行为。如果将"新闻舆论"理解为"新闻的舆论",就不通了,新闻是事实的报道,所报道的事实不等于舆论;如果"新闻"是指媒介,仍然不通,因为媒介作为一种人群的自为组合,是"模拟公众",不能作为真正的舆论主体。

各种把大众传播媒介、宣传行为等同于舆论的说法,容易误把媒介的意见、上级的意见简单视为公众的意见,妨碍对舆论的确切把握。这里有个例外,就是"国际舆论"、"世界舆论"这两个通用的概念,已经约定俗成地特指外国媒介上的言论,而不是指世界范围内的舆论。事实上,调查世界范围内的公众关于某一舆论客体的舆论,是相当困难的。能够把握一个国家范围内的舆论就很不容易了。

舆论不等同于意识形态

意识形态是掌握国家政权的阶级、政党的主导思想,统治阶级的思想通常是占统治地位的思想,即我们常说的意识形态。舆论是社会自在的精神形态,会受到意识形态的强烈影响,但两者并不完全等同。关于这一点,从早期的理性主义者到当代的舆论学者们,看法大体是一致的。1995 年出版的由美、德、中等国 32 位学者合著的《舆论与一致传播》,开宗明义便是:"舆论诉诸的是人民的声音,来自平民的明确而直率意见。"(Glasser,1995:3)强调的是它与占统治地位的思想的区别。许多处于非主流地位的思想观念,常以舆论的形式表现出来,即使是主流思想观念,也可能产生多种分支形式。强调舆论导向的目的,即在于希望各种非主流的思想观念,以及其他一些属于主流思想的形式不一的思想观念,能够同现实的意识形态协调,趋向于它,至少不要影响现实意识形态对全局的控制,以保持社会的稳定。

公众不等同于舆论

舆论的主体是公众,但公众不是舆论本身。因此,我们向公众宣传、灌输某种观点、认识等时,并不能称之为"引导舆论"。公众是常数,但通常讲的所引导的舆论,则是变数,依外界诸多的信息刺激而变化,引导变化着的舆论比单纯提供一些新的观念、认识要复杂得多。

个人的感觉不能等同于舆论

个人周围的议论、各种飞流短长，在小范围内可能是一种舆论，但在更大的范围内不一定是舆论。每个人可以直接感知的东西是十分有限的，因而容易将自己周围的种种议论、听到的各种飞短流长视为更大范围内的舆论。当遇到这种情况时，要更多地与别人交换意见，必要时进行一些调查，以确认舆论属于何种范围，防止一叶障目，不见泰山。

误将非舆论视为舆论，原因是多样的，例如美国学者奥尔波特（Allport，F）在《走向舆论科学》一文中分析的：这主要是因为人们对舆论、公众等词随心所欲的滥用，无视于严谨的定义，所以衍生许多谬误。这些错误的观念有些来自类比和比喻的用法，有些是为求新闻报道的简洁，或激起灵活鲜明的印象，有些则是为掩盖情绪、成见而产生（王石番，1995：11）。从学理角度看，主要原因在于对舆论的主体不明确。人们通常对自己认同的思想观念，以及周围对这种思想观念的肯定性认识，看得比实际情况还要好些；而对自己否定的思想观念，以及周围对它的肯定性意见，常估计不足，甚至视而不见，有意无意地将自己认同的观念扩大为现实的舆论，忽略了对舆论主体的切实估量和感觉。

避免随意的"舆论认为……"

没有根据而随口讲的"舆论认为……"，不一定是舆论，而可能是当事人认同的某种意见。即使是领导人、人民代表、著名社会活动家的意见，也不能随便替代舆论来"认为"，要有确切的材料证明这一点，不能轻易将他们的意见与舆论等同。当说"用正确的舆论引导人"时，不要把一般的宣传与此等同。这里的"正确的舆论"应当是确实存在的，而且是同一范围内的某种正确的舆论。我们常说的"宣传"，形式上可能是在用正确的舆论引导人，也可能是向公众介绍某些他们并不熟悉的新的思想观念。如果是后者，大众媒介要避免随意使用"舆论认为"的表述，否则容易引发公众的逆向反应。

第二章 舆论的形成

第一节 研究舆论的形成：不同的学科视角

了解舆论的形成，对于深刻地理解舆论，进而引导舆论是至关重要的，这也是舆论学的基本理论之一。但是对此的研究，由于采用了不同的学科视角，于是关于舆论形成的描述和分析便存在着不同的侧重面，大体上有早期的理性主义，现代的心理学、社会学、社会心理学等学科视角。

理性主义的研究视角

根据黑格尔的说法，最早意识到"理性"地位的是古希腊哲学家亚拿萨哥拉斯（Anaxagoras），他"第一个说，'理性'统治世界"（黑格尔，1956：495）。历史上很多思想家面对各种人类历史中的迷信、偏执，以及现实的特权和压迫，求助于人的理性认识。17世纪法国思想家笛卡尔（Descartes，R）为理性主义提出一句"我思故我在"（cogito, ergo sum）的名言（笛卡尔，1986：26），突出了人作为人的思维特征。他的"思"（cogito）的概念是广义的，包括怀疑、理解、设想、肯定、否定、意欲、想象和感觉（罗素，1983下：87-88），由这种广义的思维引导人格行为，激励判断，衍生意志。这是一个假设，即相信人的思维能够得出合乎理性的认识，只要这种认识被揭示出来，不合理的世界就会改观，而能够揭示人的"理性"的，是社会中的精英人物。

18世纪至19世纪初的欧洲启蒙学者和早期的社会主义者们，尽管在许多问题上存在分歧，但大都是理性主义者，如同恩格斯所说，他们"不是想首先解放某一个阶级,而是想立即解放全人类。他们……想建立理性和永恒正义的王国"
(恩格斯,20 卷:697)。这些发现"永恒理性"的精英人物,坚信自己能够影响群
众并形成舆论,这种舆论与中世纪的迷信、偏执对立,成为社会发展方向的决定
性力量。正是依据这样的认识,卢梭对舆论的力量给予了非常高的评价,尽管他
同时意识到舆论中的所谓"众意"带有偏私的成分。圣西门(Saint-Simon,H)也
是这样寄希望于舆论,他写道:"人们把舆论称为世界的主宰,这是十分正确的。
它是一个伟大的道德力量,只要明显地表现出来,就必然要压倒人间的其他一切
力量"(圣西门,1962:230)。就是对舆论十分挑剔的黑格尔,也说出了如下的
话:"无论哪个时代,公共舆论总是一支巨大的力量,尤其在我们的时代是如此,
因为主观自由这一原则已获得了这种重要性和意义。现实应使有效的东西,不
再是通过权力,也很少是通过习俗和风尚,而却是通过判断和理由,才成为有效
的。"(黑格尔,1961:332)

　　于是一种理性主义的舆论形成观蔓延于那个时代,即精英人物或团体造就
舆论,或者是精英人物从舆论中发现理性(时代精神)。前者可以从当时德国诗
人韦兰德(Wieland,C)在 1799 年谈到的关于舆论的认识中看到:"就我自己而
言,舆论是整个民族,尤其是最具影响力的人,组成一个团体,在一起工作之时,
逐渐生根成长的。舆论就是这样占优势,终于无所不在。舆论常在不被注意时,
拥有多数人的支持,甚至于在不敢大声表达时,也能为更大更大的耳语所承认。"
(王石番,1995:8)后者可以从黑格尔的话中看到:"找出其(指舆论引者注)中的
真理乃是伟大人物的事。谁道出了他那个时代的意志,把它告诉他那个时代并
使之实现,他就是他那个时代的伟大人物。他做的是时代的内心东西和本质,他
使时代现实化。"(黑格尔,1961:334)在欧洲连续发生民主革命的背景下,当时
许多有志向的青年人都坚信,舆论将主宰世界,例如 18 岁的青年恩格斯满怀激
情地写道:"世界历史我们不再怀疑就在于公众舆论。"(直译:世界历史进入舆
论。恩格斯,41 卷:515)

　　在这种关于舆论的认识中,显然精英人物在舆论形成中的作用被看得举足
轻重,而且舆论反映时代精神的意义也被看得极为重要,因为当时的启蒙学者和
早期的各种社会主义者感觉到的与旧社会进行斗争的巨大背景力量,便是无形
的舆论。这种理性主义的舆论形成观,从一个侧面说明了舆论形成中精英人物

和团体的影响力量,以及由于这种影响力给予舆论的理性成分。但是当时注意到要对"舆论"作出个定义的却并不多。据说最早尝试解释舆论概念的是美国的布赖斯(Bryce,J),他在其著作《美国共和体制》(1888~1889年)中,分析了美国和英国舆论所发挥的不同作用,将舆论界定为"在民主制下争论政治问题时的理性讨论"(Glasser,1995:36)。显然,这是一个理性主义的定义,赋予了舆论十分完美的形象,并将它的作用仅仅界定在政治领域。

由此形成的传统的舆论学,虽然会有不同的派别,甚至基本政治观点是对立的,但侧重的都是:问题出现→社会讨论(社会精英在其中起主导作用)→形成强大舆论→以舆论的名义促进社会改革或民主化进程。舆论(或者名义上的舆论)在这里作为公众政治权利的背景力量,自然被看得具有高度的正当性与合理性。但是社会本身是很复杂的,舆论本身并不完全具有精英人物设想的纯洁而理想化的色彩,它的作用也不仅仅在政治领域。从广义上说,它是社会控制的一种机制,每个人都不可能摆脱无形的舆论环境的包围与制约。从这个角度研究舆论,它就是一种对个人或群体具有很大制约力的社会精神力量,无论对哪个政治派别都一样。因而,舆论学需要做的便是研究舆论形态,它的形成、产生作用、消失的规律性问题。

现代心理学的研究视角

现代心理学侧重于从个体的生理性(并非完全排斥社会环境的影响)思维发生、认识发生角度考察意见的产生,于是许多心理学的概念被用于解释人们意见的产生之源,例如表象、印象、动机、知觉、暗示、注意、认同、参考框架、冲突、紧张、焦虑、习惯、固执、情结、挫折,以及各种知觉与模式识别理论等。

从20世纪40年代起,一些舆论学的研究者开始进行舆论形成的心理实验(王石番,1995:90-91)。1954年,第14届国际心理学会议最早将心理与信息的产生作为一个专题进行研究,并出版了一本论文集《心理学中的信息论》(胡文耕,1992:218)。心理学的一个分支精神分析学,特别注意到意见产生的无意识问题。弗洛依德(Freud,S)认为,人类精神生活的大部分以无意识(潜在)的形态存在,意识的表达相当于浮在海面上的冰山,而无意识则深藏在水下。人有一种把内心的积蓄力量外发的倾向,这种愿望得到适当的满足,便会有一种快感,否则会感到压抑(弗洛依德,1986:59-68、51-52)。舆论调查中常见的关于满意程度的各种提问,便是以此为依据,调动被试的自我感知,从而了解各种意见的深层结构。心理学的另一个分支行为主义心理学,较为强调外部对人的生理性刺激在个体意见形成中的决定性影响,而不承认人的主观意识在意见产生中的作用。这派研究者在客观、精确地观察外部刺激的调适、制约对于意见形成的影响方面,是有贡献的(王石番,1995:94-95;李盛平,1990:816)。

从心理学角度对舆论形成的研究,提供了许多可以说明个体意见形成的心理要素,有助于理解人的情绪、意见等外在表达的内在结构,进而更多地理解舆论的深层结构。但是舆论毕竟发生于具体的社会环境中,人的心理状态、思考过程千差万别,非常复杂,单纯从个体的生理与心理考察舆论,对于全面研究舆论的形成显得有些力不从心。

社会学的研究视角

社会学的视角,是指从文化传统(包括地域社会)、社会结构、社会变迁、社会运动、经济状况、社会集团、社会流动、阶级、职业、性、国家和权力、社会生态环境、社会传播环境、宗教、社会规范、家庭、教育、科学技术等的角度,考察个体意见的形成,进而考察舆论的形成。其中七个重要的考察舆论形成的社会因素,现在已经成为研究中通常的主要参考依据,即社会阶层(或地位)、种族(或民族)、年龄、性别、教育程度、经济收入、居住地(孟小平,1989:46;王石番,1995:115)。人的社会化过程对意见形成的影响、社会组织对个体意见形成的影响、社会经济结构对个体意见形成的影响等,则是专题性的社会学研究课题。

马克思著名的关于人的社会性的论述,对于说明意见形成,提供了重要的理论依据。他指出:"人即使不像亚里士多德所说的那样,天生是政治动物,无论如何也天生是社会动物。""人的本质是人的真正的社会联系,所以人在积极实现自己本质的过程中创造、生产人的社会联系、社会本质"(马克思,23卷:363;42卷:24)。据此,他谈到人的思想观念的产生:"人们是自己的观念、思想等等的生产者,但这里说的人是现实的、从事活动的人们,他们受自己的生产力和与之相适应的交往的一定发展(直到交往的最遥远的形式)所制约"(马克思,3卷:29)。马克思还注意到人在最简单的社会联系中如何以"镜中观我"的方式产生意识。他写道："人起初是以别人来反映自己的。名叫彼得的人把自己当作人，只是由于他把名叫保罗的人看作是和自己相同的。""这个人所以是国王，只因为其他人作为臣民同他发生关系。反过来，他们所以认为自己是臣民，是因为他是国王"（马克思，23 卷：67、72）。

　　不少学者注意到，东方文化条件下的意见形成，起最重要作用的社会因素是人所处的社会组织（家族或种姓、工作单位、所在社会团体）。具体的社会组织比相对抽象的"社会"更为现实地限制着人们发表意见的选择性。社会通常是一种人对外界的观念性感觉，真正参与其中的社会实体是个人所处的组织（谢高桥，1983：125）。而综合性地考察现代舆论形成的社会性因素，以社会学家麦克杜格尔（MacDougall，C）提出的十几项较为著名，即风俗、观念形态、宣传、（历史）传说、（本民族历史与现实的）英雄、（本民族的）语言、艺术、新闻媒介、教育、宗教、书报检查、商业文明、新教传统等（孟小平，1989：47；王石番 1995：97）。显然，他是从西方文化的背景讲的，对于东方文化背景来说，可能宗教、农业文明、现代社会变迁，以及整个亚细亚生产方式的历史发展等，应当成为考察意见、舆论形成的主要综合性社会因素。

社会心理学的研究视角

　　生物学家托马斯（Thomas，L）在从生物世界的集群现象谈到人时这样写道："我们进行大量的集体思维，大概比任何社会性的物种都要多。尽管这种思维几乎是秘密进行的，……我们能毫不费力地、不加思索地在一个寒暑之内，在全世界改变着我们的语言、音乐、风尚、道德、娱乐，甚至改变穿着的时尚。我们似乎是通过一个个全面的协议这样做的，但这里不用表决也不用投票。我们只是一路想下去，到处散播着信息，交换披着艺术外衣的密码，改变想法，改变自身。"（托马斯，1995：96）他没有使用"意见"、"舆论"等的概念，但却相当形象地说明了人们在形成意见，进而形成舆论中社会、心理两种因素同时对人施加的影响力。集体思维、全面协议、散播信息等等是社会性的，但是这些过程中有许多是看不见摸不着的，或"不加思索"，或"秘密进行"，贯穿着种种"交换密码"，即它们带有心理活动特征。因此，从社会心理学的途径研究舆论的形成，显得更为全面。

　　社会心理学关注意见形成中的社会情境因素。"社会情境"与"社会环境"的不同点在于,前者是与个体直接相关的社会环境,包括个体与社会环境的相互作用,社会情境是被个体所意识到的,并直接影响个体心理;后者则是指宏观意义上的社会存在与社会意识,对个体来说是客观的,社会情境以外的社会环境在未被个体意识到的情况下,间接地对个体心理产生影响。在这个意义上,社会心理学家品纳(Penner,L)关于社会心理学的定义对于考察舆论的形成是较为适当的:"社会心理学是研究影响的科学。它企图了解、解释和预测另一个人、一群人和诸种因素的存在如何影响某个人的思想和行为。"(时蓉华,1989:12)因此,诸如"说服"、"舆论领袖"、"沟通"、"参考团体"、"学习"、"经验"等用来描述互动的概念,便常出现在研究意见形成的论著中。

　　早期的几位法国社会学家,诸如勒朋(Le Bon,G)、塔尔德(Tarde,J),就开始从社会心理学角度分析群体意见的形成和特征,从而得出了一些有意义的结论。勒朋在其《群众心理》(1895年)一书中对群体意见形成中的负面问题看得较为清晰,他认为,在形成群体意见的过程中,有五种情感因素起到较多的作用,即(1)冲动、动摇、兴奋;(2)暗示、轻信;(3)夸张、单纯;(4)偏狭、权威主义、保守主义;(5)道德色彩。而就群体思维而言,有四种方式影响意见的形成,即(1)用形象来表示观念;(2)缺少批判精神,缺少逻辑;(3)从特殊事例中直接引出一般结论;(4)想象力在意见形成中得到提高,而推理能力下降。塔尔德在其《舆论与集群》(1901年)一书中,已经看到围绕大众媒介而形成的媒介"公众",人可能只属于一个集群,但却可以属于众多的媒介公众。他较多地研究了暗示、模仿、同情等情感因素在信息互动中对意见形成的影响(北川隆吉,1994:上119-120,下424;时蓉华,1989:5)。他们对自己定义的集群、群众、公众及其意见或舆论的分析,虽然给人一种群众意见或公众舆论灰暗的感觉,但对于现在所说的"舆论导向",则提供了较系统的舆论形成的诸种负面社会心理原因,有利于大众媒介根据这些特点,用较为理智的分析引导舆论。

　　由于不少具体舆论的形成可以表现为一个持续发展的过程,所以从20世纪20年代以来,不断地有人以时间的纵断法来说明舆论的形成,这也是一种社会心理的分析方法。其中较为著名的是1958年戴维森(Davison,W)提出的10个阶段:

1. 当话题从一个人传到另一些人时,话题萌芽。

2. 在一定范围内,人们开始议论,话题形成。

3. 热心人士参与或社会团体关心这个话题。

4. 政党领袖谈论这个话题。

5. 大众媒介或专业机构加入这个话题。

6. 这个话题被简单化地加以概述。

7. 话题引起广泛的注意,舆论开始形成。这时的舆论是"一个较大的个人集合体的意见,这些人互不相识,但他们对一个问题作出反应,期望一些其他人在这个问题上表现出类似态度"。

8. 更多人虽然相互不认识,但议论时抱有相同的看法。这时舆论完全形成。

9. 公众开始面对面地讨论,并在自身体验、团体影响、固有信念、个人的期望的综合作用下诉诸行动。

10. 舆论涉及的问题消失,或舆论已经变成立法、蔚为风尚和社会规范,新的话题出现(王石番,1995:102)。①

戴氏的划分相当详尽,但不论怎样,这类划分未免有些机械,不得不略去舆论形成过程中的千差万别的细节。不过,它提供了研究舆论形成过程的一种模式,不论所思考的形成过程是简单还是复杂,意在揭示舆论形成中个人与社会的心理互动。把握舆论形成过程中大体的发展脉络(各种舆论的形成过程可能会有较大差异),对于引导舆论来说十分重要。引导舆论需要把握适当的切入口,在舆论形成中的某一阶段及时给予引导,其效果比舆论形成以后的补救性引导要好。

诺埃勒-诺依曼的"沉默的螺旋理论",亦属于从社会心理学角度对舆论形成的研究。她以人害怕在社会中孤立的心理为主要依据,从而认为,为了防止孤立和受到社会制裁,一般人在表明自己观点之际首先要感觉一下"意见气候"

---

① 戴维森提出的舆论发展的 10 个阶段理论,我国研究者孟小平引证时无意中失落了 1 个阶段(孟小平,1989:48 - 49);显然根据孟的引证,喻国明、刘夏阳可能以为本来是 9 个,于是介绍戴氏理论时将 10 个阶段改成了 9 个阶段(喻国明,1993:286 - 287)。王石番的译介较为准确。

（opinion climate），如果自己的意见与现有的多数人意见相同或相近，便会较为大胆、积极地发表，如果发觉自己处于少数，便会迫于无形的舆论压力而趋向于保持沉默。于是舆论的形成，便成了一个"一方越来越大声疾呼，而另一方越来越沉默下去的螺旋式过程"（诺埃勒·诺依曼，1993：61）。她显然是以社会心理学的认知取向来界定舆论的，强调个体对舆论的知觉，外界已有的多数人的舆论压力对于形成更为广大的舆论，在这里具有决定性意义。就这点而言，舆论具有社会整合的作用（王石番，1995：100－101、215）。

诺依曼的论证角度对于舆论导向研究具有意义，她提供了一种引导非主流舆论转向主流舆论的思路；但是，通过她的理论，无形中能够看到另一面，即利用现实的或虚幻的多数人的舆论压力，从而进一步形成的更为广泛的舆论，带有意见的表面性质。特别对于受教育程度较高、具有自主意识的公众来说，以这种方式进行的"引导"，也许可以获得表面的令人陶醉的效果，但同时也可能埋藏下未来更大冲突的种子。因为这种引导在改变深层次的舆论（信念）方面，作用是有限的。

综合性的研究视角

人们很早就意识到对舆论形成的研究需要进行多方面的协同，但是面对一种具体的舆论形成过程，研究者同时采用多种研究视角，受到自身业务的熟悉程度、财力和精力消耗两方面的限制，所以通常采用自己所熟悉的一种方法，同时辅以其他方法。较为综合性的研究，常带有宏观思辨性质。

综合性的关于舆论形成的研究，较有代表性的是康倍尔（Campbell，A）1960年提出的"因果漏斗模型"（funnel of causality）（王石番，1995：106－113）。他和他的同事们研究的虽然是选举中的舆论形成问题，但后来的许多学者认为，这个模型可以说明关于某个舆论客体的各种舆论，在时间的长河中如何从很多种趋向于少数几种甚至一种。漏斗的开口或大或小，同时"装进"很多种意见或舆论。随着时间的推移，舆论客体的情形也显得较为清晰，人们在做决定的时候，开始考虑事情的利害关系、轻重缓急，于是比较不重要的意见便会放弃，相近的意见更为接近，关键性的意见、焦点问题显示出来，各种意见相互碰撞、融合，经过一定的时间，舆论的种数减少到有限的几种。如果画个图，便形成个漏斗状，漏斗状可以用来解释意见形成的逻辑,漏斗内的意见碰撞和融合有点像黑箱作业,其中包括生理成长、心理发展、社会影响、政治和经济因素、理性思考等的各种考虑。

随着时间的推移,影响意见形成的许多因素也会逐渐减小自己的影响而让位给关键性的因素,最后只有很少的几种因素显示出它们在舆论形成中的决定性作用。这同样是个漏斗状的过程。

这个所谓的模型,其实是一种思路或者一种隐喻,并不能展现"因果关系"(causality),旨在提示如何考虑、想象舆论的形成,以及影响舆论形成的因素,把握时间进程中的舆论变化。需要注意的是,一个模型并不能概括所有舆论形成的可能情况,例如有时舆论形成之初不同意见较少,漏斗开口很小,随着时间的推移,各种意见相持不下,漏斗的形状就可能成了上下粗细几乎相同的"细长型";有时一开始各种意见很多,开口自然较大,但是在较短的时间里各种意见很快得到过滤,意见集中了起来。这样,漏斗就变得很短,收口较急。所以,即使是想象舆论形成的图画,也要有几种不同的图式。

影响舆论形成的因素是多方面的,在时空上是立体的,舆论本身在发展和变异,个人意见也在群体中不断碰撞而融合或变异;个人意见作为舆论源头,亦在不断地形成着新的舆论,而现存舆论同时又在不断地制约着个人意见的表达。其中社会的、心理的和社会心理的因素亦在不断地影响着舆论的形成与变化。在研究以往各种关于舆论形成学说的基础上,我国舆论学研究者潘忠党和美国学者麦利德(McLeod,J)1991年描绘了一种综合性的"联系的四种模型架构"(Fourtypes of relation-ships),相当动态地从宏观上立体地说明了舆论的形成(Glasser,1995:60),见本书第10页图0-1所示。

在这里,首先,存在着上下两个层次,宏观层次是社会系统的舆论的变化发展,微观层次是个人意见的变化发展;接着,同时还有宏观与微观层次之间随着时间的推移而不断发展着的相互关系,个人意见不断地汇集为舆论,现实舆论时刻影响着个人意见的形成和表达;第三,个人意见与舆论在时空的互动过程中,整个社会的进程、各种社团组织的发展和历史上形成的传统道德习俗同时对现存的和发展着的个人意见和舆论都在产生着影响,这是在考察个人意见与舆论的互动关系时所不能忽略的。

　　所谓"四种联系","导言一"中我们有所论述。使用"模型架构"的概念也不是随意的,是要说明这四种关系不是孤立的,而是同处于运动中,处于社会的、组织的和习俗的进程影响之下。可以说,这是一个相当完善的宏观的关于舆论形成和运动的模式,有利于在脑子里形成一种关于舆论形成的完整的图式。

第二节　影响舆论形成的几个宏观因素

　　影响舆论形成的因素是多方面的,以往的舆论学研究,由于侧重从某个学科的视角考察舆论的形成,因而具体舆论的形成通常是研究的重点。综合各种这类的研究,北川隆吉等人作了以下的概括:"舆论的形成过程受到下面诸因素的影响:心理的歪曲、感情的反映、陈旧的想法等个人标准在这里起着作用,传统、大众媒介常有的偏见、政治权力的干涉、提供给人们的信息的质和量的制约作用,其中,以报纸为代表的大众媒介的商业性、新闻记者的认识错误等造成的报道不正确、读者大众作为局外人对公共事务的不大关心等也在这里起作用。"(北川隆吉,1994:上 120－121)他所提出的这些影响舆论形成的因素,对于具体的舆论导向研究,是很有价值的,每个影响因素都可以作为一个分支课题进行深入探讨。

　　但是,"舆论导向"首先是个全局性的话题,需要从整体上考察舆论的形成;否则,也许局部实行的导向看起来是有利的,但在全局上却是有害的。因此,对于舆论形成,除了要有前面谈到的诸如"联系的四种模型架构"那样的宏观图式外,还需要在几个观念上具有较为强烈的意识,习惯于经常考虑它们对舆论形成所起的无形而巨大的影响。在这方面,我国的舆论学研究者提出了几个颇为重要的概念。

公众总体

　　舆论的主体是公众,但我们遇到的舆论一般都是具体的,因而它的主体也是较为具体的。孟小平在总结前人的论述后,提出了"公众总体"的概念(孟小平,1989:60),为的是从整体上把握现代我国公众的状况。这是一个较为抽象的概念,但不是哲学意义的纯粹抽象,只是作为个人难以直接感觉而已,通过统计材料和科学的调查,是可以把握的。只有了解公众总体的变化和基本特征,才可能深刻地理解具体公众在具体问题上的情绪或意见的变化。一般地说,公众总体的状况是现代舆论环境的质量和特征的决定性因素。

公众总体是多种类、多层次公众的有机总和,尽管在社会地位、教育程度等社会学的七个基本划分上有着不少差异,但在中国这个大范围内,公众总体是具有某些共同的文化传统和记忆、绝大部分使用共同的文字体系进行交往、具有大致相同的生活条件和生活经历的舆论环境的主体,在信念系统存在着共同的文化积淀。现实中,公众总体面临着共同的社会变化,尽管各个地区的变化进程有快慢之分,但发展趋向、总体目标是相同的。考虑舆论导向时,需要了解我国公众总体的历史与现实的基本状况和特征;公众总体内的联系、协调,利益的融合、分化都会影响到舆论的形成和走向。

公众总体的变化较为直接地影响舆论环境,例如我国公众的总体教育程度,近十几年的变化较大,文盲人数逐年减少,已经不能对整体的精神发展产生很大影响;同时,初级教育普及,具有小学教育程度的公众在总人口中占据着最大比例,他们对舆论环境的质量有着重大影响。这种情况会制约着我国现实的舆论环境,并产生与此相适应的舆论特征。再如我国农村人口与城市人口的比例发生的重大变化,也会直接造成舆论的某些特征。

舆论环境

看到这个概念时,通常我们依据字面理解,把它看成是一种能够感觉到的但较为模糊、笼统的精神环境。在舆论学中,这个概念是指不同领域、不同层次、不同类别的许多具体舆论的有机总体,由孟小平提出(孟小平,1989:61)。这同样是一个看起来抽象,实际上可以从观念上把握的概念。

我们感觉到的舆论都是具体而多样的,不同领域、类别、层次的舆论主体通常是交叉或重叠的,同时又有部分公众之间在观念上是对立或距离较远的。例如关于某部“大片”的舆论、关于“希望工程”的舆论、关于某位先进人物的舆论、关于现实流行音乐的舆论、关于商业广告的舆论等,它们之间似乎关系不大,但作为舆论主体的公众,也许有相当部分是同一些人,也许另外的相当部分对不同舆论客体有着迥然不同的看法,甚至经常发生公开的意见对立。显然,这些不同领域、不同层次、不同类别的舆论之间,存在着相互影响、渗透、转化、对立等的有机联系。当一个新的舆论客体出现的时候,围绕它形成的舆论,与业已存在的各种舆论有着复杂的关联。因此,考虑舆论导向时,需要有"舆论环境"这个概念,这不是指关于一般精神环境的笼统感觉,而是指对各种舆论之间有机联系的较为清晰的认识。

现实的舆论环境是历史的环境舆论的继承和延伸,同时不断影响着各种原有舆论的消失和新舆论的产生。在这些变化中,舆论的表层,即态度、意见或情绪是千变万化的,但是舆论的深层结构信念系统,变化相当缓慢,因而相对稳定。提出"舆论环境"的总体概念,在这个背景下研究各种具体舆论间的相互关系,从而发现相对稳定的各种舆论的相同或相近的内核,可以透过多变的舆论表层,把握舆论变化的规律,更深刻地理解现实舆论。

具体的舆论可能会发生十分明显的变化,例如关于某一时尚的舆论;甚至一些与舆论环境的信念体系相当矛盾的时髦词句和观点,也会流行一时。但作为舆论整体的舆论环境,却不可能跟着迅速发生很大变化。切实了解舆论环境,对于正确估价具体舆论的突然变化带来何种影响,进而采取相应的引导措施,是十分重要的。如果对舆论形势的估价出现偏差,引导舆论的工作便会出现相反的效应。

当舆论引导者忙于用各种方法引导他们认为不能容忍的舆论时,他们自己也处在舆论环境之中,会自觉不自觉地受到舆论环境的制约,采用可能有些滞后的信念指导行动。有了"舆论环境"的整体意识,经常主动地用社会进步的标准,衡量舆论环境中文化传统、道德风俗等较为稳定的成分,辨别其现实价值,这对于正确评估舆论形势,采用较为适当的方法引导舆论至关重要。

虽然个人很难把握舆论环境,但是它是一种客观存在,在社会心理、文化传统上制约着各种具体舆论的形成和发展变化,也制约着对舆论进行引导的人们;同时,无形地调节着个人、团体、社会相互间的关系。

中国舆论场

"场"本来有两个所指,作为物理学概念,指特定物质相互作用的空间,这个空间本身具有能量、动量和质量,例如电子场、电磁场、引力场等;作为物理量和数学函数,它需要分布在空间区域内,于是便有矢量场、标量场、张量场等概念,包括时间因素时,则有静止场、恒稳场、可变场、交变场等概念。由于这个概念对于社会科学和人文科学的一些领域很有用,于是,"场"陆续被引入哲学、社会学、心理学、美学等学科的研究中,指相互作用的物质的或观念上的空间(有的还包括时间)。刘建明提出了"舆论场"的概念,用以说明具体舆论形成的一种情形(刘建明,1990:104)。喻国明对舆论场的定义是:"包括若干相互刺激因素,从而能使许多人形成共同意见的时空环境。"(喻国明,1993:283)

刘建明论证的构成舆论场的三要素,对于研究某些具体舆论的形成,是有启发意义的。他指出,同一空间人们的相邻密度与交往频率较高、空间的开放度较大、空间的感染力或诱惑程度较强,便可能在这一空间形成舆论场。无数个人的意见在"场"的作用下,经过多方面的交流、协调、组合、扬弃,会以比一般环境下快得多的速度形成舆论,并有加速蔓延的趋势(刘建明,1990:107-110)。这里的"场",当然包括时间。舆论场的概念,对于观察舆论形成的时空环境是很重要的,它提供了社会心理互动的充分而典型的条件。引导舆论需要了解舆论是在何种情形下形成的,针对不同的时空环境,采用适当的方法,才可能取得较好的效果。

关于舆论的形成,王海光提出过"信息场"的概念,指的是那些社会性的影响舆论形成的思想文化场所,"信息场具有教化、引导、规范、影响人们的社会功能,大量的横向和纵向流动的信息在这里得到重新组合处理,又向四周扩散而去"。一般情况下,社会信息的流向是有序的,但是如果出现故障,信息场亦会变成舆论形成的重要场所(王海光,1995:174)。

如果将舆论场的概念用于指较为宏观的时空环境,那么可以将整个改革开放的中国视为一个巨大的舆论场。宏观的"中国舆论场"概念对于舆论导向这个研究角度是必要的。中国处在伟大的社会变动之中,不同地区、行业、阶层之间的交往频率是历史上空前的,许许多多新鲜的舆论客体刺激着全国的公众。社会的变动、全国范围人口的大流动和频繁的交往、层出不穷的新鲜话题的诱惑,使中国成为产生丰富而变化多端的舆论的"舆论场"。在这个宏观的时空中,具体地区、行业、阶层的舆论,尽管存在着差异,但同出于中国这个更大的舆论场。对于任何具体舆论的引导,都需要从中国舆论场的角度,研究一下眼前舆论与现实全国时空环境的联系,以便宏观上把握眼前舆论产生的大背景,协调对不同的具体舆论的引导工作。

舆论波

文化人类学、文化社会学中,都涉及文化的扩散或传播问题。许多文化学家提出了多种文化扩散或传播的方式。其中的"波式传播"(expansion diffusion,又称墨渍式扩散、扩展式扩散、波及式扩散等)(李树德,1993:142),由于很适于说明舆论的流动方式,因而刘建明将它引入到舆论学中(刘建明,1988:91;1990:182)。关于这种传播方式的特点,司马云杰写道:"就如水中掷了一块石头激起的波纹一样,一层一层地向四周扩散。这种模式基本上是在同一时间的横向传递,所以又可称为横向传播。"(司马云杰,1987:350)舆论学所指的波式传播,相当程度上是宏观的,仅在很小的范围内属于"同一时间的横向传递",在更为广阔的范围内,这种传播有明显的时间阶段。

刘建明写道:"舆论波是指具体事件引起的民心波动,它包括人们的意见波和社会行为波,由舆论中心以扇面形状向四方滚动,并在较短时间内形成大面积的舆论环境。"(刘建明,1988:91)喻国明关于舆论波的说法,前两句与他完全相同(喻国明,1993:283)。这样的关于"舆论波"的说法,把作为信息形式之一的舆论的传播或扩散,与舆论代表民心从而引起的心理性波动混淆了。如果关于"舆论环境"的含义统一在孟小平的定义上,那么当时刘建明使用的"舆论环境"一词,只能作为一般意义的精神环境来理解了。不过,他进一步论证的"舆论波"扩散、传播的特点,提出的四种舆论传播的基本方式,对于宏观上把握舆论的源流是很有启发意义的:

第一种是"中心辐射"。现代社会里,城市往往是产生舆论的多发地,从而成为无形的舆论中心。这里产生的舆论,往往以这种形式向四周几乎同时地扩散。

第二种是"遍地涌动"。由于大众传播媒介的作用,不少舆论客体同时被各地知晓,于是在各个地方的中心城市,几乎同时产生了围绕这个客体的舆论,并向四周扩散。

第三种是"两点呼应"。一些舆论客体只涉及两个(或几个)不同地方的关系,于是便会在两地或几地间产生呼应性的舆论,引起较为强烈的舆论互动。

第四种是"多渠道互补"。舆论的传播除了大众传播媒介、行政组织系统内人们的自发传播这两个主要渠道外,还有无数社会性的、个人性质的渠道传播。当利益、兴趣、志向相近时,有关的舆论会在各种传播渠道中相互弥补、相互借助、相互印证,迅速扩散(刘建明,1990:185-189)。

这些较为宏观的对舆论传播或扩散情况的归纳,为"舆论导向"研究提供了追寻舆论流动源头与流向的思路,这是引导舆论时又一必须考虑的方面。如果只看到眼前的舆论而忽略了考察舆论产生的源流,引导的效果会被其他地方舆论的继续流动抵消。意识到"舆论波"的存在,感悟到它的几种主要的扩散或传播方式,那么各地的舆论引导工作就需要协调一致,这才能产生较好的引导效果。

归纳起来,需要从宏观上考虑的其实是这样四个方面:把握总体公众的变化、把握总体舆论的变化、把握现实社会时空的情况、把握现实舆论的源流状况。

第三节 舆论的一般形成过程

舆论的形成因不同的社会环境、公众心理,以及舆论客体的差异,很难给出一个标准化的形成公式。但是,总要对于舆论形成有一个大致的轮廓概念,才可能谈得上进一步研究舆论,进而引导舆论。那么,以下一些因素,在一般情况下需要考虑:

社会变动、较大事件的发生刺激意见的出现

一种新舆论的产生,直接来源于外界的信息刺激,这种刺激宏观上可以是社会的变动,例如发生了革命、社会改革、重大的政策调整等;微观的刺激主要是较大的突发事件,特别是与多数人持有的信念相矛盾或与他们的心理期待相契合的事件,以及那些导火索性质的不大的事实(它们往往是长期困扰公众的社会问题的表露)。这样的外界信息一旦与公众的价值观念、历史记忆、物质利益、心理因素发生碰撞,便会激起种种议论或产生多种情绪性表现。这是意见的积蓄期,人们的议论或情绪与对环境的觉察同步,他们在进一步寻求信息的过程中,意见倾向尚不稳定。若这时能够给予较多的真实信息,同时辅以较多的解释性说明,

容易形成有利于公众自身发展的健康舆论,也有利于社会在发生重大变化时保持相对的稳态。

除了对外界信息的考察外,这时还需要了解公众已有的信念体系的状况。李普曼称它为"固定成见",是不是成见可以另说,但他讲的以下情景在生活中确实是常见的:"不管我们认识什么熟悉的东西,我们都会借助于我们脑子已经有的形象。""任何人对于没有经历过的事件,只能有一种凭他对那事件的想象所引发的感情"。"固定成见的体系是有条理的,对世界的想象,或多或少是始终如一的,我们的习惯、情趣、智能、安慰以及我们的希望都根据它来进行调解"(李普曼,1989:76、8、61)。换句话说,外界的信息刺激引起何种反应,不仅仅取决于信息本身,而是要通过接受者已有的既定信念(包括价值观、生活经验和对信息的"想象")进行判断,从而表现出某种情绪或发出某些议论。正是由于每个人信念体系的差异,同样的外界变化,可以引出多种不同的情绪和意见。

意见在社会群体的互动中趋同

公众不是简单的个人叠加,个人汇聚为群的过程中始终有各种社会关系依附在每个人身上。因而,在个人的信念、态度、意见或情绪汇聚为舆论的过程中,同时产生着个人之间、个人与群体意志之间的影响、说服、劝诱、模仿,甚至某种有形无形的精神与物质的压力。那些将个人意见交织为舆论的因素,既影响着个人意见的最终形成,更影响着舆论的形成。

康德(Kant,I)有过一本不大闻名的大学讲稿《实用人类学》,其中谈到上流宴会上人们意见的交换情形,形象地说明了个人意见如何在群体中互动,使舆论在这种互动中得以形成。他写道:"在一个盛宴上,谈话通常都经历了三个阶段:(1)讲述,(2)嘲骂和(3)戏谑。A. 当天新闻,先是本地的,然后也有外地的,通过私人通信和报纸而传来的新闻,B. 当这种最初的兴致被满足后,宴会就变得热闹起来,因为对同一个被引上路的话题,各人根据玄想所作的评价不可避免地是有分歧的,但每个人恰好都不认为自己的评价是最不足道的意见。"接着自然是争论,其中有许多由主持人看形势而采取的引导方法,最后做到"没有一位客人带着与另一位客人的不和而回到家中"。通过对这种情形的描写,康德的结论是:"人们获得概念和一般理性并不是单独做到的,而只是靠你我相互做到的。"

（康德,1987：186）

这是一个较小范围的事例。在相对大一些的范围内,社会心理的互动推动着个人情绪或意见形成相对集中的情绪方向和意志方向。其中首要的心理是信任。在一同一群体中,由于相互熟悉、利益接近、志趣相同而产生的信任感,以及由此产生的心理相容,使得任何个人传播的信息或观念,都容易很快被周围的人不加验证地确信,并继续传播。其次,人们在没有客观物理性标准可供比较时,往往以他人的意见作为自己的参考依据,即所谓"我看人看我"。这是因为"我们倾向于把大多数人公认的判断作为正确的判断。与群体、组织乃至社会中的其他人怀有共同的信念和看法,就会产生一种'没有错'的安全感"(孔令智,1987：417)。而"他人"中最具影响力的莫过于同一群体中的他人。第三,群体中的情绪感染。当受到外部的信息刺激时,人们的反应有不少是情绪性的。如果在公众聚集的场合或电视屏幕上出现相对强烈的同一方向的刺激性言论、举动、画面,会迅速造成一种怂动心理,从而发生较为广泛的情绪感染。感染中人们的感情影响经历着多次的相互强化(循环反应或链式反应),如同兰夫妇(Lang,K & Lang,G)所说："这是一个由他人的情绪在自己身上引起同样的情绪过程,但转过来又加剧他人的情绪。"(同上,440)由社会感染而形成的舆论,一般是情绪形的,狂热的时间不会持续很长,但对人的心灵冲击较大,留下较长时间的余波。

在群体中,舆论领袖(opinion leaders)对于舆论的形成也起着相当重要的作用。这个概念指的是群体中热衷于传播消息和表达意见的人,他们或是比同伴更多地接触媒介或消息源,并热衷于传播消息和表达意见的人,或者同时是某一方面的专家,他们的意见往往左右周围的人。但是,这个概念是相对而言的,许多人在此时或彼时,在这种关系中或在那种关系中,都可能成为关于某个舆论客体的"舆论领袖",这需要具体问题具体分析。正如施拉姆(Schramm, W)所说,"这类领袖在社会的各个阶层,各种年龄的人当中都有,要看人们期望从他们那里得到什么样的知识"(施拉姆,1984：134)。

权力组织及其领导人、大众传播媒介促成所希望的舆论

个人的情绪和意见,除了在所处的各种社会群体中,可能与本群体的意见趋同外,个人和他的群体在更大的范围内,还同时受到各权力组织及其领导人和大

众传播媒介的影响,而形成更大范围内的舆论。由于中国执政党和政府具有很大的政治权威,大众传播媒介也具有较强的政治性质,因而它们对个人意见和群体意见的影响比任何国家的都强大。当党和国家的主要领导人就某个舆论客体发表意见时,往往可以通过相应的各级组织迅速传达贯彻下去,同时大众传播媒介集中版面(或时间)开始宣传战役,从而影响各种社会群体和个人,在一个时期内甚至连公众的一些话语也会跟着发生变化,出现全国同讲政治流行语的现象。对于舆论的主体公众来说,他们是在一定的舆论环境中并非完全有意识地接受这些话语的,但对于党和国家领导人、大众传播媒介来说,则是自觉宣传的结果。在社会主义市场经济的新形势下,这种对舆论形成造成强大影响的优势,在政治领域依然保持着;在经济领域、文化领域,特别是生活领域的舆论,由于各地发展的差异,开始出现多样化的趋势,大众传播媒介更多地承担起对这些领域舆论的影响作用。

党和政府及其领导人对舆论的影响,在中国政治性问题的舆论形成方面,是一个决定性的因素;大众传播媒介往往在这些问题上,起着中介作用。同时,媒介对其他方面较为宏观的舆论的影响,其导向正确与否,则负有相当大的责任。由于历史的原因,在中国具有广泛社会性质的影响公众观念的有组织的力量,只有大众传播媒介,其他社会团体的影响力均无法与之相比。因此,考虑舆论的一般形成过程时,一个党和政府及其领导人,一个大众传播媒介,都是不可忽视的因素。

文化与道德传统对舆论形成的制约

除了少数几个话题可能会形成全球舆论外,绝大多数的舆论都是在一定的文化圈、民族圈或宗教圈的范围内形成的,不可避免地带有文化与道德传统的印记。正是在这个意义上,不少关于舆论的定义都把舆论与道德文化联系了起来。在卢梭看来,“所谓舆论,就是社会成员不自觉的道德状态”(朱学勤,1994a:237)。李普曼讲得较为准确:“舆论基本上就是对一些事实从道德上加以解释和经过整理的一种看法。”(李普曼,1989:82)我们在生活中也能够经常感觉到,舆论对公众事务的评价,相当程度上不是哲理性的,而是道德意义上的,诸如善恶、美丑、是非等。林秉贤认为,风俗最初便是一种舆论,“舆论一经形成,就世代相传,成为一种固定化的心理制约力量,即风俗"(林秉贤,1985:331)。而道德是传统文化中最稳定的成分。因此,在考察舆论的一般形成过程时,虽然不能直接感触到、但提供了各种舆论最深层结构的传统文化与道德,需要予以关注。

有时,舆论的表层似乎十分新潮,但它的深层却相当陈旧,也许后来出现的回归传统的舆论主体,与前面的新潮舆论的主体是同一的,因为传统文化与道德对舆论的影响深沉而久远。前面谈到的李普曼所说的影响人们意见的"固定成见",其实相当程度上便是一种道德成见。它也会随着时代的变化而改变,但是变化十分缓慢,即使在当代,观念上从严厉到相对宽容,也需要以"代"作为变化的时间单位(张永杰,1988:18-19)。由于这种情况,文化与道德传统对舆论形成的制约程度如何,是估量舆论的一个重要参数。

事实上,不同舆论在其形成过程中不一定都要走过上面的几步。例如一些具体舆论始终就处于较小的范围,那么便谈不上由党政领导人去关注;有的宏观问题的舆论,相当部分的公众也许根本不是它的主体,也谈不上群体中的心理互动;有些舆论是直接通过党政领导人的言论和大众传播媒介引发的;也有的舆论由于与范围广大的公众利益相关,可能会由外部信息刺激直接形成;还有更多的其他社会的和心理的因素影响着舆论的形成。但是,确实有相当的舆论大体经过以上的几步才形成人们能够感觉到的舆论。指出这个大体的舆论形成过程,在脑子里有这么个参照系,等于提供了一种认识舆论形成的框架,还是有用的。

第三章　大众传播媒介与舆论的互动

第一节　大众传播媒介在现代
舆论中的地位

在前现代的漫长年代里,不存在大众传播媒介,人际交流几乎是唯一的信息传播方式。因而在一般情况下,较大范围内的舆论形成是很困难的,舆论的流动亦十分缓慢;较小范围(诸如家庭、家族)内的舆论则常常陷于保守、僵滞的"一致"状态。于是,未来学家托夫勒(Toffler,A)将"人群"视为那个时代的大众媒介,他写道:"在一个没有报纸、广播和电视的世界里,讯息到达受众的唯一途径是人群,实际上,人群是第一种大众媒介。……人群规模的大小本身就是一种讯息。这个讯息十分简单:'你并不孤独'(它也可能存在极大的破坏性)。因此,人群在历史上起过决定性的作用。然而,人群也好,乌合之众也好,作为一种传播媒介,它通常是一种短期性的媒介。"(托夫勒,1991:386-387)

在那个时代,人们头脑里的形象稀少而简单,而且一旦形成就容易变为成见。一位心理学家在考察无任何现代传播媒介的村落时写道:他们可以模仿的人是同他们一样缺乏与人们交往经验的人,因此他们可以选择的机会就更受到限制。这个村落的儿童所建立起来的关于世界的形象,狭隘得十分可怜。在教堂、学校和家里听到最多的是"汝勿该"。千篇一律的生活、强制性的一致,使得孩子们可接触到的形象和活动余地,从一生下来就十分狭窄(托夫勒,1983:216)。在这种情形下,新舆论的形成显然是困难的,而已有的关于家族、传统道德的舆论几乎是固定不变的。

反映舆论——大众传播媒介的功能之一

现代报纸的出现,特别是 20 世纪电子媒介的出现和普及,以及更新的与当代信息高速公路相关的各种多媒体信息的冲击,使得舆论的不断形成、发展、消失变得司空见惯了。在人与自然、人与现实的人工环境之间,更直接地说,在社会上发生的事件和人们关注的话题之间,插入了一个巨大的中介因素——大众传播媒介。较大范围内舆论的产生和消失往往是大众媒介信息传播和引导公众的结果。媒介改变着公众的时空观,使得个人无法经历和参与的从全国到世界的各种变动,以及关于这些变动的议论,似乎就近在眼前和周围,可以间接感受,从而改变了人们的空间感;同时各种事件和话题接连不断地涌来,使得人们应接不暇,加快了变动的感觉,改变着人们的时间观念。人们生活在信息和意见的海洋里,媒介成为人们的"导航圈"(孟小平,1989:176),它迫使人们超越自身狭隘的经验,学会更多地凭藉大众媒介提供的间接信息和话题去认识世界,勾勒、修改头脑里的关于现实世界的图像。在这个意义上,没有现代大众传播媒介,就谈不上现代舆论及其不息的流动。

但是,从现代舆论的发展史看,社会现代化进程中舆论的勃兴,同初期的党派政治宣传,以及随后急遽增长的商业广告、大众文化娱乐等需求一起,直接刺激着一系列现代大众传播媒介(书刊、报纸、电影、广播、电视、录音录像带和光碟、计算机多媒体和全球性信息通讯网络等)的接连诞生。最初的大众传播媒介只有报刊一种,以致到 20 世纪 50 年代,人们仍然沿用"press"[报刊]这个词,涵盖包括电子媒介在内的所有大众传播媒介(斯拉姆等,1980:1)。而到了 20 世纪 60 年代,各种媒介的综合作用已经使人们意识到:媒介是人的感觉器官和表达器官的延伸(麦克卢汉,1992:21)。

从 18 世纪末开始,越来越多的思想家把大众媒介的职能或性质定位在"社会舆论的机关"上,尽管他们各自对媒介的性质还会有另外的认识。例如马克思和恩格斯,他们一方面采用阶级分析的方法谈到媒介的阶级性或党派性,但同时也把报刊视为"广泛的无名的社会舆论的机关",并形象地把报刊比喻为舆论的纸币,从而"报纸是作为社会舆论的纸币流通的"(马克思和恩格斯,7 卷:523)。马克思还曾把报刊比喻为驴子,而它背上驮着的麻袋,便是舆论(马克思,12 卷:

658)。这里表达的是关于大众媒介功能的一种认识,它是舆论的重要载体。

舆论历史发展中的三种趋势与传媒

辨别究竟是舆论创造了媒介还是媒介创造了舆论,是很困难的事情,因为它们常常互为因果,是一个问题的两面。提出这个问题是为了理解两者的互动关系。美国舆论学研究者赫伯斯特(Herbst,S)谈到现代舆论整体的发展趋势时说:"舆论在社会历史中有三种趋向:(1)大众意见的传播从'自下而上'向'自上而下'的转向;(2)意见表达与衡量的日益合理化;(3)意见的结合逐渐无名化。"(Glasser,1995:92)他谈到的第一点,涉及的是大众传播媒介在形成舆论和舆论扩张的过程中越来越显示出的一种影响舆论的趋势:过去舆论的流动主要是通过人际(包括人群)传播,最后到达社会上层;而现在,已有的舆论借助大众媒介自上而下地流动(扩张)成为主要趋势。其第二点,说明现代舆论理性化程度提高的趋势;第三点所谈到的社会精英意见与一般公众意见的融合、舆论无名化的趋势,也是舆论质量提高的标志之一。这些舆论发展的趋势应当视为长期以来大众传播媒介与舆论互动所产生的总体效果。

自从出现了面向公众的大众传播媒介,舆论便有了"自下而上"的表达渠道,这时媒介是舆论的载体;但媒介不是单纯的载体,它对舆论的选择性报道和评价可能造成一些舆论的扩张和另一些舆论的衰退,以至舆论的形成似乎主要呈"自上而下"(媒介的"点"对公众的"面")状态,这本身应理解为两者互动的结果。由于大众媒介是自为的传播机构,它们在与自在的舆论的互动中,多数情况下占据着主导地位。然而,公众也在成熟中,舆论的质量总体上比以往带有更多的理性,作为舆论主体的公众,也日益具有较多的主体意识,在由个人意见汇聚为舆论的过程中,社会精英完全主导舆论(即舆论的有名化)的势头正在逐渐减弱。这究竟是公众单纯的自身发展的结果,还是众多媒介长期影响的结果?显然只能归结为两者的互动。

大众传播媒介同时还拥有穿越时空的能力,当它们随着工业化浪潮而来的时候,很快便成为一种强大而响亮的社会发言人。它们发出的信息虽然形式上多样化,但处在同一政治、经济和文化背景的一定区域里的媒介,其主导声音与政治经济体制、社会意识形态和道德传统,总体上通常是一致的,它们同家长、学校、工商界大员、政治家与行政官员的声音相互补充,在社会观念领域往往造成扎根于公众思想的相当一致的形象、口号、象征、价值标准等,例如关于某位领袖的特有动作或风格、某些广泛运用的特殊的政治词汇或经济方面的信息符号、在相对时间内走红的众多明星和被普遍公认的名牌商标,它们无形中作为社会的规范、标准,影响着舆论的形成、扩展、衰退或消失。在大众传播媒介十分发达的当代,这些东西对舆论的影响虽然不是唯一的,但却是显赫的,影响力巨大。

关于舆论的社会影响来源四方格

　　1955 年,美国学者多伊奇(Deutsch,M)和杰拉德(Gerard,H)将舆论的社会影响划分为两种基本的类型:纳入规范的社会影响(normative social influence)和信息式的社会影响(informational social influence)(Glasser,1995:180)。大众传播媒介是一种重要的对舆论的社会影响力。那么它们在"社会影响"这一整体中处于怎样的地位? 1995 年,美国舆论学研究者普赖斯(Price,V)、奥斯哈加(Oshagan,H)提出的"关于舆论的社会影响来源四方格"(four-cell matrix of socialinfluences on public opinion),从传播环境(communication setting)与社会影响两方面结合的角度,划分出四种变动着的对舆论产生重要社会影响的领域,如图 3-1 所示:

传播环境

	人际（直接）	媒介（间接）
规范的影响		
信息的影响		

社会影响

图 3-1　舆论的社会影响来源四方格

　　他们写道:"为了有助于鉴别和更好地理解社会影响对舆论形成的全部变动的范围,我们可以设计一个简单的方格,交叉的两个分析的尺度组成(1)影响的性质,主要有纳入规范的影响和信息式的影响,(2) 传播环境的影响,包括对群体或个人影响的各种媒介渠道,直接的人际间的接触和间接的媒介的披露。结果便是两两相对的方格,帮助我们在不同层次上,也许更一体化地从社会心理研究的多条线路来理解舆论。"(Glasser,1995:196)

　　在这个四方格的理论假设中,作者将对舆论的社会影响划分为两大类型,一种是直接要求纳入社会规范(包括传统)的影响,诸如价值观的形成、基本人伦关系和行为举止的确立(主要通过学校和家长)、社会主流文化的熏陶、宗教或准宗教信仰的传布等。对个人来说,这是社会化过程中必然接受的一种社会影响。另一种是间接的以信息传播的形式造成的对舆论的影响,这种影响实质上也是将舆论引导到合乎社会主流意识的轨道上,但是它的形式是间接的。

　　这个四方格将大众传播媒介在舆论中的地位很清晰地显示了出来。它们不论在直接纳入社会规范的影响中,还是在以信息传播形式对舆论产生影响方面,占据着间接影响的两个方格,由于大众媒介传播"点"对"面"的特点,它们对那些相对宏观范围内的舆论,发挥着至关重要的作用;另两个方格则是相对具体的人际间直接的影响,由于人际传播空间的局限,它们对于那些范围较小、但涉及面宽泛而琐碎的舆论来说,发挥着决定性的影响。还应当考虑到,左右两对方格之间也存在着互动关系,人际间传播的内容一旦形成某种潮流,一般会转化为媒介的内容;媒介的内容一旦造成较为广泛的影响,也会浸润到人际传播中,成为人际传播的话题。在这个意义上,右边的一对方格对左边方格还存在着相当的间接影响力。

　　这个理论假设有助于看清大众传播媒介在整体"社会影响"对舆论的作用中所处的地位,以及与另一人际传播系统的关系。也许是研究视角的限制,当作者将"社会影响"视为一种要求纳入社会规范(包括传统)的影响时候,尚没有说明已经存在的舆论对正在形成的舆论的影响,以及同时还存在着的非规范非传统的意见或舆论,所谓规范的社会影响是相对于它们的存在而言的。非规范的意见和舆论也在产生着自己的影响力。它们在与现实社会规范影响的磨合中,也许有一部分会成为新的社会规范和传统。其实,任何规范化影响所对应的非规范意见或舆论,不一定是件坏事,正如北川隆吉等所说,"在过多遵从行为的现代大众社会里,电影、电视、大众通俗小说、流行歌曲的主题之一,也可谓'对非遵从的赞歌',而且可以产生积极的非遵从行为。例如,自己把日常心理转换为非日常心理,逃避观念或幻想的束缚,超脱实现……"(北川隆吉,1994：上258)。在这里,大众传播媒介所起的作用也是一种引导,即将非规范的东西引导到适当的宣泄轨道,问题在于把握分寸。

第二节　大众传播媒介营造的拷贝世界

大众传播媒介与舆论的互动,除了具体媒介与舆论的互动外,媒介整体营造的环境本身,对舆论已构成一种巨大的精神性的人工世界,影响着舆论的产生和变化。

感性世界与拷贝世界

人类在很长的历史时期内,生活在自然存在的和经过先辈改造了的环境中,即我们通常所说的"感性世界",这是一种能够清晰感觉到的自然世界和某种人工化了的物质世界。现在,由于大众传播媒介的普及、信息社会的到来,人们得以在感受外部世界方面自我扩张,想象的世界也变得无比广阔。因为在不知不觉中,人们习惯于接受和操作各种自身无法直接接触的感性世界的信息,生存于大大超出自身感受的感性世界的另一种世界中。这个世界不是实实在在能够感觉到的事件(或人、物、直接听到的观点)本身,而是关于它们的复制符号或摹写。它是与感性世界并存的拷贝世界和象征世界,位于感性世界与人的心理世界之间,并诵讨人的心理世界,影响着个人意见和舆论的发展方向。

李普曼较早地意识到大众传播媒介营造的这一特殊的世界,提出了"拟态环境"(pseudo enviroment,又译为"假环境"、"准环境")的概念,他写道:"我们必须特别注意一个共同的要素,那就是在人与他的拟态环境之间的插入物。他的行为是对拟态环境的一种反应。"(李普曼,1989：9)这个"拟态环境"的概念,除了说明大众传播媒介营造的人工世界的符号特征外,还说明了它与感性世界差异的一面,即它仅仅是模拟感性世界,而无法等同于完整而真实的感性世界。它同现实中存在的无数信息相比,只能是现实世界的很小的一部分,因为印刷媒介的篇幅是有限的,电子媒介的时间也是有限的。可是对现代人(包括握有很大政治权力或拥有巨大财富的人)来说,在信息获取和精神享受方面,必须生活并依赖于这个间接环境才能生存。

沙莲香称这种大众传播媒介营造的环境为"拷贝世界",突出了它的复制特征。她指出:"由大众传播形成的拷贝世界信息环境,是现代社会中人们无法逃避的生活世界,它同感性世界并驾齐驱,成为决定人们生活情感、生活欲望、期待、认知和态度的两大环境世界。"(沙莲香,1987:59)由于个人或群体直接接触的感性世界是很有限的,因而,意见或舆论除了受到直接现实变动的激发而产生外,在很大程度上是对拷贝世界的反应。拷贝世界对于人的知觉来说,不同于感性世界。它需要通过人的感官去知觉,但产生的不是实际体验,而是心理体验。在这个意义上,拷贝世界对个人意见或舆论的形成和发展方向,具有更大的影响力,这是"大众传播媒介的舆论导向"概念得以成立的基础。

当人们听到看到各种拷贝信息的时候,几乎没有可能立即身临其境,是在用心理体验着这些信息提供的环境,用自己已经熟悉的经验和建立的信念幻想着。特别是那些具有典型意义的事件报道或故事描绘,在现实中存在又不存在的内容,往往给人以身临其境的感觉,从而满足了人们的幻想需要。接受拷贝信息的过程,体验是内隐的,隐藏于内心,接受过程表现为信息的自我享受。心理体验的这种幻想性和内隐性,说明拷贝世界可能比感性世界更深入、默契地作用于人的心理,转化为生活意识、个人意见和舆论。

但在另一方面,拷贝世界对意见或舆论所担负的社会或道德责任也是相当重大的。拷贝世界不是大众媒介对感性世界的全面复制或模仿,而是依据一定的价值观、政治的或商业的意图,对感性世界的加工和制作,而且这种加工和制作对于感性世界而言只能是某个角度的、相对简单的。新闻记者、文学家和艺术家、政治宣传家、文化商人等从事精神生产的人,只有对感性世界抱有实事求是态度,深入生活,真诚地对社会和公众负责时,才可能提供尽可能全面、真实而有价值的信息。否则,也可能由于大众媒介封锁消息、提供了不真实的或有意误导的信息,而造成舆论的僵滞、全面非理性化或社会的混乱。基于这种情况,大众媒介对舆论的误导也时常发生。关于舆论导向的研究,其中一个课题便是讨论各种误导的原因,提高媒介工作者和公众的素质。

拷贝世界一方面对舆论的形成和发展方向具有比感性世界大得多的影响

力,一方面公众和媒介工作者对拷贝世界的认识和驾驭需要不断地提高和调整。于是,一个新的问题便呈现在眼前,就此藤竹晓写道:"在这一巨大的信息环境里生活的人,却几乎不具备验证、确认这一信息环境的能力。这就是现状。现代的人们,能理解信息环境,并置身于其间,又喜又悲。可是,在现实生活中,这一信息环境该发展到什么程度较为恰当? 又,哪些部分重要? 哪些部分不重要? ……人,是环境的主体,应当靠自己的力量确认自己的环境。但现状却是,人只能依赖于信息环境及其赋予的定义而生存。在这样的现代环境的结构下,有时人就会被信息环境(虚拟环境)所欺骗。"(竹内郁郎,1989:213)

对于舆论导向来说,这个问题便是如何使媒介对舆论的引导保持在一种适当的状态,既能够使舆论保持自然的不一律,同时实现一定程度的控制;既要给予公众独立思想和选择的空间,又要保障社会主流思想在舆论中居主导地位。在这方面,人们就拷贝世界可以起到的作用或可能出现的问题,提出了一些概念或理论。

人民自我观察之镜

拷贝世界对人来说是什么? 在尚没有大众媒介的古希腊,柏拉图思考过实物与它的反映对于人的感觉问题。他设想在洞穴里有一些被锁着不能回头的囚犯,身后点燃着熊熊篝火,有人在他们身后行走并举着东西,通过光亮的反射,囚犯们看到他们对面的洞壁上的人和物的动作投影,但是只能把这视为现实的东西(柏拉图,1986:272)。这面洞穴之壁,便是原始的"拷贝"现象,其直接的意义同镜子一般。

社会学家库利(Cooley, C)于1902年提出的"镜中我"(looking glassself)(北川隆吉,1994:上129)之说,虽然讲的是人以社会(他人)为了解自己之镜,但后来被传播学引证来说明大众媒介的意义构成(德弗勒,1990:284 - 285)。早在19世纪,马克思在《资本论》中也论证过人以他人为镜(马克思,23卷:67、72),此前还论证过人以报刊为镜。他写道:"自由报刊是人民在自己面前的毫无顾忌的忏悔,大家知道,坦白的力量是可以使人得救的。自由报刊是人民用来观察自己的一面精神上的镜子,而自我审视是智慧的首要条件。……自由报刊是观念的世界,它不断从现实世界中涌出,又作为越来越丰富的精神唤起新的生机,流回现实世界。"(马克思,二版1卷:179)在这里,他不仅谈到媒介是人民自我观察之镜,还谈到"镜子"作为能动的观念世界,能够积极地影响现实世界。

用镜子来说明拷贝世界与现实或公众的关系,可能简单了些、有些理想化了,但是作为一种隐喻,二者间的基本关系还是很清晰的,无论拷贝世界对舆论会产生多么大的影响力,它归根到底要以现实和现实舆论、舆论的主体公众作为存在和施展能量的前提和基础。

榜样的力量

这是一个很早提出并得到长期实践的概念。19 世纪初期,空想社会主义者们为了实现自己的社会主义理想,建立了各自的社会主义或共产主义试验区,提出了"榜样的力量"(又译为"示范的力量")的概念。它原来主要是指一般的社会传播的作用,大众媒介传播在当时是传播途径之一,但还很难说是主要的传播途径。通过这样的方法,达到形成舆论的目的。这些试验的失败,主要不在于传播的力度,而在于试验的空想性质。所以,马克思和恩格斯在《共产党宣言》中批评说:他们"企图通过一些小型的、当然不会成功的试验,通过示范的力量来为新的社会福音开辟道路"(马克思和恩格斯,4 卷:501)。不过,这些早期的社会主义者们,还是隐约意识到通过大众媒介树立榜样而对舆论的影响作用。

列宁 1918 年 3 月在设想取消商品交换、建立劳动公社时,对当年空想社会主义者们的这个概念给予了重新评价。他兴奋地说:"在资本主义生产方式下,个别示范的意义,比如说,某个生产组合示范的意义,必然是极其有限的;……在剥夺了剥夺者以后,情形就根本改变了,榜样的力量如最著名的社会主义者多次指出过的那样第一次有可能表现自己的广大影响。模范公社应当成为而且一定会成为落后公社的辅导者、教师和促进者。报纸刊物应该成为社会主义建设的工具,详细介绍模范公社的一切成绩"。他呼吁劳动者的舆论,并坚信:"采取这个办法,我们就能够做到而且应当做到,使模范首先成为道义上的榜样,然后成为在新的苏维埃俄国强制推行的劳动组织的榜样。"(列宁,选 3 卷:513)显然,在列宁谈到的这种榜样对舆论产生影响的过程中,媒介起到的是中介作用。

经过延安整风以后的中国共产党的机关报,借鉴俄国党的经验,根据中国抗日根据地的环境特点而采用的"典型报道"的方式,是榜样的力量在中国的实践,当时取得了很大的成功。

上面这类媒介影响舆论的方式中,树立榜样的一方是有组织的政党或政权,接受影响的一方是分散的公众,因而传播效果通常是强大的、有效的。但是传播媒介承担的社会责任更大一些,因为一旦树立的榜样违背社会发展的要求,不能从根本上代表公众的意愿或利益,而形式上又不与现有舆论明显对立,分散的处于拷贝世界中的公众,通常依然会形成相关的舆论,并且相当强大,从而造成某方面不应有的社会灾难,灾难之后则产生普遍的逆向舆论,媒介在公众中的信誉也会受到较大损害。因此,榜样的力量是很大的,但前提是引导舆论一方的政策必须正确无误。

塑造媒介人物

这个概念与上面的有些相近,但不是指宣传先进典型人物,而指的是通过大众媒介塑造社会活动家的形象,形成关于某位社会活动家的特殊舆论。对于公众来说,经常出现于公开场合的政治家、各种文艺体育明星、思想家、作家、媒介内的少数工作人员(名记者、播音员、节目主持人等),以及各方面的代表人物或领袖人物,经常是舆论的客体。而能够向公众报道他们活动情况和提供背景资料的,便是大众媒介。早在电视出现之前,大众媒介就证明了自己具有创造深入公众心目中的人物的特殊能力。由于公众距离这些社会活动家很远,关于他们形象的材料,基本上取之于拷贝世界,于是大众媒介在促成这类人物的舆论方面,作用是决定性的。

早先是电影,随着电视的普及,一些理想化的人物形象被这类视觉媒介有意无意地创造了出来,并且相对固定化。例如英雄、美人、政治家、长者、恶棍、走狗,以及各种影视明星等。新的英雄和美人(指艺术形象)、政治家、明星等要赢得舆论,就需要媒介根据公众的既定描述性信念来"包装",因为公众习惯于有意无意地用影视媒介提供的理想化形象来衡量现实中的人物形象。

即使是语言符号,较高水平的拷贝语言同样具有征服人、塑造形象的力量。金开诚就此写道:"作者使用语言的力量,诱导或甚至是逼迫着读者去进行想象,对脑子里原有的关于人的容貌情态的表象进行了不由自主的分解和综合,以按照作者的规定去迅速形成一个新的表象。"(金开诚,1982:72)

当然,新的问题同样接踵而来。如果媒介工作者的素质低下,价值观流俗,或者动机不正,那么他们塑造的媒介人物形象或低俗,或神化,或另有利益的图谋,对关于这些人物的舆论来说,影响就是相当直接的。如果对人物的描绘过于绝对化,而公众的素质相对地高,也可能造成相反的舆论,这是舆论对媒介制造的拷贝世界的一种无形制约。

媒介事件、准事件、宣传性现象

这些概念的内在含义有些差异,但大体上讲的是同一类情况。

"媒介事件"是美国传播界使用的概念,指的是媒介报道的事件,程度不同地带有有意安排或推动的成分。任何媒介的报道,都无形地集中于事件的某个方面或某个视角,而个人的感受是达不到这一点的。例如站在街上观看某位明星乘车而过,难得看到几眼,却耗费了许多时间,情绪上也不会很激动。但是紧跟在明星汽车后面的电视摄影机,却时刻将明星的挥手、群众的欢呼场面,通过电视屏幕向观众展示,电视观众为之激动的程度比站在街的人高得多。摄影机的选择本身即带有制造"媒介事件"的成分。法国社会学家布尔迪厄(Bourdieu,P)谈到记者如何成为精神活动与公众之间的过滤器时,以游行为例,引证了帕·尚帕涅《生产舆论,新的政治游戏》(法国子夜出版社 1990 年出版)一书讲的规律性现象:"游行的成功与否并不在于参加人数多少,而是记者是否感兴趣。我们可以稍稍夸张地说,50 位机灵的游行者在电视上成功地露面 5 分钟,其政治效果不亚于一场 50 万人的大游行。"(布尔迪厄,1996:22)这里讲的便是"媒介事件"对当事人或媒介的意义。媒介事件所指的现象,有些是媒介工作的职业特点自然造成的,有些则带有记者主观动机的成分。对此,传播学者施拉姆谨慎地说:"这是否有助于[公众]更深的了解和更好的选择,尚有待证明。"(施拉姆,1984:275)

"准事件"(又称"假事件")是美国历史学家布尔斯廷(Boorstin,D)于 1961 年提出的。他认为,一些事件是事先通知的,媒介能够作出安排并进行报道;而我们看到和听到的越来越多的是这类制造的"新闻"(德弗勒,1990:343-344)。李金铨总结了这类现象在公关人员精心策划下的几大特征:它们不是自然发生的事件而是事先布置的;它们不是采访和抓拍到的而是为发表而设计的;它们关心的是引起公众注意和"有趣",而不过问是否真实。例如某家饭店庆祝周年,原是很平常的事情,但若拉了一群名人组织个委员会,剪彩、照相、开记者招待会,使事情变得仿佛与众不同,进而成为"新闻",这样的"事件"即是准事件。他对此持完全否定的态度(李金铨,1987:58)。但是在涉及一些有利于公共利益的社会活动(例如环境保护)时,看法便出现分歧,台湾省的一些新闻研究者对此展开过讨论。一方担忧,记者由观察者变为参与者、推动者日渐成风,这是断然不可以的,因为记者一旦放弃观察的身份,便很难摆脱社会环境气氛的影响,有可能造成误导;另一方认为,媒介报道是推动社会进步的一股力量,除了传统的角色之外,记者也许可以多做一点,有助于社会进步观念的提升(曹郁芬,1988)。

"宣传性现象"是艾丰于1982年提出的概念。他把记者面对的现象分为两大类,一类是事物特有的现象,自然发生和存在的;另一种是宣传性现象,"它是在一定情况下,由于宣传和传播的影响和干扰而产生的或者是为了满足某种宣传目的而制造的一类现象"(艾丰,1982:86)。他又细分了一下,有合理的宣传性现象,例如通过记者招待会发布新闻;有不合理的宣传性现象,例如为应付外宾参观而在有污染的水池里放几只鸭子;有半合理的宣传性现象,例如经过公关专家设计而在媒介上露面的人物、单位场景。他认为,对于不合理的宣传性现象要反对,对于半宣传性现象要具体分析,而合理的宣传性现象不应贬斥。

所有这方面的讨论,涉及的是如何看待拷贝世界,以及拷贝世界影响舆论在何种程度上"合理"的问题。这里除了职业道德的因素外,舆论和公众对于拷贝世界的制约应当考虑在内。媒介影响舆论,首先要接近现有的舆论,如果与现有舆论距离太远,任何媒介事件或宣传性现象都会带来相反的舆论反应;舆论的主体公众,也在逐渐成熟,至少一部分公众对于媒介造成的拷贝世界和实际的感性世界的差异,会逐渐地较为清醒地意识到,从而提出自己的要求。各种媒介为了影响舆论,如果过于刻意安排或虚假成分过多,受到的抵制对于媒介来说是将是一种很大的威胁。结果,可能会形成一种动态的平衡,即媒介影响舆论的有意的推动方式将受到限制,需要越发注意"合理"性;而公众则根据自己的信念接受他们认为尚合理的媒介提供信息的方式。

托马斯公理、自我充实性预言

这是从社会心理角度对人的观念运动的一种考察,现在被传播学研究者用来说明拷贝世界与公众对其接受、理解的关系(竹内郁郎,1989:213、216;张春兴,1994：585；北川隆吉,1994：上 190)。

　　美国社会学家托马斯(Thomas,W)的一个观点被概括"托马斯公理",即"如果人将某种状态作为现实把握,那状态作为结果就是现实"。现代人生活在拷贝世界中,基本上把确认自己所处环境的工作委托给了大众媒介。如果大众媒介把某种并非真实的状态误作为真实把握,接受拷贝信息的公众通常就把这种状态视为真实,因为在拷贝世界中,大众媒介提供的非本身可以感受到的见闻和判断,往往直接影响舆论的形成。如果公众把拷贝世界的信息当作真实来把握,那么就可能真的将其视为真实(或现实)。这涉及人类信息交往中的独特现象：人不仅对外界信息作出条件反射式的反应,而且同时也对信息本身"给予意义",把各种与己相关的事物和现象编入自己的符号系统。随着这一符号系统的不断丰富,感性世界逐步隐没,人们仿佛必须通过自己的符号系统来经验和认识周围的一切(芮必峰,1997)。而对一个人来说,在多数情况下,他自己的符号系统还需要通过大众媒介提供的社会性符号系统(拷贝世界)再认识外部世界。

　　社会学家默顿(Merton,R)将托马斯公理进一步具体化,提出了"自我充实性预言"(self-fulfilling prophecy)的概念。这是指最初对状态的错误理解而形成的一种潜在心理,可能导致真的变成了现实。对于媒介来说,当一种社会现象较为模糊的时候,如果对它的估量发生认识上的错误,又把这种估量作为真实情况给予报道,则可能造成本来不应该出现的真实的社会现象。公众对媒介提供的报道(假定报道本身是真实的)如果发生误解,也会由于错误理解而导致真的变成现实。这与当事人以先入之见接触事实或报道有较大关系,当发生在媒介工作上时,对舆论的影响甚大。

　　从以上两种说法可以看到,拷贝世界与舆论之间的互动在社会心理方面是十分微妙的。媒介是由人掌握的,一旦担负着较大责任的媒介工作者有意无意地遵循着托马斯公理,如果报道的事件涉及面较大,将无端地破坏社会的稳定。公众由于其他因素的影响而对媒介的信息理解上发生错误,如果涉及面较大,同样会造成社会混乱。

瞬息即变的文化(blip culture)

　　这是未来学家托夫勒就信息时代的拷贝世界特点使用的一个概念。"blip"

很难找到相对应的中文词,它指的是跳跃的、分散的、中断性的、变化很快的各种文化信息。他认为,工业化时代的大众媒介是群体化的,媒介提供的信息广泛而一致,诸如一些领袖人物的形象、一些象征性符号、相对固定的明星和名牌商品,会风靡很大的区域。随着信息时代的到来,大众媒介向非群体化发展,完整的、一致的、时效相对缓慢的拷贝信息,被急速的、刺激性更大的、支离破碎的、短暂的拷贝信息所替代。这时不同"代"的人们会对现实的拷贝世界作出迥然的反映,形成不同的舆论主体。托夫勒就此写道:"人们不仅吸收不到为他们组织综合好的,思想上连贯的长篇读物,相反,越来越多地被一些简短的标准件式的信息所包围,诸如广告、命令、理论、片言只语的新闻,以及其他掐头去尾的莫名其妙的东西。"于是一些人"对短暂的信息非常恼火,并感到无所适从。他们怀念30年代的电台节目和40年代的电影。他们在新的传播环境里感到格格不入,这不仅因为他们听到的大部分内容,使他们感到震惊与厌恶,而且还因为播送这些信息的整套做法,使他们感到陌生"。而另一些人,"对这种连珠炮式的瞬息即变的文化的袭击,却泰然自若……他们能在很短的时间内,吞阅大量信息。但他们也非常注意把那些瞬息即变的文化,总结和组成一个完整的新概念,新形象"(托夫勒,1983:226-227)。

我国的大众传播媒介的情况较为复杂,在不够发达的地区,可能还在从农业社会向工业社会过渡;而在较为发达的地区,特别是在大城市,大众媒介的非群体化特征已经有所表现。因而,大众媒介营造的拷贝世界,其特点要根据具体的社会发展程度来具体分析。但是无论如何,托夫勒所预言的这种拷贝世界的情形需要予以重视,因为它会对信息时代的舆论产生重大的影响,特别会影响它的形态、价值内涵和变化速度。

第三节　关于大众传播媒介与舆论
互动的几个理论假设

在传播学和舆论学中,有不少涉及大众媒介与舆论互动的理论假设,它们从不同的角度考察了媒介影响舆论形成或转变舆论发展方向的方式,以及已有的个人信念或群体舆论对媒介的制约作用。研究舆论导向,借鉴这些理论假设有助于开阔思路。

议程设置论

"舆论导向"这个概念首先使人想到的可以参照的理论假设便是议程设置论(agenda-setting),因为它是直接探讨媒介如何引导公众形成舆论或转变已有舆论的。据说研究议程设置的学者都忘不了提及美国政治学家科恩(Cohen,B)1963年关于报纸作用的一句话:"报纸或许不能直接告诉读者怎样去想(what to think),却可以告诉读者想些什么(what to think about)。"(李彬,1993:142;赛弗林,1985:262)因为这句话言简意赅地蕴含了议程设置论的理念。① 1972年,美国传播学研究者麦库姆斯(McCombs,M)和肖(Shaw,D)首先提出这个假设,其中心思想是:公众通过媒介知晓事件或问题,依媒介提示的角度思考,按照媒介对各种问题的重视程度来调整自己对这些问题重要性的看法,或者说媒介对某一事物的强调程度同公众对同一事物的重视程度构成正比关系。这里包含三个层面,在认知层面,公众因为媒介的报道而意识到议题的存在;在次序层面,媒介所安排的议题顺序一般会影响公众考虑这个问题的顺序;在显著性层面,媒介赋予议题的意义(包括给予的版面位置或节目中的时间先后)一般会影响公众对这个议题重要性的认识(张锦华,1994:54-55)。

在现实生活中,人们不能直接得到的或本身较为复杂的信息,一般地需要依赖大众媒介提供,于是大众媒介无形中为人们建构着现实社会。这个观点可以追溯到1922年李普曼的《舆论学》(1989:2)。大约在议程设置论提出的同一时期,英国和美国的传播学者们分别依据自己实证研究,提出了"社会现实建构理论"。哈娄兰(Halloran,J)等人考察了一次英国反战游行的报道,发现媒介的兴趣不在于展现游行中的各种观点,而把眼光投到了游行中偶然的暴力事件,使得话题集中在这个问题上。于是,客观现实反映到媒介上,变成了"媒介实现",媒

① 此处采用的是李彬的译文。这段话的关键词是"what to think"和"what to think about"。台湾省的著作,例如李金铨的《大众传播理论》(1987:20)、王石番的《民意理论与实务》(1995:185),都译为"想什么"和"想些什么";内地翻译的赛弗林等的《传播学的起源、研究与应用》(1985:262),译为"去想什么"和"该考虑什么",同义反复,难以让人区别两者的意思。

介有意无意地建构了一种与现实差距很大的"社会现实",并形成这是"一场戏剧性暴力事件"的舆论(王石番,1995:202)。1984年,传播学者艾多尼(Adoni,H)和曼奈(Mane,S)分析了这两种假设,认为它们有"神似之处"(张锦华,1994:55)。其实,它们只是角度略有些不同。

媒介的这种影响舆论的作用,既可以是媒介职业的特征自然决定的,也可以用十分明确的意图来指导。例如某地发生一场规模较大的战争,即使从媒介职业角度,亦会蜂拥去许多记者,报道量大大增加,把公众的注意力都引导到这个事件上。其中事件本身的重要性是引起媒介设置这个议题的自然原因,记者的价值判断也在起作用,但是辅助性的。另外一些情况是,媒介为影响舆论的形成而将一些公众尚没有注意的问题提上日程,引起公众的兴趣,展开讨论,从而逐渐形成与媒介倾向一致的舆论。后者是我国媒介经常使用的一种引导方法,只是没有作为一种理论假设进行系统研究而已。传播学界对"议程设置"或"媒介建构现实"的研究,有助于我们更全面地考虑它的有效性和局限性。

在后来关于议程设置的实证研究中,不少人认为,媒介设置的议题与公众对它的重视程度并非简单地吻合,因为公众的社会地位、性别等的社会学因素影响着他们对媒介设置议题的看法;有许多议题本身很重要,却引不起公众的普遍重视,其中议题与公众利益、兴趣的接近与否,当时的社会情境等,影响着公众的关心程度。一般地说,媒介在界定某一社会问题的初期,设置的议程对公众的影响通常较大,媒介戏剧性地报道艺术也会提高公众对议题的兴趣。一个议题若持续较长时间,那么随着时间的推移,公众对议题的重视程度会低于媒介的期望(德弗勒,1990:345-354)。其中韦弗(Weaver,D)于1977年提出"依需求引导"(need for orientation)的概念,对于检验媒介设置议题的效果较为有效。他谈到三种公众的需求:公众的不确定性情况;兴趣;讯息与公众的相关性。这三方面满足公众的需求,设置的议题可能深刻地影响舆论(王石番,1995:190)。

孟小平根据我国媒介的实践,对议题设置论的可行性作了进一步的说明:"需要补充的是:(1)在舆论环境发展的不同阶段,新闻媒介影响人们具体看法的程度大不相同;(2)议程设定只涉及具体的舆论问题,在舆论环境层次上是不适用的;(3)公众越是熟悉的问题,例如,有关吃穿住的问题,媒介议程安排的作用越小。"(孟小平,1989:182)

社会化和间接影响理论

议程设置论涉及的是对具体舆论的形成和发展方向的影响。"社会化和间接影响理论"则是另一组关于大众媒介间接、长远地影响舆论的传播学理论假设,它把大众媒介视为人在社会化过程中受到的重要社会影响之一。人从小到大,需要学习许多外在的东西以适应社会,这个过程即"社会化"。它一般需要在信念、生活方式、民族语言、道德规范、各种交往技巧等五个方面适应既定社会。随着社会信息化程度的提高,在促成这个过程的无意识动因中,大众媒介起着越来越大的作用。

人的社会化过程充满了模仿的意识和行为,大众媒介为这种社会学习性质的"模仿"提供了几乎所有可以想象的行为样式和象征符号。传播学者德弗勒(Defleur,M)指出:"丰富的文献显示出,儿童和大人都从各种媒介,特别是从电影和电视,学到态度、情绪反应和新的行为风格。"(德弗勒,1990:243)他讲的态度、情绪和行为风格,正是舆论的几种常见形态。媒介从这个角度对舆论的影响,被称为"模仿论"。也许当事的媒介工作者没有意识到他们的报道、制作和传播会被公众模仿,也许公众也不是有意识地模仿,但是模仿还是有意无意地到处发生了,困难在于只能用实验的方法掌握即时反应的模仿,而在研究中无法把握长期接触媒介而产生的模仿。

当个人接触媒介的时候,其实他并非是完全独立的个人,他处于复杂的社会关系网中。人远不只是以个人对刺激作出反应的有机体。在发表意见或行动的时候,他人的期待和可能的反应,个人在群体中所处的角色、等级,以及流行的表达方式,都必须在瞬间有意无意地顾及到。而大众媒介正是当代群体或组织对个人提供社会期待的重要源泉之一。媒介通过描述各种群体或组织的稳定模式,从而间接对个人意见的形成、意见形态和倾向产生影响。从高级宾馆、大学教授、各级领导人、富商、明星,到警察侦探、摇滚乐队、国有企业、偏远山村、犯罪团伙,甚至最简单的购买商品行为,各种群体或组织,以及人物类型的社会期待、在社会中的角色和地位,都通过大众媒介丰富多彩的信息(包括娱乐信息)提供给了个人。媒介传递着各种不同层次的社会群体、组织和人物类型的社会行为规范和思想准则。媒介从这个角度间接对个人意见,进而对舆论形成的影响,被称为"社会期待论"。

还有一种研究电视的所谓"培养论"（台湾省学者译为"涵化理论"）。这项研究把电视看作一道强烈的文化脐带，因为它将表面丰富的（其实相当单调）许多共同的日常仪式，同时提供给成千上万的毫无限制的公众，融入了他们的日常生活。传播学者摩尔根（Morgan，M）和西格诺里利（Signorielli，N）1992年就电视的这种影响力说：由于经常观看电视受到涵化而培养出一种主流效果，其表现是不知不觉地消弭了平常受到其他影响而养成的观念和行为歧异性。易言之，电视节目看得多，每个人原来的背景特征逐渐消失，看法翕然与电视呈现若合符节（王石番，1995：211）。

显然，社会化和间接影响理论所要说明的是：大众媒介在社会行为规范和思想准则方面，对个人意见和群体舆论影响是长期的、缓慢的和潜移默化的。它对舆论导向研究的启示是：不仅需要即时的对舆论的引导，还需要在社会整体发展和以"代"为时间阶段的时空中考虑长远的对舆论的引导。

大众媒介引发沉默的螺旋

"沉默的螺旋"是指已有的多数人的舆论对少数人意见无形的压力，形成一方公开疾呼而另一方越发沉默的螺旋式过程，于是更为强大的舆论生成。诺埃勒-诺依曼认为，人们感觉舆论压力的最强大的来源是大众媒介，因为媒介具有积累性（连续出版或播出）、无所不在、内容雷同等特点。于是媒介的意见被认为是主流意见、有发展前途的意见、可以公开发表而不会受到孤立的意见（王石番，1995：221-222）。在这个意义上，大众媒介作为已有的较强的舆论和未来更广泛的相同舆论之间的中介，所起的作用是巨大的。

影响不一理论

在分析大众传播媒介对舆论的强大影响力的时候，实际上人们有意无意地省略了各种干扰媒介对舆论（或公众）产生影响的因素。关于这些因素，传播学界先后提出了多种理论假设，说明在媒介的影响力在到达现实舆论（或公众）的途中，存在着一个缓冲体（区域），阻挡、分散、曲解、消融着媒介发出的信息，或减缓着信息的传播速度。李金铨在分析这些理论假设时,画了一张图,使人一目了然地清楚了这些理论假设所要说明的道理,处于媒介影响舆论或公众的哪个位置上,如图 3-2 所示。

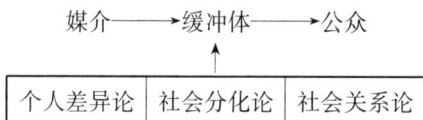

媒介————▶缓冲体————▶公众

| 个人差异论 | 社会分化论 | 社会关系论 |

图 3-2   媒介影响公众因素

他写道:"媒介与受众之间有些'东西'——一些'缓冲体'(buffers)或'过滤器'(filters),把媒介的信息加以解释、扭曲、压抑,信息一旦到达受众身上,已经和原来面目不同了。"这说明,"受众不完全被动,他们隶属于各种团体,生存与各种社会关系,也有七情六欲,这些都构成媒介信息的'缓冲体'"(李金铨,1987:111、122-123)。

虽然,所谓"缓冲体"是对相关理论假设的一种归类,用以说明现实舆论和公众对大众媒介的影响或制约方式。德弗勒称它为"影响不一理论"(德弗勒,1990:188)。在这些理论假设中,较重要是图 3-2 中提到的三种,即个人差异论、社会分化论和社会关系论;而作为所有这些理论假设核心的是"选择性四因素"。

就心理和认知结构而言,如同指纹一样,每个人的个性都与其他人不同,诸如需求、感受习惯、信念、技能等都会有所差异,虽然他们可能具有共同的文化行为模式。因而,在接受媒介信息的时候,每个人的注意程度、理解方向不会相同。在有些人看来令人感动的东西,对另外的人来说也许无动于衷。从这个意义上看,"一样讯息适用全体"的设想,只是一种理想。从这个角度考察人们对媒介信息的接触,即所谓"个人差异论"。

将这类问题放大到社会范围,就会发现现代社会的群体分化较农业社会细得多,农村向城市的靠拢,新移民的涌现、新阶层的更迭,加上原有的传统社会群体,于是形成了众多的社会群体类型。除了较明显的性别、年龄、政党、宗教、职业、经济地位、教育程度等的社会学划分外,在一种主流文化下,涌现出了更多的亚文化(或微型文化)群体,这些群体具有独特的生活方式,因而在交流语言(行话)、态度、信念、忧虑、技能等各方面与其他群体构成明显差异,例如贾鲁生的报告文学《黑话》所涉及的各种亚文化语言(贾鲁生,1989)。他们面临着与大文化不同的特殊问题,因而这些群体成员本身就是一种舆论的体现。李普曼曾想到一句美国成语"人就是言论"(李普曼,1989:31),指的即是这个意思。社会群体的分化趋势,造成了对媒介信息的理解的更多歧义。从这个角度考察,即形成所谓"社会分化论"。

个体与群体同时还受制于无形的社会关系网络。由于传统的联系和现实的情感、利益、兴趣的联系,不同个体和群体间的相互作用同样影响着对媒介信息作出的反应。这种联系有时会迫使相对弱的个体和群体改变接受信息的内容和接受习惯。一般地说,社会关系会加强或削弱媒介的力量,这即是所谓"社会关系论"。

以上三类干预媒介信息的变量,实际上都以四种选择性因素为转移:

1. 选择性注意。面对信息过载的现实,人们越来越学会了只将注意力集中在自己所关心的一小部分媒介讯息上。不同类型的群体所注意的媒介内容,同样显示出界限分明的区别。处于牢固社会关系上的人或群体,更加注意与他们相关的信息,而忽略其他信息。选择性注意同时也意味着对不合心意的信息的排斥,在这意义上,这是个体和群体对媒介信息的一道无形的消极防卫圈。

2. 选择性理解。面对同一篇报纸文章、同一出电视剧,很多时候个体和群体作出的解释或赋予的意义存在差异,甚至是相反的。这涉及个人心理和认知结构、群体生活方式的差异,以及人们在社会关系中所处的地位,为的是避免所接触的信息与内在的信念发生不协调。李普曼就此写道:"对于所有的听众来说,完全相同的报道听起来也不会是同样的。由于没有完全相同的经验,每一个的领会也就有不同,每个人会按照自己的方式去理解它,并且掺入他自己的感情。"(李普曼,1989:114)显然,这是一道对付媒介信息的无形的积极防卫圈。

3. 选择性记忆。由于对信息的选择性注意和理解,无形之中便造成对信息的选择性记忆。某些内容或观点会长时间记忆犹新,而另一些则很快忘却。多数情况下这种记忆是无意识的,但是被记忆的内容无形中说明了当事人和群体的价值取向,会沉淀为新的信念或知识,成为新的意见或舆论深层结构。

4. 选择性行为。人们不会由于接触了同一媒介信息而采取相同的行为方式。这是一连串反应的最后一环,由于三类干预媒介信息的变量存在着较大差异,采取的行为也是选择性的,例如接触到即将涨价的信息以后,有的人或阶层会立即将理解和记忆的信息转变为抢购的行为,另一些人或阶层可能会静观事态的发展。

交往行动理论

这是当代批判学派的代表之一,德国人哈贝马斯(Habermas,J)非常庞大的涉及广义交往和传播的理论。其中他谈到"意见一致"形成的不同条件,以及形成"意见一致"的合理性问题。一群人在某个问题上达到"意见一致",是一种数量最大化的舆论,在这个意义上,他论证的是外界影响(广义,包括媒介)与舆论间的关系问题。哈贝马斯认为,意见一致应当通过交往和理解的合作活动来达到,"集体相同情感并不体现一种意见一致的条件,如果他们达到意见一致,他们就终结这种理解的尝试。一种通过交往要达到的,或者在交往行动中共同作为前提的意见一致,在命题上是不相同的。根据这种语言结构,意见一致是不能只通过外部的影响就能够达到的,意见一致必须由参与者同意接受。因此,这种意见一致是与一种纯粹实际上存在的意见一致是不同的。理解过程的目的是要达到一种意见一致,这种意见一致要求具有合理动员的对一种表达内容的赞同的条件"(哈贝马斯,1994a:363)。如果把他讲的外界影响暂时限定为大众媒介,那么他强调公众通过与媒介的合作与理解达到意见一致(或叫形成舆论),强调媒介与公众间的真正互动,只有这样形成舆论的途径才是合理的。而在舆论形成前业已存在的集体情感造成的一致,由于没有经过"交往行动"(按照理解的活动而合作化),是一种纯粹存在的意见一致,对它的评价似乎不高。

从这种认识出发,他认为,如果媒介希望与公众达到意见一致,唯一的途径就是双方的合作与理解。"虽然对一种意见一致可以在客观上进行强迫,但是,凡是有益的通过外部影响,或运用暴力所形成的意见一致在主观上,都不能算作意见一致。意见一致是以共同信任为基础的"(同上,364)。

批判学派对媒介以何种内容影响较为关注,特别是带有强迫性质的内容。例如赖西(Reich,W)对法西斯主义媒介的批判:"只要政治非理性主义对舆论的形成,因而对人类结构的形成所起的作用占99%,而社会生活的基本职能所起的作用只占1%,就根本谈不上对社会状况的合理评价。如果人们想剥夺政治非理性主义的权利并达到社会的自我管理,那么至少必须完全颠倒一下这种关系。换句话说,实际的生活过程也应该在新闻界、在社会生活的形式上发出有力的呼声,它应该和它们一致起来。"(赖希,1990：353)

管理导向与市场导向

当谈到大众媒介影响舆论的时候,研究者想到较多的是从行政管理角度对舆论的引导,而忽略了媒介处于市场中时,受商业机构委托而形成的市场导向。1978年,传播学者吉特林(Jitlin, T)提出了管理导向(administrative orientation)和市场导向(marketing orientation)的概念。管理导向考虑的是如何增进对舆论的社会控制,理性化其作为,以达到"协调、居间媒引、设法稳定、追求和谐、避免批评"的目的。吉特林批评受商业机构委托的研究者,只考虑如何扩大媒介对消费的影响力,而不顾及媒介的社会责任和在文化结构上可能造成的问题(张锦华,1995：62)。从这个角度考虑问题的传播学者大多属于批判学派,他们提出的思路值得我国学者在研究媒介的舆论导向时注意。

所有这些关于大众传播媒介舆论互动的理论假设,由于是从某个视角考察问题,除批判学派外,大都采用实证研究方式,因而不同程度地存在着"片面性",批评者常可以从其他角度较轻易地予以反驳,因为其理论的系统性普遍不足。就此,张锦华写道:"主流传播的量化研究基本上仍囿于实证方法论的限制,缺乏有系统的理论建构体系,研究零散而不连贯"(同上,1995：64)。但是,他们为研究舆论导向还是提供了考察两者互动的有相当启发性的思路:媒介不论在微观和宏观上,对舆论和公众都具有较大的影响力;公众和现有的舆论也会以各种无形的方式抵御着或制约着媒介,在一定条件下,这种对媒介的抵御和制约也是十分强大的。

第四章　舆论形态及相应的媒介引导

第一节　舆论的三种存在形态

就"舆论导向"这个研究视角而言,将舆论作广义理解更有意义,这便于深刻而全面地把握舆论。所以我们关于舆论的定义,将它视为规模公众的信念、态度、意见和情绪的总和。这样,舆论便有了三种基本的存在形态:潜舆论、显舆论和行为舆论(喻国明,1993:278)。分析这三种不同的舆论存在方式的特点,对于有效地引导舆论,具有重要意义。

潜舆论

所谓潜舆论,包括两种类型:一是没有公开表达的信念;二是知觉到而又不易确切捕捉到的公众情绪。

在舆论客体出现之前,每个人不论是否意识到,都有着预存立场,即以往积累的生活经验和较为牢固的判断事物的标准。这些东西有意无意地决定着个人意见的基本倾向。预存立场相近的公众,其信念则构成舆论的深层内容,需要通过对具体舆论客体的接触才会显露。在这个意义上,舆论的深层次内容信念,是一种潜在的舆论。李普曼谈到过一种现象:"在日常世界里,常常是在有证据以前很久就已有了真正的判断,这种判断本身就包含着结论,证据是很自然地进一步证实这种结论的。"(李普曼,1989:78)他所说的"判断",即是一种预先存在于人们头脑里的观念,这不是一般的对具体问题的看法,而是人在社会化过程中习得的相对固定的价值观、道德信条、最基本的好恶等带有所在群体特有传统、现实政治经济体制印记、个人性格特征的信念。尽管在相同文化传统和政治经济体制下的公众,信念有相近的地方,但是,由于生活于不同社会群体之中,公众的信念差异亦会很大;即使生活于同一个群体中,个人间的信念也存在着差异。研究这种看不见的不同人群的信念,是作好舆论导向工作的基础;但是对此的把握也是最困难的,因为世界上最莫测的便是人的内心。

人们能够多少知觉到的一定范围内较为一致的公众情绪,也是一种潜舆论的表现形式。有的舆论学研究者把这种舆论形态视为"低水平的民意"(喻国明,1993:278),其实,对于舆论导向来说,舆论的水平无所谓高低,关键在于它是否较为真实地反映公众对舆论客体的倾向性意见。关于以情绪表达的舆论,刘建明的论述较为全面,他写道:"公共情绪是一种集合社会心理,它的外在形态一般表现为对某一事物的普遍心绪,并通过只言片语透露出来。""潜在舆论是意见的萌芽或潜伏形式,情绪是这种舆论的唯一外部形态"(刘建明,1988:350)。

有时潜舆论比显舆论更能确切地说明舆论的真正倾向,因为显舆论的发表会受到各种其他因素的规范,而各种社会规范很难直接干预情绪型潜舆论的表达,在较少约束的情况下,无形中使得它反而拥有了几分纯真。

有不少舆论客体,最初引发的不是直接的较为清晰的意见,而是公众的情绪。情绪通常较为含糊地表达了公众对于舆论客体的态度,是显舆论的原始阶段。如果在这种舆论形态下及时将某种良好的社会情绪升华为明显的意见,或者对不大健康的公众情绪进行适当引导,效果比潜舆论转化为显舆论时,要显著得多,对于社会的稳定更为有利。

根据心理学家拉扎勒斯(Lazarus)的论述,公众情绪的产生与他们对刺激情景的估量(evaluation)好或坏有密切关系。这种估量通常是直觉的,但又依赖于记忆(胡文耕,1992:319)。当社会发生较大的变动,例如实行了某种经济改革或发生了影响全局的事件,人们会习惯性地调动头脑里的记忆,不经意地运用信念进行对比判断,并以一种直觉的形式兴奋、愉快、敬慕、爱戴、悲怆、抑郁、焦虑、厌烦、冷漠、恐惧、愤怒等情绪的波动表现出来。如果在一定范围内的这类情绪表达遍及相当多的公众,那么可以说一种潜舆论已经形成。

情绪型潜舆论不同于信念型潜舆论,它与人的本能和无意识有更多的联系,往往情不自禁,以或明或暗的可以感觉到的各种形式,诸如体态语、行为语、只言片语、简单的图画符号、片断的音乐曲调等等表达出来。在社会范围内,这些片断而又持续出现的外在表达形式如果达到一定规模(即以潜舆论形态出现),会在较快的时间和更大的空间内流动,从而促进或抑制社会的发展进程。因为社会情绪通常不是单向的信息表达,而是双向和多项的沟通,情绪表达需要表达的对象。情绪表达的主体与表达对象之间必须具有同感共识,才能达到表情达意的目的(张春兴,1994:538)。另外,情绪具有社会感染的特点,特别在具体的舆论场中,这种感染十分迅速,例如大型会议的会场、体育赛事的场地等,往往少数人的情绪表达(鼓掌、欢呼、叫骂、狂喊等)会在瞬间转变为全场多数人的情绪表现。在社会范围内的政治革命或经济改革所引发的各种情绪表现,也会以舆论波的流动方式,较快地波及全社会。

情绪型舆论是公众意见倾向的征兆,虽然实际产生的对社会发展的影响力不及显舆论强大,但不可轻视。如果对非理性的情绪型舆论引导不力或出现引导失误,可能导致不利于社会稳定的显舆论和行为舆论。然而,情绪型舆论对于研究舆论导向来说,又是一个极好的了解现实公众意见倾向的窗口,因为情绪的表达不同于清晰而明确的公开意见,它们或是片断的表达闪现,或是集群性的爆发,无形的道德规范和成文的法规对此很少能够给予有效的约束,因而它们可以是舆论的较为真切的形态,尽管缺少理性和清晰度。

显舆论

显舆论是指在一定范围内相当数量的公众,以各种公开的形式表达的对舆论客体的态度,它或是由外界刺激直接引起,或者是由情绪型潜舆论经过一段时间的酝酿,转化而来。显舆论在意见倾向方面相对清晰,但由于毕竟是自发的社会观念形态,具体的表达呈多样化,无法达到精英型意见的形态。

显舆论是对外界刺激的认知、意向和情感的综合反应。它可以是公众对于外界信息刺激的一种本能反应,真实地表达了公众的意见倾向,但有时显舆论本身亦也表现出它的工具性机能,因为每个人在表达自己的意见时,除了个人具有的内在信念、期望或目标,以及偏好等心理因素决定意见倾向外,“公开表达”这个条件对于舆论主体来说,还增加了不少外在的影响心理活动的因素。这主要表现为以下三方面:

1. 为适应具体环境而形成的显舆论。人们为适应自己的生活环境,必须观察他人、群体、已有的舆论、社会意识形态等的现实状况和相互的力量对比,以便获得较好的人际关系、社会承认,即获得基本的生存条件,并顺利从事自己的工作。公开表达的意见,这时至少在语言词汇上会与流行同步,多少要顺从现实的主流观念,适应的程度依个人的自主性强度、社会精神压力的强度而呈现不同的级差。于是,相当多的显舆论,带有从众的特征。舆论学上的沉默的螺旋理论、文化规范论等,都是从不同角度对舆论受到的外部制约力量的研究。

2. 显舆论中的自我表现成分。自我表现是人格的特质之一。不少人有一种表现自己的欲望和能力,公开表达意见是一种展示自身的机会,也是在环境面前的一种主动表现。于是,显舆论中会含有为突出一些公众自身(包括历史与现实)而形成的夸饰、虚假不实的成分,并影响其他公众的意见表达。例如某些关于时尚的舆论,某些基于自卑心理的自傲舆论等。

3. 显舆论中的自我防卫成分。公众生活中充满了各种矛盾和利益的划分,出于自我防卫的目的,不少公开表达的意见是含糊的,或者回避关键问题。当群体内外出现某种威胁时,公开表达的意见往往首先服务于保护自身的目的。这时的某些舆论带有一定的暧昧性质,与另一些可以从公开意见中得到好处的明确意见形成对照。

但是,公众为了内在的心理平衡,亦在自觉不自觉地努力保持着前后较为一致的意见倾向,于是当外在压力造成一种意见的选择以后,如果这种压力持续时间较长,公众表达意见的动机,会依次出现"服从→同化→内化"(沙莲香,1987:250)的过程。同化是把别人的看法、观点、判断等吸收过来,看成自己的东西,是一种"表同",尚没有把外在影响与内在的信念统一起来;当把接受过来的观念无形中纳入自己的信念体系的时候,外在的观念便成为自我知觉和自我评价的一部分。这种情况常出现于无组织状态的公众群体,但每个人处于哪个阶段,如何接受外在影响进入到某个阶段,差异会很大。对于组织较为严密的群体,或者独立性较强的个体来说,外在的压力引起的变化属于"工具性机制",内在信念发生根本变化的情形较少。

显然,显舆论所表达的公众意见倾向复杂一些,需要做较多的细致的调查研究工作,因为公开表达的意见中可能含有表面化的"样子"成分,特别是一些公众面对媒介采访者所说的套话,常常并不能代表舆论。

行为舆论

行为舆论是指主要以行为的方式表达的舆论,这种情形中通常还会夹杂着语言和文字的意见表达,严格说是一种综合型舆论,在行为中既有情绪的表达,也有公开的言语。例如一定规模的时髦展示、社会公益活动、游行示威、自发狂欢等。从社会学的角度看,行为舆论是社会集合行为中的一类,它与其他社会行为的主要区别,在于行为目的是为了观念的传播或情绪的发泄。在这方面,美国社会学家斯梅塞(Smelser, N)于 1962 年提出的"集合行为理论"(theory of collective behavior)颇能借用来说明行为舆论的发生原因(北川隆吉,1994:上123 - 124、63)。

根据他的理论,发生行为舆论的原因可以归结为五种,即(1) 社会结构的诱发。同传统社会相比,现代社会更容易出现时髦行为的舆论;(2) 社会内部发生"结构紧张"。这是指各种价值、规范间相克而引发冲突造成对立的行为舆论;(3) 某些一般化了的信念得到发展和普及。这种情形常伴随着各种行为舆论;(4) 契机要素的引发。例如社会恐慌的出现;(5) 对行为参与者的动员,其中舆论领袖的作用甚为重要。

同样根据他的理论,行为舆论可以分为五种类型:(1) 旨在实现价值志向的行为舆论,诸如环境保护、捐助难民的宣传展示活动等;(2) 旨在实现规范志向行为舆论,诸如我国公众展开的学习雷锋运动、文明窗口活动等;(3) 敌意暴露行为,诸如出于示威目的的游行集会、罢工罢课等;(4) 恐慌和疯狂行为,诸如盲目的群体逃亡、赛场骚乱等;(5) 各种相对短时的围观。

斯梅塞所讲的社会集合行为,大多有一定的组织性,而且属于凸显性的社会行为,有的可能代表了公众意见而属于行为舆论,有的可能是并不代表舆论,是按组织系统安排的,但表现形式上基本相同。

一般地说,行为舆论的意见表达强度要大于一般的显舆论。个人处于群体之中的时候,个性减弱,受群体意志支配的程度加强。如果行为舆论表达的是健康的价值志向,或是符合社会一般要求的规范志向时,有利于较快地将个人意见转化为健康舆论的一部分;如果是相反的情形,特别在群体失去理智的情况下,社会感染、信息传播中的暗示会较快地激发参与者强烈的情绪,并使行为非理智化,这对于社会的稳定是一种较大的威胁。因此,对可能出现的负面行为舆论,媒介的引导要及时,要有一定的预见性。

还有一类行为舆论,诸如各种流行时尚,自发性更大些,意见表达强度也不一定很强,但影响范围却比较广泛。这种行为舆论更带有当代的特征,日本学者中野收在他的著作《现代人的信息行为》(1980 年)中,曾分析过都市公众的流行现象。因为人在信息时代处于既感到孤独又感到社会联系太多的矛盾中,为了使两者在内心均衡,便不断地用"变身"和体验来对抗孤独和过剩的联系,于是出现一个接一个以"热"著称的社会行为(沙莲香,1990:11-12),诸如某类小说热、某种社会活动热、某项兴趣爱好热等。它们本身也是一类行为舆论,直接表达着公众一个时期内的心态倾向,间接表达着一定的意见倾向。

第二节　不同信息形态的舆论

舆论是一种自在的社会信息形态,如果从这个角度考察舆论,那么有多少种社会信息的表现形态,就有多少种舆论的表现形态。大众媒介对舆论的引导,需要考虑舆论的信息形态,对于不同信息形态的舆论,其引导方式应当很不相同。因此,有必要从信息形态角度考察一下舆论。

讯息形态的舆论

"信息"(informaton)带有宏观的或抽象的意义,而"讯息"(message)是指具体的可接触和把握的信息。控制论的创始人维纳(Wiener,N)讲过两句话,"所谓有效地生活就是拥有足够的信息来生活。""消息自身就是模式和组织的一种形式"(维纳,1989:9、12)。他这里讲的"信息",是指人们为沟通而进行交换的东西,即一般的具体消息、讯息,现代人的生活离不开各种讯息的交流。其中有一部分是纯粹个人间的寒暄,或与公共事务无关的琐碎事情和重复性的闲聊,但也有不少与公共事务相关的讯息。如果后者在一定范围内在相当多的公众中流动,那么这便是一种舆论的表现形态了。这是一类通过传播讯息而间接表达意见的舆论形态。当外部刺激引发人们相互告知某些讯息或有意回避、封锁某些讯息的时候,只要形成一定的规模,即是舆论的讯息形态的表达。因为这反映的是公众对于某些舆论客体的兴趣、利益关系等。

讯息形态的舆论有两个特点。第一,人们在一段不长的时间内纷纷转告,共同传播某个讯息的高度兴趣,构成一种特殊的意见倾向关注。当代人生活中每天面临着无数信息的包围,早上小贩的吆喝、汽车的鸣笛,上班路上的无数广告,班上看到的通知、布告、文件、报纸,一张张熟悉的和陌生的脸孔,各种请示、汇报、条子和闲言碎语,下班后的晚报、邻居闲谈,然后是电视节目,从世界某个角落的纷争到肥皂剧里某位小姐的眼泪。在日复一日的信息"轰炸"中,人们能够回忆起来的,或者说感觉器官实际接受的刺激是很少的。所以,当人们认真地关注某项讯息时,其中便含有了间接的意见倾向。

第二,讯息所包含的意见倾向可能连当事人自己也没有觉察到,他们只是想把知道的事实告诉所认识的人。在不长的时间内,人们发现大家都在传播相同的信息时,于是一种惊奇的"大家都一样"的感觉油然而生,即使是不相识的人之间,会感到距离接近了,有了共同的话题,造成一种特殊的"舆论效应"。这时,讯息形态的舆论有可能转向观念形态的舆论。

当舆论尚处于讯息形态的时候,舆论的强度是较弱的,发展方向也不十分明确。如果大众媒介这时给予适当的引导,有可能较为有效地使舆论的发展方向与社会的发展方向一致起来。

观念形态的舆论

当代人不仅生活在信息时代,同时也生活在"意义"的世界里,舆论的最常见的信息表现形态,是一种"意义",即直接以不同程度的赞同(同情)、反对(憎恶)、无所谓(中立)等形式表现公众的意见倾向。很多情况下,公众传播讯息的同时,可能会根据自己的信念和积累的经验,立即赋予讯息以"意义"。由于舆论的自发性质,除了较小范围的知识群体表达的意见带有较清晰的条理性外,人们通常所说的"大众舆论",表达的观念是简单的或情绪化的,特别是对较为抽象、宏观的舆论客体来说,更是如此。但是,一旦某些简单的价值判断、道德选择、固定成见等被公众接受,不仅会成为流行观念,而且有可能进一步逐渐内化为舆论的深层结构信念,对社会发展的影响可能是巨大的。

然而,对于具体的个人和无组织的群体来说,得出深刻的见解是较为困难的,他们的观念实际上是社会提供的。"由于真正的环境总起来说太大、太复杂,变化得太快,难于直接去了解它。……我们必须先把它设想为一个较简单的模式,我们才能掌握它"(李普曼,1989:10)。如果在公众需要对舆论客体作出判断而又难于确切表达的时候,大众媒介及时提供简单明确而又为公众接受的价值判断或道德选择,往往会使那些含有哲理的简单话语很快深入人心,自然而然地为舆论框定了发展方向。当然,大众媒介提供的价值判断在迎合公众时若发生错误,也可能阻滞社会的发展。

艺术形态的舆论

这里所说的是公众自身以各种体裁的文学、音乐、舞蹈、绘画等艺术信息形态表达的意见倾向,公众对广播电视的文化娱乐节目、电影、多媒体中的文艺内容的议论,亦可归到这类舆论内。艺术形态的舆论所表达的公众意见或情绪倾向是相对间接的,但由于带有较强的情感性,因而能够比讯息形态的舆论更深刻地反映一个时期舆论的特征。但是,艺术形态的舆论不像观念形态的舆论那样直接表达意向,把握起来困难些。

来自普通公众的较为粗糙的文学和艺术,以及能够贴近老百姓生活的作家和艺术家的作品,由于通常以形象化的文艺典型,集中反映生活和表达情感,因而在很大程度上是一种舆论的表现形态。从"文革"时期的地下文学到改革开放以来接连出现的伤痕文学、反思文学、改革文学、知青文学、寻根文学,到先锋文学、大众消遣文学等,都不同程度地以文学信息的形态表达了某一时期的舆论特征和倾向。

恩格斯在参加了一次德国民间音乐节后,对比古代的戏剧和现代的音乐,指出:在现代社会,将人类情感中最隐秘的东西从内心深处揭示出来、表现出来的是音乐(恩格斯,卷41:306)。各种艺术形式中,音乐是最能为一般公众以通俗的形式掌握的娱乐艺术,因而它能够成为当代公众情绪的晴雨表。从"文革"初期大批不成章法的群众造反歌曲,到"文革"中、后期流行的知青歌曲,从改革开放初期的当代牧歌到20世纪80年代中期流行音乐的登陆,再到90年代初的MTV及舞蹈音乐,每种新型的大众音乐形式都是一个时期的公众心态,特别是青年一代心态和意见倾向的鲜明表露。高小康在谈到流行音乐所表达的当代公众情绪特征时写道:"一般人的生活节奏常常就是在疲惫和无聊两极之间的摆振:奔走营生之后是疲惫,而休闲享乐之后是无聊,……真正永恒的需要被误解和替换成了偶然的物质性现实",在这种情况下,"流行音乐不是被欣赏的,而是(从最严格意义上讲)被'听到'的:它是一种呼唤,以直接、感性的方式传达出来的心灵的呼唤。一支传统的乐曲要被听众接受,常常需要一个熟悉的过程,它是通过学习而浸渍到人的理解力中的。而一支流行歌曲应当是直接地,甚至是'一下子'地打动听众的,不能直接打动听众感觉的乐曲注定产生不了那种心灵呼唤的魅力"(高小康,1995:289)。

再如大众化的舞蹈与绘画,反映的是信息机械传播的环境和人们的心态。高小康就此将舞蹈与绘画进行比较,写道:"在大众中流行的'霹雳舞'似乎是个相对的例子:舞蹈者是活人,却故意模拟卡通形象中的'太空人'、'机器人'等刚性化动作。这其实与电脑动画的意趣殊途同归,都显示出当代人无机化的趣味。"这是"当代大众内心深处同生命感觉疏离的一种趣味倾向"(高小康,1993a:114、115)。

显然,艺术信息形态的舆论,心理性成分浓重,较为复杂,涉及更多的是公众内心深处的无意识表达或需求。如果能够较为细致地分析这种舆论形态,解剖一两件典型的大众文化产品及其公众的反映,对于准确地把握一个时期的舆论特征是很有意义的。

舆论的畸变形态——流言

流言是没有确切来源的在公众中流传的消息。有的相关著作以不同的主观动机来区分流言和谣言(时蓉华,1989:450;刘建明,1990:179),花费了不少功夫,其实很难完成这种划分。除了极少的流言能够查找到故意造谣的根源外,绝大多数的流言是无名的,公众在传播中无形地增添了流言的虚假成分和倾向成分。谈到流言时,我国多数学者都引证了奥尔波特和波斯特曼 1947 年的著作《流言心理学》,流言的英文对应词"rumor",译为谣言、流言、传闻等不一(沙莲香,1987:313;孟小平,1989:221;时蓉华,1989:450),其实原文的概念是同一个。从舆论学来看,无论流言是否有个别人故意造谣,重要的是它得到了公众的广泛传布,一旦形成这种态势,流言就成为一种特殊的信息形态的舆论。

关于流言的心理特征,法国研究者弗·勒莫作了如下概括:"流言并不是一种人为的现象,它的根子是人们感到自己缺了点什么,它又以模棱两可的感觉在扩展延伸,它存在的基础是使人希望对事物有进一步的了解或是对隐约感到的威胁的一种反映。"显然,流言是公众应付社会生活的一种应急状态,是公众解决疑难问题的不得已形式。

鉴于此,应当把流言视为公众在特殊的社会状况下表达的意见或情绪倾向。当事的公众也许多少是无意识的,但是研究者可以依据流言的内容和传布情况,较为准确地把握舆论。这里说的"特殊的社会状况",根据沙莲香和西布塔尼(Shibutani, T)的各自分析,可以包括四种状况:第一,社会秩序遭到人为力量的较大破坏,从而出现社会危机;第二,社会表层与社会深层(基层、下层)之间严重脱节,社会深层群体替代社会表层组织的基本功能之时(沙莲香,1987:314 – 315);第三,人们的信息需求大于体制性渠道的消息供给,或者为适应环境必须的信息无法及时获得;第四,公众所处的较大群体,特别是无组织群体,或者一定的社会空间环境,存在较大的刺激性因素(竹内郁郎,1989:184)。这些情况不是社会的常态,所以,由这些情况引发的流言,是一种特殊的,或者说是畸变的信息形态的舆论。

社会中流传的一些民谣和顺口溜,通常是针对某些普遍存在的社会问题或个别社会活动家的,它们不是具体的讯息,而主要是一种幽默的倾向性意见。相对于流言,它们带有一定程度的理智,但通常夸大了对外界实际情况的感觉。民谣和顺口溜的增多,多少说明社会正规信息渠道尚没有将某些公众重视的社会问题提上日程、社会上下层之间可能存在着某种疏离,但社会还不至于到了十分混乱、充满诱惑性因素的地步。因而,不能说民谣和顺口溜是舆论的畸变信息形态,但若对它们所反映的公众意见倾向不予理睬,正规媒介渠道不及时从正面给予解释说明,这种信息形态的舆论有可能发展为对社会不利的行为舆论。

较多的流言和流言较大范围的传播,对于社会的稳定是不利的;而一旦引起流言的因素消失,流言也会较快地消退。造成流言广泛传播的常见原因,是上面谈到的第三点,即信息的供给不能满足需求,因而,如果在这个方面大众媒介能够及时、充分地满足公众的需求,同时给予公众感到满意的引导,消解流言相对于引导其他信息形态的舆论,是较为容易的。

第三节　大众媒介对各种舆论形态的引导

　　各种舆论形态,以及具体舆论的形成、发展和消退,与大众传播媒介的关系十分密切,无法分离。前面两节为了论证舆论的各种形态,暂时撇开了大众媒介在其中的作用。如果没有大众传播媒介,几乎谈不上现代舆论。就此,舆论学研究者麦克利德(McLeod,J)等写道:"媒介在舆论形成过程中的角色,是作为(1)渠道或联系者,(2)变动的代言人和(3)认识方法发挥作用的。"(Glasser,1995:73)无论是作为信息的流通渠道、舆论的代表者还是认识方法的提供者,大众媒介对舆论每个发展阶段的影响(或叫引导)几乎无时不在,无处不在。

面对情绪型舆论:媒介的冷静与理智

　　情绪型舆论主要是社会环境变动与公众心理相互作用的结果,大众媒介通常不是最初的信息源,但作为重要的信息渠道,它们可以放大正面的情绪(诸如爱戴、敬慕、愉快、兴奋等),当然也有不少情况是以许多非代表性材料映证、强化着某些负面的情绪(诸如焦躁、恐惧、冷漠、抑郁等)。原因在于,媒介机构工作的人员也是公众的一部分,他们同样受到社会变动、现存社会情绪的影响。

　　如果有意无意地将负面情绪带到了发表的消息和制作的节目中,对个人来说可能是正常的一种心理表现,而对社会来说则等于让成千上万的受众有意无意地接受着一种负面情绪,媒介引导舆论的作用不会消失,但表现在强化某些负面情绪方面。负面情绪一般来自现代生活的压力,这是一种由于无法消除威胁性刺激的困境而产生的被压迫感。个人的这类直接感受是有限的,而由媒介提供的与负面情绪形态的舆论趋同的信息,则大大扩展了个人的感受维度,等于以几何级数叠加着公众的生活压力,刺激着更强烈的情绪再生。在这个意义上,一些负面情绪型舆论的弥漫,与大众媒介的渲染有直接关系。

　　因此,每当发生较大的社会变动或突发事件、情绪型舆论勃发之际,保持冷静的头脑是媒介领导者和工作人员的首要精神状态。作为大众媒介,有义务反映已经存在的情绪型舆论,对正面的情绪给予适当的放大(这也要有限度,做得过分会产生相反的传播效果),可以形成较好的社会精神氛围;对负面的情绪型舆论,不可回避,宜采取正面报道的方式给予解释和心理疏导。这方面的具体方法较多,重要的是媒介的工作人员自身不能也卷入勃发的情绪型舆论中去。

当然冷静仅仅是一种精神状态,接下来便是正确把握对社会变动或突发事件的认识。媒介工作人员在知识和思维深度方面必须高于普通公众,具有宏观审视社会态势的能力,落于笔端才知轻知重。这涉及人员的基本素质问题,这里无法展开。

加拿大心理学家赛黎(Selye. H)关于心理压力的实验理论"一般适应症候群"(GAS)(张春兴,1994:559-561;巴克,1986:444-445),可以在某种程度上借用来说明负面情绪型舆论的产生和发展经历的三个阶段。第一个阶段可称为"震撼和反应期",由于外界的信息刺激突然出现,或者社会变动带来的压力达到某个临界点,公众的某种情绪会在较短的时间内显现,并且较为迅速地在人际间漫布,在一定范围内形成情绪型舆论。第二个阶段可称为"抗拒和对峙期",这时公众已经从最初的惊慌转为以某种持续的情绪同外在压力对峙,这是适应外在压力的时期,持续的时间比第一阶段要长。如果压力继续增大而情绪得不到缓解,可能会在某个无法忍受的临界点转为强烈的显舆论和行为舆论;如果外在压力没有增大,也许公众经过自身的心理调节,适应新环境,而使情绪型舆论逐渐减弱、消亡。无论情绪型舆论转向显舆论或行为舆论,还是逐渐消亡,都标志着情绪型舆论的发展进入了第三个阶段,即"突变或衰变期"。

大众媒介对于负面情绪型舆论的引导,抓住时机非常重要。如果在情绪型舆论发展的第一个阶段立即作用反应,提供相关的信息,及时给予理性指导,可以大大减小公众对于外在冲击力的感受。如果错过了情绪发生的第一阶段,在情绪型舆论已经形成的第二阶段,能够做的事情是转移、分散情绪,多做使公众适应新环境的工作,防止情绪的大幅度社会感染,促使情绪型舆论强度的弱化。如果情绪型舆论进入突变为显舆论的第三阶段,对于媒介来说有些被动,这时需要媒介借助自身的信誉和理智的力量,用深刻而明确的言论给予引导。

看来,对于负面情绪型舆论,媒介的引导越及时效果越好,而能够做到这一点的前提,是媒介工作人员自身的清醒。

引导讯息形态舆论：以准确的讯息对模糊的讯息

讯息形态舆论（包括流言）的产生，除了外部信息的刺激外，有两个直接的心理因素支持着这种形态舆论的不断出现，即：

（1）公众需要不断地消除外部信息刺激引起的对环境的不确定性认识。同时，广泛传递的讯息本身亦表露着公众对于事物运动的知识（信念、态度、意见等）。仙农（Shannon，C）1948年提出著名的信息量的公式以后，许多人根据他的公式推出了他关于信息的认识：信息就是用来消除随机事件形式上的不确定性的东西。我国的信息学家进一步指出，他谈到了信息的功能，但是尚没有正面回答信息是什么的问题。于是便有了下面关于信息的定义："信息，是事物运动的状态和方式以及关于这种状态/方式的广义知识；它的作用是用来消除用户关于事物运动状态/方式的不定性。"（钟义信，1988：265、267）这里所以引证信息的定义，意在说明讯息（信息的具体表现形式）形态的舆论，是一种公众消除心理不确定性需求的表现，同时间接表达着关于讯息的意见倾向。

（2）这是满足公众希冀他人移情，或应对较为模糊环境的一种社会手段。人们都有一种经验，即在积极向他人传播讯息的同时，亦将自己的兴趣、情感或情绪传达给他人，在得到他人认同之时会产生一种心理满足；或者由于他人的认同而减轻自己对环境不确定性认识带来的压力。前者可能是一种较大范围的公众感兴趣的讯息；后者可能是流言性质的讯息。不论哪种情形，讯息形态的舆论表达了公众借助他人满足自身情感需要的特征。

不论哪种心理在具体的讯息形态舆论的传布中居主要地位，这些讯息一般是较为含糊的，因为人际传播本身限制了个人对讯息进行有效的验证。以较为极端的形态"流言"为例，我们可以看到以下关于它传布的公式：

$$R \approx \frac{i \times a}{c}$$

这是根据奥尔波特和波斯特曼1947年提出的公式（北川隆吉，1994上：122-123）补充修正的，其中R是指流言（Rumor），i是指所传流言对传者的重要程度（importance），a是指所传流言的模棱度（ambiguity），c是指公众对待流言的批判能力（critical ability）（孟小平，1989：221-222）。如果用于指公众广泛传播的讯息,道理是一样的,其文字表达就是:公众愈认为重要的讯息,同时愈感到模棱不清的讯息,传布得愈快愈广;而若公众的批判能力愈强,则这些讯息的传布量便愈稀少。

这个公式对于大众传播媒介引导讯息形态舆论,提供了基本的思路。如果媒介能够及时提供公众认为重要的但又不大清楚的讯息;如果媒介对于公众正在传播的不够清晰的讯息,及时提供准确而清晰的讯息;如果当不利于社会稳定的讯息形态的舆论流动时,媒介及时澄清问题,并提供认识问题的方法(即提供一种批判能力);在讯息形态舆论流动过程中的任何一个阶段,由媒介提供的讯息如果公众能够满意地接受,那么同时亦接受了这些讯息中的符合社会规范的暗示,于是这种舆论便纳入了较为规范的社会影响之内。

说起来当然很理想,问题在于把握公众心目中何种讯息是重要的,什么讯息对于公众来说是重要却又模糊的,最后是如何提供、提供何种公众能够接受的判断讯息的标准。显然,在这里只用媒介一方的标准去想象是不够的,空话和套话编织的讯息无济于事。

为观念形态的舆论提供接近性的参照系

观念形态的舆论通常是公开表达的关于社会问题的显舆论,这是最常见的舆论形态。由于舆论主体的分散和无组织的特点,在不少情况下,许多公众仅依据自己的信念和经验尚不能明确自己应当对社会性问题持什么观念(态度),因而表达具体观念时有意无意地总是需要参照系。这种参照系通常是社会既定的规范化思维模式和概念体系,当然会有多种形式和内容。就此沙莲香写道:“对某种社会事实或社会事件的态度不仅仅是,或者说,关键不是经验和经验积累的结果,经验再多也只是个体内部过程,态度的形成还必须有外参照系。人们关于某个事件的态度,在没有参照系的情况下,仍然是潜在状态,尚说不清楚究竟是什么态度。”(沙莲香,1987:251)鉴于大众媒介广泛的社会影响力,为公众及时提供符合一般社会规范的参照系,或改变公众已有的参照系,是媒介影响观念形态舆论的主要方式。

然而,一定的群体对社会问题或社会事件的观念总是呈现着三种基本态度:积极—接近—赞同;消极—远离—反对;中立。其中尚可以根据意见强度再划分出不同极差(5、7、9、11级不等)。观念是一元的,与人格的统一性密不可分。这就要求媒介在提供参照系时,必须把握现有不同舆论(态度)的大体分布。如果被认为符合社会规范的舆论居主导地位,那么放大这种舆论即可;如果情况相反,提供的参照系就要注意与公众心理的接近问题,依舆论的强度而提供与它反向、但距离最近的参照系,表达要委婉、缓和;必要时可以提供同向的离现有强度最远的参照系,然后逐步转为反向的参照系。

这种引导方式的理论根据,是格鲁吉亚心理学派提出的"同化评定律"。它的基本观点是:"宣传员所宣传的观点,如果和听众的立场相近,会被同化地认为似乎比实际情况更加相近,更可接受。对宣传立场的同化体验会产生两种定势效应:(1)听众往往会看不到存在于自己的和宣传的立场之间的差别。听众只注意两种立场的共同方面,其结果是扩大了听众的定势,以及听众所接受的立场的范围。(2)除了对宣传立场的同化体验外,通常还可以看到一种现象:听众的定势向着宣传的立场方面调节、接近。"(纳奇拉什维里,1984:77)我国的舆论学研究者称它为"意见估价中的'马太效应'",认为"这一效应规律是舆论引导和劝服性传播中有特殊重要的意义"(喻国明,1993:292)。

前面讲过,观念的公开表达本身,会对表达者造成一种无形的精神压力。人们为了适应自己的生存环境,在表达观念时也通常要考虑已有舆论的力量对比、大众媒介提供何种参照系。这种情形进一步说明,媒介通过提供接近性的参照系,能够在一般情况下影响观念形态舆论的发展方向。

面对艺术形态舆论:防止舆论共振

当代社会的新一代人,越来越多地通过文学、音乐、舞蹈、绘画等艺术信息形态表达自己的心声、情绪和意见倾向。这种形态的舆论带有较多的情感色彩,观念的表达是间接的,也许在总体上似乎造成一种对主流文化和社会意识形态的威胁,但是具体的这类形态的舆论,包括一些消费方面的追求时髦的行为舆论,不会构成全局性的问题。这种舆论形态对社会可能造成的威胁是"舆论共振",即在一个短时期内,社会中相当多的公众将注意力集中在一两件作品(节目)、一两种消费时髦上,只有一种几乎一致的评价能够流通,不同意见很难有立足之地。这种情形对于社会的稳定是不利的,因而大众媒介对此的主要引导方式是舆论分流,既发表流行的评价意见,同时又有意多发表一些其他的评价意见,使得过于集中的舆论得以分流,形成正常的舆论不一律的自然状态。在引导过程中,逐渐使得体现主旋律的评价意见居于主导地位。

由于这种舆论形态的心理成分浓重,特别在发生舆论共振的时候,对于它的引导操作上要慎重,不宜过多地以针锋相对的形式发表意见,而宜客观地展现多种不同的舆论。因为共振时的舆论通常处于情绪表达的极端点,同化性评定的范围很小,如果以"统一思想"而不是以防止共振作为引导的目标,结果可能会出现"飞去来器效应",造成相反的效果。这种情况应了"对比评定律"的说法:"在宣传一种和听众的立场尖锐对立的观点时,这些观点会被对比地认为似乎比实际情况更加不能接受。""如果听众的观点与传播者的观点差距很大,则他们主观上对这种差距的评定会更大"(纳奇拉什维里,1984:78;孔令智,1987:221)。

事实上,当代艺术形态舆论的创造者相当程度上就是媒介本身。各种媒介,特别是声像媒介,具有直接的刺激作用,在数量巨大的公众中间形成强大的综合感染力,既推动着公众日常生活内容与形式的更新,又强制性地决定着当代人对生活的强烈"现实感"(当下体验)。这时的文学艺术不再是纯粹的个人心灵的高贵独吟,而成为公众欲望、追求、需要的象征,表现形式也变得平面化,并带有日益增多的消费性质。在这个意义上,如果说正确引导舆论,首先需要媒介确定自身的社会责任,如何将煽情保持在一种适当的程度,如何在提供文化消费时提高公众的审美水平,平面化不可避免,但是媒介有可能将这个"平面"置于相对高些的层次上。这本身是对艺术形态舆论的最好的引导。

引导行为舆论：扶植正面行为以抑制负面行为

行为舆论的表达意见强度,通常比其他形态的舆论要大。如果这种舆论属于正面的,则可能比观念性舆论更能直接促进对社会的良性整合;如果属于敌意暴露行为、恐慌疯狂行为,对于社会的稳定也会产生比其他舆论形态更直接的影响。然而,在较大的社会范围内,由于公众成分的复杂性,一般存在着多种行为舆论,这就给媒介引导行为舆论提供了以正抑负,从而在观念上控制局势的可能性。

人类的社会行为可以分为两类:亲社会行为或利他行为、利己行为。作为群体的舆论行为,它倾向于哪一类,往往与环境、传统的影响有关。一般情况下,人们的社会行为表现出与大多数人的一致,被称为"合角色行为",即社会认可的行为;而不合角色的行为常会遭到社会的排斥或责难。正是由于这个原因,许多旨在实现价值志向、社会规范志向的行为舆论,会在社会良性循环中逐渐内化为人们的行为习惯,赋予这些行为舆论的口号、概念也会随之深入人心。媒介长期扶植这些行为舆论,能够产生这种效果,净化社会精神环境。

因此,对于行为舆论的引导,总体上应当以正面示范为主。媒介需要关注那些有助于社会文明的社会运动、鼓励各种有利于社会发展的群体倡议以及伴随的社会活动(这些都是典型的行为舆论)。这方面造成的"从众"局面,可以抑制负面行为舆论的产生。"从众"是一种普通的社会心理现象,既可以是消极的,也可以是积极的。"在良好的社会风气之下,与此相适应的社会舆论、群体氛围,往往使人感到有一种无形的压力,这种情况下所产生的从众行为是积极的"(孔令智,1987:406-407)。

对于负面行为舆论,应重在情绪、观念的预防性疏导,以及事后对越轨行为的理智梳理。行为舆论的特征是以传播观念或宣泄情绪为目的(有时当事群体也许没有意识到)的,它不是单纯的行为,特别是敌意暴露行为、恐慌疯狂行为,与一定范围的具有诱惑力的舆论场、社会感染、暗示有关,公众这时往往处于情绪紧张、激昂的状态,个人在群体情境下不能不行动,急需示范行为。在这种情况下,媒介绝对不可以任何方式支持这种行为舆论,即使它的起因可能有一定的合理性。媒介本身就是一种社会权威,这种权威的运用需要社会责任意识的保障。这时即使无意提供了可能激发、扩大事态的信息和暗示示范行为,都会应了社会心理学家特纳(Turner,R)等人谈到的"紧急规范理论",即假如有一个人采取某种越轨行为,可能会立即成为其他人的行为规范(巴克,1984:182)。

对于正在发生的负面行为舆论,视而不见、完全不予报道并不是好办法,这本身可能会成为一种对舆论主体的刺激;而报道需要十分谨慎,使用的语言、画面和表达形式,尽量以客观的方式,减低注目度。一般不要在行为舆论高涨之时发表针锋相对的刺激性言论,因为这时就如兰夫妇(Lang,K & Lang,G)所说,个人身在群体中,社会责任和规范的自控力由于群体的分摊而降到了最低点,任何谴责毫无作用(巴克,1984:180-181)。媒介的刺激性言论,往往提供了新的攻击目标。

　　由于行为舆论产生的原因是综合性的,有的涉及社会结构问题以及由此引发的普遍的社会情绪、社会恐慌,还有一些属于具体的利益分配产生的冲突。媒介只是一种较为广泛的社会精神力量,无法解决社会的结构性问题,还需要社会各方面的协调和共同努力。

　　对于各种不同舆论形态的引导,这里只能探讨一些原则,在后面的各章里,将进一步讨论一些细节问题和具体方法。

第五章 我国当代舆论的
特征和媒介引导

第一节 公众的分裂心态和矛盾着的舆论

我们都知道古希腊哲学家赫拉克利特的名言"你不能两次踏入同一条河流",但是却忽略了这句话之前的另一句话:"我们踏入,又没有踏入同一条河流。"(奥修,1996:263)社会主义市场经济条件下我国舆论的瞬息变化,就像那条不断流淌的河流,我们感觉到的舆论既是它,又好像不是它,因为舆论的表层在社会巨大变迁的影响下,变化实在太快了。

公众心态:从兴奋到迷茫

在相对封闭的环境里,即使发动多少次政治运动,舆论的变化通常只是词句上的,人们对观念的选择,总会慢慢地回复到传统状态,舆论的深层结构变化极小。1978年12月,中国共产党的十一届三中全会,确定了工作重心从"以阶级斗争为纲"转向"以经济建设为中心"。这次工作重心的转移,越来越真正地触及公众传统的生活方式和现实的利益再分配。"改革开放"不仅成为一个响亮的口号,而且使人们获得了世界经济发达程度的参照系。尽管初期的公众生活并没有发生很大变化,但人们的心态已经被激活了,用一个普通的词汇来形容,便是"兴奋"。

以经济建设为中心,必然引导人们重点考虑投入与产出、消费与效益、流通与分配,这就如打进来的一只楔子,将社会、人和人的思想都分裂为生产与消费两大部分,公众首先在观念上经历着各种矛盾冲突,形成相互碰撞的各种新的舆论。面对正在开始的社会变化和种种新鲜的观念,舆论中交织着对昔日的留恋和对未来的憧憬,可以说,整个中国形成了一个巨大的舆论场,在这个舆论场内日益产生着丰富而多变的舆论。

改革开放初期的显舆论,大都尚停留在社会心理的表层,因而主要表现在日常生活领域,诸如关于生活方式、行为模式的舆论,以及一些物化形态的、具有符号特征的显型文化;在反传统、从众心理的驱使下,这类舆论进一步转变为流行的生活新潮,层出不穷。人们不再满足于粗茶淡饭的饮食、色调单一的服饰、干打垒或鸽子笼式的住房,高稳定、低质量的婚姻关系也在逐步发生着变化。尽管每出现一点关于生活方式的新观念或行为,都曾引发过不同舆论之争,指责声高,反批评的声音更高,并以广泛的流行作出了不可逆转的回答。少则几个月,多则几年,指责者自己可能也被卷入了更新生活观念的浪潮中,接受了新的舆论和生活方式。

然而,当改革进一步深入,触及到人们的基本生活态度和现实利益时,舆论便开始出现了彷徨的态势,公众潜在的原有信念体系与公开的表达之间,有意无意地发生着矛盾。1987年的一次全国公民心理调查显示,93%的被调查者认为理想的环境包括利益差别不明显、人际竞争不激烈、人事关系易把握等条件。换句话说,如果改革要求公众打破这些昔日的"桃园梦",可能会引起舆论的较大波动。同年在天津的一次社会心理调查中,53%的被调查者承认,在观念的变革上,理智上接受了一个新观念,但很难贯彻到感情中去;即使情感上接受了某种新观念,行为模式也许还会是旧的(李勇锋,1988:1)。

这种舆论的彷徨现象应了美国社会学家奥格本(Ogburn,W)的一个命题:物质文化的变迁速度往往快于"适应文化"的变迁速度。他称这种现象为"文化堕距"(姚俭建,1994:7)。人的心理是有两面性的,对于新奇的事物,由于被激发而接受起来较快;而一旦原有的体制被打破,新的价值体系尚没有建立起来,很容易产生"茫然"感,生活态度的转变远不如生活方式的选择变化快。从20世纪80年代中期到90年代初,各种舆论调查的数据都显示了这一我国当代舆论的特征。

1989年初在武汉、兰州、深圳三城市的调查(N=1 799)数据显示,在关于改革意识、经济改革观念、政治改革观念、文化价值观念的四组问题中,按态度分组的频次分布,被调查者积极的态度和消极的态度所占比例都不高,70%的被调查者处于中立(即在七个演绎阶梯中选择"无所谓")和略微接近积极的态度区间。

若从这四组数据的均值(165.249)、中位值(164.000)、众值(161.000)[①]看,不仅明显地向"中立"集中,而且靠向"消极"态度组的区间。研究者分析说:"与改革中期的有关社会心理的调查材料相比,两头在缩小,中间在扩大,特别是'接近积极'的有相当比例向'中立'转移。""反映在社会普遍的心理状态上,就是新旧混杂,呈现为灰色(既非全是传统性,又非全是现代性)类型的态势特征"(刘崇顺,1993:299、300)。这次调查中多数被调查者对"社会生活乱了套,很多事情没办法说清楚"作了肯定的回答,其比例在大学生中占67.8%,在专业人员中占66%,在机关干部中占66.9%,在企业职工中占74.2%。他们努力在理解,但认同上发生困难(同上,253)。1989年进行的另一项中国公民政治素质调查(N=1 995),被调查者对"政治"的看法上也呈现势均力敌的态势,认为应当积极参与的和认为尽可能少参与的人数几乎一半对一半(42.5%和49.5%)(张明澍,1994:141)。显然,改革初期舆论的兴奋状态(高期望、高评价)正在转变为一种表达含混的状态(适度期望、有限评价),公众心态从最初的"兴奋"转向相对抑制的"迷茫"之中。

在各种群体的舆论中,最有时代特征的是青年群体的舆论。由中国社会科学院社会学所"当代中国青年价值观演变"课题组于1988年和1990年进行的两次全国性城乡调查(N=3 771、N=586),更清晰地显示了青年群体舆论的矛盾状况。绝大多数被调查者赞同"知足常乐"的生活态度,但同时赞同"缺乏竞争冒险的生活太没意思"的也占大多数;多数被调查者赞同或基本赞同"理想的追求高于金钱"(1988年76%;1990年63.8%),但同时赞同或基本赞同"干活就是为了挣钱"(1988年61.5%;1990年43.2%)的比例也较高。他们择业的动机,居前三位的是符合个人特长和兴趣、收入高、工作稳定。显然,青年们在表达自己的意见倾向上出现了矛盾:他们既认同社会价值取向的价值标准,重理想、重精神和重成就,而在实际生活中,又认同个人价值取向的价值标准,精神需求远远退居次要地位。研究者把这种情况归结为"观念与行为脱节"、"价值判断与选择的矛盾性和模糊性",并指出:"现代人迫于精神与物质的冲突,处于无奈与分裂

---

①　均值,又称算术平均数,指总体中各个变量的总和除以这些变量值的个数所得的商。众值,指一组变量按某一标识排列后出现次数最多的那个变量值,用以表示某种意见、现象集中的情况。中位值,指一组数列中按某一标识数值的大小排列,处于中间的数值,用以表示某种意见或意见现象的一般水平。

的精神状态中。"(楼静波,1993:17-18、50-52)

社会主义市场经济：世界很精彩也很无奈

　　1992年开始实行的社会主义市场经济改革,在更大范围内从根本上触及公众已经习惯了的经济生活体制,社会各个阶层、群体利益的调整既给公众带来了新的解放感,也带来了新的社会压力。商业心态的泛化、政治热情转向经济竞争的突变,把公众抛向了从未经历过的经济"角斗场"。在市场经济尚未确立自己的形态、尚未臻于成熟的过渡型社会中,对物质利益的疯狂追逐不可避免地带来了整个社会生活的明显变异,经济利益的不同获取形式和分配形式,不仅使日常生活失去了旧有的内容,而且使多数公众在生活面前变得张皇失措,应激能力、耐挫折力和心理平衡能力经受着新的冲击。由于一时无法掌握未来,生存的本能恐惧和洞察未来的恐惧引起的舆论困惑,比任何时候都显得突出。公众受到多向度价值引力的牵动,必须在物质目标和精神目标、经济价值和文化价值、实际利益和道德义务的相互冲突中权衡取舍。于是出现种种矛盾着、变换着的舆论：旧体制给我奶喝,新体制给我钱花,想喝奶时打倒新体制,想花钱时打倒旧体制。

　　同年由中国人民大学舆论所和《三月风》杂志进行的中国社会人际关系现状调查(N=3 158),清晰地显示了处于市场经济新条件下的公众心态。公众对我国目前人际关系现状评价的 10 个问题,每题七个供选择的演绎阶梯,平均评价指数为-0.42(正负极值 2,"说不清"为 0)。也就是说,公众的评价是较为含糊的,处于中间微微偏向于否定;公众对我国未来十年的发展前景预测 6 个方面,每方面七个供选择的演绎阶梯,平均评价值为+0.06(正负极值 2,"说不清"为0)。也就是说,公众对未来的前景几乎完全处于"说不清"的状态,偏向于"乐观"的程度微乎其微。一位被访问者说："改革的进一步深化给我们带来了不少机遇,但机遇又总是伴随着风险到来。对于机遇,我们还缺少能力去把握;对于风险,我们怀着极大的不安想躲避它。"(喻国明,1993:24-25、32)

　　成年人面临的矛盾心态,对儿童产生了很大影响。同年进行的北京儿童与传播调查(N=1 249),在"你同意下列的说法吗"一栏中有这样一句话："我不愿意将来进入一个充满竞争的社会"。很不同意和不太同意的被调查者占39.5%;非常同意和比较同意的占 38.7%,两者势均力敌(卜卫,1992)。同年的全国城市儿童与传播调查(N＝3 337),对儿童的 10 种道德、行为和观念进行打分,最低分竟是"独立性"这项,仅 3.27 分,低于平均值(3.68 分)(张先翱,1994：32)。孩子们的观念,相当程度上是家长们观念矛盾的反映。

1994 年进行的北京青年状况调查表明,社会群体中最活跃也是最躁动的青年,表面的心态有些稳定了,57.9％的被调查者表示安心或比较安心工作,不再想着谋求赚大钱的职业了。但是在认识问题的深层,依然处于精神分裂之中。例如关于奉献与索取的问题,33.6％的被调查者认为应该"多奉献少索取",36.9％的人认为应该"多奉献多索取",只有 1.0％的人认可"少奉献多索取",0.5％认可"不奉献也索取";但是,他们同时认为,现实中他人只有 9.4％是"多奉献少索取",24.5％是"多奉献多索取",而 39.9％实行的是"少奉献多索取",还有 12.2％实行的是"不奉献也索取"(田科武,1995)。显然,他们的自我知觉和社会知觉存在着很大的差距。

人们在大声谴责社会不正之风的时候,往往宽容着自己在其中的作为。在相同的背景下,人们会以自己的行为动机判断他人的动机,即常说的"推己及人"。也就是说,这些青年的社会知觉,实际上一定程度投射出了他们自己潜在的意识。1994 年 6～10 月在全国 10 省市进行的中国青年发展状况调查(N＝6 150),89.32％的被调查者认为社会的贪污腐败程度相当严重,但在自己的行为取向上却对它相当宽容。对"如果行贿能解决你目前急需解决的问题,你是否会行贿?"这个问题,53.61％的被调查者回答"肯定会"和"依情况而定",还有 21.6％的人回答"说不清"。据调查座谈会的材料,许多人对腐败的厌恶,主要是自己不能腐败,而别人的腐败行为又在实际上直接或间接地侵害了自己的利益(王晓东,1995)。同年的中国传统文化对当代北京青年影响调查,同样显示出北京青年观念上的这种分裂心态。近 90％的被调查者赞同"富贵不能淫"等大丈夫人格,但表示能做到的只有 20.8％;赞同"安贫乐道"的 56％,表示能做到的 29.1％;而赞同和反对"能挣会花"的分别是 43.3％和 47.3％,打了个平手(浦卫忠,1996：81、88、87)。

即使在文化素质较高的博士生中,情况也相近。1995 年年底在浙江省进行的一次博士生调查(N＝226),研究者根据数据分析指出:"当代博士生以内在价值的自我实现为目标展开其特征,奋斗人生是其人生价值观的主导。在现实生活中,博士生的人生价值取向受到多方的冲击,因而呈现出矛盾。在精神价值与物质价值、知识与金钱、理想与现实、追求学业与弃学经商之间,博士生的人生价值取向面临矛盾、犹豫甚至两难选择的困境。"(马建青,1997)

1996年北京社会心理研究所进行的一项调查显示,近90%的被调查者认为当前社会对"有钱的人"、"有权的人"、"有门路的人"最有利,其次是"有知识的人",而对"有道德的人"不太有利。当回答自己希望成为哪种人时,绝大多数人选择的是"有知识的人"和"有道德的人"(冯伯麟,1996)。看来,现实舆论在呈现出理性的一面时,又被迫处于理想与现实认识的分裂中。

"外面的世界很精彩,外面的世界很无奈",这句歌词相当形象地概括了社会主义市场经济新环境中舆论的一种矛盾着的表现。几乎对每个舆论客体都存在着几种相左的意见,它们达到了可以使整体明显感觉的程度,但是又都不能对整体产生决定性的影响。如果说改革开放之初公众的心灵有过震颤,行动有过踌躇的话,市场经济带来的新的心灵震颤远非昔日可比,观念受到冲击不仅仅是生活方式,而是全方位的,既涉及经济基础和意识形态,也涉及基本的工作模式、价值取向和道德观念,越来越多的概率把越来越多的选择推到公众面前。任何人都不能作为旁观者,而必须作为参与者重新判别大千世界的是与非,随时衡量自己进退的得与失。

世间最脆弱的是人的心灵。使人感到无奈的与其说是物,不如说是对物的意见和幻想。当今社会的瞬息万变和繁杂纷扰,加剧了公众内心世界的冲击与碰撞,面对既精彩又无奈的世界,谁能完全保持心态的平衡呢? 给公众一个心理支点,形成相对稳定而富有活力的舆论,大众传播媒介负有不可推卸的责任。

第二节　公众浮躁的心态和情绪型的舆论

改革开放是我国走向现代化的必由之路。由于在外部已经存在着较高的现代化程度的参照系,于是几乎所有后发展国家都出现了亨廷顿(Huntington,S)所说的现象:"它处于现代性影响之下,已冲破传统生活方式的束缚,正面对着经济、社会和政治变革的压力,遭受着新的、'更好的'经济生活方式和经济保障方式的冲击,……早期现代化国家对晚期现代化国家的'示范作用'先是提高了人们的期望,尔后又加剧了人们的挫折感。"(亨廷顿,1988:46-47)我国的情况也不例外。物质利益对人的诱惑力比精神的感召要直接、迅速得多,人们在长期封闭之后,看到丰富的外部世界时会产生一种急不可待的攀比心理;较高速度的经济发展带来了繁荣,但同时也带来了与过去平均主义完全迥异的利益差距,带来了对物欲的追求和行为短期化。然而,在人们为了自身的利益和生存奔忙之际,却总是怨声不断,惶惑心态相伴的还有一种无可名状的心态浮躁。浮者,根基不牢固;躁者,耐性不足。在人生信念不明晰或对生活缺少精神追求的情况下,便形成这样一种忙碌浮泛而又莫名所以的生活状态。由此种心态引发的情绪型舆论也骤然增多。

公众心态浮躁的原因是多方面的,诸如难于把握未来、价值准则的失落、利益调整中的种种不公正、社会角色的自然分工被打乱、腐败现象对公众天然的道德正义感的冲击,以及对外部世界进行心理衡量时的差误等。不仅整体环境,每一个具体的涉及利益的问题,都有可能积蓄和引发情绪型舆论。

短期行为化与浮躁心态

在传统社会较为狭小的空间内,人际关系、利益协调和人的情感较好把握;市场经济条件下,一下子拉大了的空间、无法把握的未来,使得人们的思想认识和行为转向眼前得失,投机、待时而动的观念或心态逐步蔓延(李勇锋,1988:15-16)。特别是原来较为落后、封闭地区的公众,本来生活期望很低,一旦要求他们适应市场经济,直接的表现便是在维持传统观念的前提下,习惯性地选择可以直接带来利益的观念和行为(余锌东,1996)。

这些短期观念和行为还有它们产生的历史原因。1949年以后的三四十年内,我国公众养成了一种高依赖性、低风险承受力的心理特质。这种心理尚未变化,宣布实行改革开放,虽然还没有改变经济体制,压抑了多年的物欲立即转换为改变现状、提高生活水平的强烈期待。显然,急不可耐、急功近利的心态与深化着的改革现实之间,不可避免地要发生错位,高期望的经常破灭,积蓄着紧张、焦虑、困惑、失落、不满、疲惫等社会情绪,新一轮的社会牢骚也跟着会增长。例如1989年的三城市调查中,70.7%的被调查者赞同"人们心中好像有股无名火,社会牢骚越来越多"的判断(刘崇顺,1993：256)。

在向市场经济的过渡时期,公众首先能够看到的是物的巨大发展。市场经济进程的加速,极大地激发了我国公众长期被压抑的物质享受和消费冲动。我国传统文化中的实用理性特征,立即在这种情况下得到了展示：什么都要兑现的、现实的,眼前有好处、能得到的,就去追求,人们的心态有点像当年的法国国王路易十五："我死后哪怕洪水滔天。"(马克思,7卷：110)这也是一种"情境",使人容易失去理性,变得浮躁起来,就如雅斯贝尔斯(Jaspers,K)所说,人"除了追求一些有实际效用的具体目标外,不想去发掘自己的能力;他没有耐心去等待事物的成熟,每件事情都必须立即使他满意,即使是精神生活也必须服务于他的短暂快乐。"(雅斯贝尔斯,1988：173)而在对此过度的追求之后,常常感到的是一种精神的失落,从而积蓄着新的不安、焦虑和躁动。"满足感"相当程度上是心灵的需求,仅仅追求物质并不能真正获得满足,反而可能间接引发普遍的浮躁心态。

自我利益的唤起,竞争和利益的分流,社会风险的加大,生活节奏的加快,使得原有的价值体系受到冲击,人们的心理结构失衡,公众对现实产生的不满增多,体制中得到好处的和没有得到好处的,都不满意现状。如果缺乏排解的渠道,情绪型舆论亦会大量集中于社会的人际传播空间,这时带有情绪的意见表达,不会是很正确的,但是却是最需要的,影响范围大,传播得也最为迅速,对社会的稳定造成威胁。

利益的驱动、攀比与浮躁心态

体制上从传统社会向社会主义市场经济的转化,需要一定的金钱利益驱动。在缺乏和不了解市场游戏规则的时候,金钱的驱动也带来了较多的副作用,它可能是私欲性的、行为短期化的、违背理性生存原则的,容易使公众变得异常亢奋和焦躁不安,行为在急功近利的心态下失去控制;一旦对物欲的追求成为一种"时尚",全社会都挤向发财致富的"独木桥",便会产生普遍的社会躁动,舆论呈负面情绪型,威胁社会的稳定。

由于缺乏市场的规范,人们也没有遵守规范的习惯,这种时尚与权力的结合,便是腐败,它造成一种找不到任何理由和借口让人接受、忍耐的不平等,也带来了相当普遍的负面情绪型舆论。公平是社会群体生活的原则、社会运转有序的价值基石,这块基石的动摇对舆论的影响极大。

本来普遍存在的相互攀比心理,在这种新的环境刺激下会更为强烈。近年的多次社会调查都发现,几乎每个社会群体都认为自己的境遇不如其他群体,否认有自己比别人好的感觉。于是,全社会便出现一种被称为"相对剥夺感"(刘崇顺,1993:264)的情绪型舆论,即每个群体都感觉到自己被别的群体剥夺,都认为自己所在的群体处于社会的底层或相对下层。由于这种感觉或看法较为极端,对与自己不同的看法就会表现出强烈的偏执情绪。而引发这种普遍"相对剥夺感"的是社会利益分配中存在着的利益与权力的结合(腐败)、少数人并非由于勤劳而暴富的现象。问题复杂在公众的夸大感觉受到了双重的循环刺激,在反对真正的不公正时,其中有意无意地掺入了传统的平均主义思想;而各种不公正又普遍以反对平均主义作为旗帜。于是,昔日平均主义的潜在信念和利益分配的不公,轮番促动着全社会的舆论走向情绪化,使人难以从中解脱。

我们所说的世界是我们所理解的世界。当情绪支配着公众的时候,所感觉到的外部世界有一半带有想象性质。各个社会群体都从维护自身利益的需要出发,在索取动机下与其他群体、成员攀比,无形中夸大自己"所失",缩小自己"所得",贡献低攀比,报酬高攀比,挫折感油然而生。在这种情况下,公众感觉到的环境是一种由客观和主观合成的"情境"。情境反过来作用于公众,于是多种情绪+行为型舆论的蔓延一时难以阻挡,例如宣泄特征十分浓厚的娱乐行为、盛行的社会牢骚、由于很小的原因而引发的街头争吵与围观、挤兑银行存款、抢购某种商品等等。

邵道生曾将向市场经济过渡时期的我国国民心态归结为6种倾向,即物欲化、粗俗化、冷漠化、躁动化、无责任化、虚假化(邵道生,1996:193)。这些表述有些重合,而且产生的历史与现实原因十分复杂,为了便于概括,倒不如简单归结为一种,即"浮躁"。浮躁心态一旦产生,便以感觉替代了思维,以潮流选择替代了自主选择,以市场取向替代了人生取向。如果概括浮躁心态的舆论表达特征,便是"舆论情绪化"。

脆弱的"平静"心态

经过近几年社会主义市场经济的逐步完善、公众对新环境的适应和自我心理调节,目前公众的心态呈现出令人乐观的转变。1995 年末,上海零点公司对全国 6 城市居民心态调查(N=1 300),半数人(51%)采用了"平静"这个词汇说明自己的心态,"愉快"、"忧虑"分别居二、三位。综合分析,积极的心态占主导成分(凌月,1995)。1996 年末,零点公司对北京、上海、广州三城市的调查(N=1 020 户),"平静"(42.6%)依然是市民首选表示自己心态的用词(凌月,1996b)。但是研究者认为:"积极心态中主导成分是情绪色彩不显著的'平静'状态,显示市民对当前社会形势仍具观望心理。……平静心态的正面意义是比较脆弱的,具有很强的弹性。"(凌月,1995)显然,媒介对情绪化舆论的引导,还需要保持已有的力度。

第三节 社会群体的分化和舆论的分散化

改革开放以来的三十年,我国社会发生着重大转型:从计划经济向社会主义市场经济转型;从农业社会向工业社会转型;从乡村社会向城镇社会转型;从封闭半封闭社会向开放社会转型。这些不同角度的社会转型在总体上造成舆论的深刻变化,改变着人们的思维方式,但由于不同地区、城乡、产业结构的发展不平衡、社会流动人口的增大,特别是利益分配调整后的利益分流,使得我国原有的传统社会群体结构逐步重新组合,总体上呈分化的趋势,于是昔日全国上下相当"一致"的舆论表达,也呈现相对分散的状态,涉及局部、地方利益的舆论远远多于全局性的舆论,各种舆论间的差距拉大,其具体情形相当复杂,增加了大众媒介引导舆论的难度。这里从以下几个方面作一叙述:

群体利益的凸显和舆论的分散

计划经济体制下,各个群体的利益相对平均化而且较为恒定。改革开放调动了各个群体的积极性,同时亦创造了许多新的群体组合的机遇。即使是原有的群体,也不再是纯粹的一种宏观意义的社会阶层,而分化为带有更多的相同利益、规模较小的群体,例如农民,处在不同地区、从事不同劳动(种地的、从商的、务工的等)的,都会形成不同的关于自己利益的舆论。城市的群体分化更为复杂,个体户、三资企业、进城打工的农民,以及新出现的三教九流的社会群体,形成了相当多样化的舆论,以致主要在城里人中抽样的各种舆论调查,除了少数全局性的、抽象性质的问题还会形成相对集中的舆论外,若不是调查要求在几种回答中做强迫性选择,围绕具体的舆论客体经常形不成舆论(即没有一种意见的一致程度达到形成舆论的基本数量),只能说是一些代表性不大的意见。例如1996 年上半年,《南方周末》组织的一次四城市地位意识调查,开列了 13 项职业供选择,结果最集中的一项职业不过 10.03%,其他均是一位数(郑万辉,1996)。1996 年下半年,零点公司进行的一项我国四都市市民相互印象调查,由于提供了 10 个选择项,结果相互总体印象每项计算的百分数绝大部分只有一位数,所获 40 个数据中,在 5% 以下的数据 22 个(凌月,1996a)。

即使是原来意义上的较大社会群体,由于社会结构处于转型期,也表现出舆论的相对分散特征。1989 年,武汉、兰州、深圳的社会心理调查,分别就改革意识、经济改革观念、政治改革观念、文化价值观各自设计了十几个问题、每个问题划分为七个演绎阶梯,各个问题意见集中的程度,绝大部分仅能勉强构成舆论(30% 多的一致程度)。调查者划分的七种群体(企业职工、商业职工、专业人员、机关干部、个体户、城郊农民、大学生)之间的意见差异较大。这四组数据的标准差①显示:"改革意识的标准差较大,反映出人们对改革的评价和期望存在较明显的分歧。……由于涉及人们经济上的切身利益,观念上的分化仍是明显的。……在政治主体意识上,各群体仍有较大的差异。文化价值观的标准差是最高的,这表明在社会心理的深层结构,观念变动的群体差异最明显。……总合的标准差更鲜明地向我们展示,现阶段我国社会心理的分化已经达到了较为显著的程度。"(刘崇顺,1993:303-304)

人们的生活明显地改善了,却更为关注利益分配的公正、人际关系的协调。不同社会群体从市场经济中得到利益的差异、获取利益的道德评价的分歧,也会进一步造成群体舆论的分散。就在宣布实行社会主义市场经济不久的 1992 年10 月下旬,中国人民大学舆论所在青岛市进行了一次千户居民抽样调查。调查

---

　　① 标准差,反映变量数列的各项数值距离其中心值(或代表值)的差异程度,即离中趋势的一个指标。

划分的 8 种群体对一些问题的看法差距相当明显。例如对"青岛人现在生活属于比较好的"的评价中,个体户和离退休人员的综合指数在"基本同意"区位;经济管理人员、工人、商业服务人员属于"说不清"区位;教科文卫人员、机关工作人员虽然也属于"说不清"区位,但靠近"不大同意"区位,领导干部几乎贴近"不大同意"区位。而对"这几年生活水平虽然有所提高,但心情却不大舒畅"的评价中,机关干部、工人属于"基本同意"区位;商业服务人员、经济管理人员、离退休人员和教科文卫人员属于"说不清"区位;领导干部和个体户的区位偏向于"不大同意"区位(喻国明,1993:60)。这两个问题一正一反,不同群体舆论的接近或疏离,均十分显著。

地域经济发展差异与舆论的分散

我国经济发展的不平衡首先表现在地域上。由于自然条件和地理位置的差异,形成了东部和中西部的"梯度发展格局",其次是南方与北方发展的差异。计划经济时期虽然存在着东、西部的差距,但在当时全国舆论单调而一致的情况下,由于地域差别形成的舆论差异很不明显。社会主义市场经济条件下,东南沿海地区经济的高速发展,拉大了与其他地区经济发展的差距。一般地说,经济发展速度越快,价值观念的演变也就越剧烈。生活在现代经济发展水平高的地区的公众,倾向于改变传统生活方式,放弃传统观念,发展一种具有进取精神、开放的、求变的价值取向,公众的自我意识和独立人格确立得也较早。而经济不发达和次发达地区,在接受新观念时,或表现出种种惶惑,或极为激进,与已经相对稳定的发达地区的舆论形成对照。

中国社会科学院社会学所"当代青年价值观演变"课题组,在对不同经济发展地区青年观念对比研究中,发现了许多由于地域不同而形成的舆论差异。在政治选择的意见来源方面,次发达地区的青年选择"自己"的比例最高,选择"党政领袖"这一项也高于发达地区和不发达地区;而发达地区对"专家学者"的选择高于不发达和次发达地区,选择"政党领袖"的比例居第三位,选择"自己"的比例则处于不发达地区和次发达地区之间。这说明接触了新观念不久、同时经济发展已经起步的次发达地区的青年舆论不够成熟、稳定(仅在舆论表层抢购新观念),而发达地区的青年舆论相对具有理性思考的特征(楼静波,1993:207-208)。

在法治与人际关系的观念方面,经济发达地区青年的亲缘关系淡化得很快,越是亲缘关系的纠纷,越要找法院仲裁;而其他地区则以"忍受"为主;经济发达地区非亲缘的纠纷,选择"找人调解"的多于找法院,其他地区的则找法院或向上级反映的比例很高(同上,212)。看来,重人际关系、轻法治的传统对所有青年来说尚不能完全摆脱,相对来说发达地区的观念有所进步。不发达和次发达地区以血缘亲族划分亲疏的舆论压力相当大;而发达地区看重的是一般人际关系,在追求自己的利益的同时,也希望能与其他人相处融洽。

地域经济发展的差异产生的舆论分散,在同一个中国广大的国土上由于对比度鲜明,因而具有自身的特色。上面谈到的青年调查表明,在具有现代人格特征的价值观方面,发达地区的青年并不比不发达和次发达地区有更多的认同,而是相反,更多地选择了中庸、和谐、知足的生活态度;越是不发达地区,特别是农村,青年进取欲望越强烈,对安于现状的生活态度的否定率越高(同上,224)。

从不同经济发展地区的公众接触媒介的程度,以及人们对信息种类的选择偏向,也可以看到舆论的差异。20 世纪 90 年代初的全国百县市经济社会调查,不同经济发展地区大众媒介的资源配置显示出很大的差异。处于次发达地区的黑龙江省肇东县,1992 年初农村户的电视机拥有率仅为 44.86%,而且其中39.81%为黑白电视机,他们用于文化娱乐的支出仅占全部消费性支出的0.31%(肇东卷,1993)。处于发达地区的广东省惠州市,1993 年初的调查显示,该市的电视机已经普及,本市出版自己的日报、晚报,有当地电视台和有线电视台,年播出新闻 2 400 条(惠州卷,1994)。可以看到,不同经济发展地区所接受的外部信息量差距很大,而新的舆论通常是在外来信息的激发下形成的,社会流通的信息量的差距,拉大了不同地区舆论的距离,从而造成全国总体舆论的分散。

但是,根据 1992 年由中国社会科学院新闻研究所等单位进行的媒介与观念现代化全国调查(N=1 447)的分析,媒介接触的频率对于现代化观念(这可以视为一种新舆论)的影响并不大,关键在于选择媒介内容的范围和对具体内容的偏好,公众的文化程度又对媒介内容选择或偏好有决定性影响(孙五三,1994)。若从这个角度看不同的经济发展地区,同样可以看到很大的差距。全国百县市调查中,属于不发达地区的甘肃省永昌县,1992 年抽样调查的 538 户(2 409 人)中有文盲 499 人,另外还有从文盲到初小(即仅识几个字)水平的 781 人(永昌卷,

1995);而广东惠州市抽样调查的 501 户(2 402 人)中有文盲 365 人(惠州卷,1994),比例小多了。由于发达地区公众的生活与外界情况的变动紧密相连,因而利益的驱动正在逼迫更多的公众关心时事,而相对减少娱乐性的媒介内容。这种情况同样会使两地舆论的距离拉大。

我国快速的城市化进程与城乡舆论的分散

现代社会的舆论中心始终在城市,特别在大城市。然而我国的改革是从农村开始的,因而最初的社会结构转变发生在农村,并且带动着城市的改革,那个时期社会的舆论,一定程度上是农村领导新潮流。从 1984 年起,改革的重点转向城市,而实行社会主义市场经济,则进一步决定了全社会的舆论必然以城市的舆论为主导,因为城市天然与市场联结在一起。我国的城市化进程改革开放后相当快,到 1994 年,城市人口和从事工业、第三产业的人口,第一次超过了真正从事农业的人口(6.3 亿比 5 亿)(祝华新,1994a);而据 1997 年 3 月 20 日北京电台"新闻大视野"的报道,实际从事农业的人口又降到了 2.5 亿。也许统计的标准依据不同,但是城市化的趋势是显而易见的。在这种情况下,农村的发展相对缓慢,变动不大的舆论与城市急遽变动的舆论之间,差距拉大,社会的舆论呈分散趋势。

舆论是一定环境的产物,即使北京这样的中心城市,其郊区农村与市区由于经济发展和生活条件的差距,也会导致舆论的差异。这里有一个很小的例子:1994 年北京的一次城乡少年消费方式的小型调查(N＝550),在回答"你现在最想买什么"这个问题时,市区孩子理想中想买电脑的比例最大,而农村孩子想买书、报刊的比例最大,都各自形成了关于理想的舆论。研究者说:"值得注意的是城市少年第一想买的电脑,在乡村少年中尢一人提及。"调查显示的城乡少年月消费结构说明,城市少年用于个人发展的消费占总消费的 22％,而郊区农村少年只占 12％;绝对数字差距更大,城市为 51. 18 元,农村为 8. 62 元(浦卫忠,1996:179、176),相差近 6 倍! 显然,经济实力的差距直接造成了这种现实理想舆论的差异。

我国城市化具有与一般国家发展的不同特点,即城市的扩展和乡村自身城镇化的双向运动,而且主导趋势是"农村包围城市"的乡村城镇化(姚俭建,1994:

302)。许多农业人口被乡镇企业吸收,镇的人口已从 80 年代初占全国城市人口的 30％,上升到 50％(1992 年);很多城市本身是城乡结合体,乡村区域不表现为城市的郊区,而是城市被纳入乡村网络成为乡村的发展中心。这对于减少城市化发展带来的社会震荡,促进乡村繁荣是有利的,但也形成两种新的情况,即"城市中心的分散和城乡的相对分离"(李培林,1992)。城市本来应当是具有相近的现代意识的舆论中心,狭隘的地方意识比乡村小得多;而一旦城市被纳入到乡村网络之中,各自非常强烈的传统的地方利益,便造成众多城市的差异较大的舆论,舆论呈分散趋势;极少的大都市舆论与带有乡村意识的地方小城市舆论之间,距离亦会拉大。

而都市舆论本身,也在呈现着分散特征,群体因利益的分化而逐渐小型化,舆论则利益化,以利益为转移,而真实、稳定的舆论,主要发生在没有利益冲突的朋友之间。

在城乡之间,还流动着数千万离开体制控制的乡村剩余劳动力,他们通常来自较落后的地区,在城市打工的生活,使他们有了高于原来生活环境的新观念,同时对城乡生活的反差感触很深(王海光,1995:92)。但他们的"根"还是在农村,他们的舆论往往游离于城市与乡村之间,多少偏向于乡村。于是,在本来分散了的舆论中,又多了一类社会流动人口的舆论。

社会信息化与知识沟的形成

按照一般的想象,社会信息化会带来更多的媒介接触的平等权利,有利于共同舆论的形成。但是这种想法忽略了不同公众群体接受能力的差异,于是美国学者蒂其诺(Tichenor,P)等人于 1970 年提出了"知识沟"(knowledge gap)理论,其要点是:假如输入社会体系的大众媒介讯息增加,该社会体系中社会经济地位较高者得到讯息的要比地位低者快。因此两者间的知识鸿沟不是变小而是在扩大。而决定差距扩大的主要因素是不同的文化程度。随着接受讯息量的增多,由于理解力不同,接受的讯息越多,文化程度差距较大的群体间的知识积累越为悬殊。1976 年,另一位美国学者罗杰斯(Rogers,E)进一步提出了"传播效果鸿沟"(communication effects gap)理论,即以变迁为主旨的传播,经过一段时间以后,社会经济地位高者与地位低者之间的差距会扩大。这里的原因如德国学者邦伐利(Bonfaelli)所说,有供给信息不平均、公众接受信息的不同兴趣、解码能力三个原因(李金铨,1987:225、231;单纯,1993:186 - 187、191)。

台湾省的舆论学研究者王石番就知识沟理论写道:"针对一项论题报道得越多,注意这一论题的人会留心搜集资料,自然比其他人知道得越多。民意的形成从任何角度来说,都与认知息息相关,对一个问题认识的深入程度必定影响态度的情感和行为层面,如果社会对于一公共事务的论题,由于接触大众媒介的行为差异,产生两种不同的知识模式,从而影响民意,共识因而不能建立,不但公共事务问题不能解决,而且阻扰社会安定,的确令人惋惜!"(王石番,1995:193)显然,知识沟理论企图说明,社会信息化可能形成舆论(王石番的"民意"即我们所说的"舆论")的分散化。但是现在这只是一种理论假设,内地尚没有通过实证研究证明这一点。不过,这提醒我们注意公众解码时的差距,以便采取措施防止可能出现的由于理解的歧义造成的舆论分散。

第四节　大众媒介针对舆论特征的引导

我国当代舆论的惶惑、情绪化和分散的特征,除了社会变迁与公众本身的素质因素外,这些舆论的特征一定程度上与大众传播媒介的引导失误有关联。改革开放是我国当代全民关注的社会变迁,在这种社会条件下,大众媒介对舆论的作用不同于以往。用耗散结构论的原理,即新的环境刺激把社会成员从计划经济时期"深水潭模式"的"睡子"状态中唤醒,他们的感受变得极为敏锐,而作为个体能够直接接触到的社会是十分有限的,人际交往也是有限的,于是在社会剧烈变化之时社会成员之间发生长程关联,原来不相涉的、心理距离遥远的社会成员间,也发生了信息交流,可能采取协同行为,其表现形式便是大众传播中的信息受到广泛关注(刘崇顺,1993:225 - 227)。这时媒介上传达的讯息若表现出作者或编者的负面情绪与心理失衡,加上传统的"一窝蜂"报道习惯,对于舆论的形成,以及以后发展方向的影响,几乎是决定性的。为了集中说明我国当代舆论的特征,前面暂时略去了媒介误导这一重要因素。

市场经济之初大众媒介的误导

　　对媒介误导舆论的问题,社会各界的批评颇多,就实行社会主义市场经济初期的媒介而言,一位作者写道:"从 1992 年年中,到 1993 年初的七八个月间,我们的舆论都是围绕着商业唱赞歌,盲目地追随潮流。直到 1993 年春,中央人民广播电台播了《拜金主义要不得》,对社会生活中的拜金主义、金钱至上进行尖锐的批判,这才打破了相当长的一段时间里的'舆论一律'、众口一词地宣叙'没有钱是万万不能的','全民下海弄大潮'的局面。肩负引导和疏通社会心理的新闻媒介,尚且如此这般地陷入盲目从众、认同潮流的状态,受过专业训练、拥有相当理论修养和职业敏感的编辑、记者们,都会忘却了自己的声音、只学着别人说话,这足以说明……"(知非,1996:322 - 323)这里显然隐含着潜台词,即原来对媒介引导寄予着期望。这一时期的媒介引导总体上还是正确的,但是确实由于引导失误而引发了许多局部的舆论震荡。如同这些局部的引导失误给人造成媒介整体引导错误的印象一样,媒介的许多局部误导对舆论的实际影响也是全局性的,因为存在着长程关联与广泛的社会感染。

　　这些局部的媒介引导失误,甚至给人造成对整个改革开放时期媒介导向的怀疑。另一位社会学家写道:"在社会转型时期更需要成熟的社会舆论,剧变的社会更需要正确的社会导向。然而在改革开放以来,我们的报纸、我们的舆论却总是给人一种'捉摸不定'的感觉。譬如,在一段时间内,报纸上就不断地宣传'大款'们挥金如土的'豪气',杂志上不断报道'大腕'们形形色色敛财手段,影视、银幕上不断出现比西方'阔佬'还要'阔佬'的生活方式……大众媒介的'倾斜'造成了社会热点的'倾斜',大众媒介的'滑坡'造成了公民们道德上的'滑坡',大众媒介的'失衡'造成了人们心理上的'失衡'……群体'躁动现象'不过是这些'倾斜'、'滑坡'、'失衡'的一种现实反映。"(邵道生,1996:232)除了基本估量上有些失当外,这些批评尖锐地说明了大众媒介对舆论的躁动所应当承担的引导失误的责任。

　　吸取近几年媒介引导舆论中的教训与较为成功的经验,针对我国当代舆论的特征,在引导上需要考虑一些宏观的引导思路。

扩大正面舆论,展示积极、实在的生活目标

我国当代各种舆论相互矛盾、交织,并非不是一件好事,改革时期一定的舆论冲突是富有生命力的新舆论产生的前提。但是,在舆论冲突交织的时候,公众的分辨力和理智又是最为薄弱的,因为他们面临的是追求物欲与精神理想的两难选择。对于普通公众来说,他们只能紧紧抓住眼前可知的个人实在,如同一位作家不无幽默地所说:所有的学问都是告诉人们最有价值的是人的内心生活,但现实总是告诉人们,最大的价值是你手头需要的东西(楼静波,1993:52)。如果在公众最需要的时候,媒介能够提供现实的而不是空洞的、正面的而不是含糊其辞的精神支柱,可以大大减小舆论的惶惑。一个时期内不少媒介非但没有这样做,反而把舆论惶惑的负面内容当作猎奇新闻爆炒,加剧了公众的分裂心态。

事实上,矛盾着的舆论中充满着希望,积极向上的因素所占比例在各种类型的调查中大都占据六成以上,比消极的因素略占优势。当绝大多数人希望自己成为"有知识的人"、"有道德的人"的时候,即使他们对各种社会现象的估量发生由于晕轮效应而产生的误差,只要媒介的持续正面引导得当,不发生重大误导,是能够较快地帮助公众摆脱观念困惑的。问题在于一些媒介把注意力集中到了可能产生轰动效应的消极舆论上,无意下工夫挖掘积极舆论的内在魅力。

在少数问题上,可能积极态度比例不大,例如华中师大在武汉进行的一次社会心理调查,在回答"为了办成一件对单位极为重要的事,需向某领导进贡,你持什么态度"时,53.7%的人要"向领导进贡",而30%的人"宁可放弃,也不进贡"(邵道生,1996:17)。这两个数字应当如实报道,但要分析前者,挖掘消极态度中潜在的积极因素(憎恨进贡,只是无奈),重点展示后者积极的心态。如果只将"53.7%"这个不寻常的数字作为一条炒作的新闻,虽然符合选择新闻的一般价值标准,但忽略了更为重要的新闻职业道德社会责任的要求。而另一个数字"30%",标志着它业已构成了一种实在的舆论,被调查者的选择是坚定的,这应当更有新闻价值,挖掘这些正直的人的生活态度,体现真正的人生价值,固然要花费力气,但其传播效果可能是公众心灵深处的响应;而轻易炒作"53.7%",则会产生一种无益的社会心理的震动,紧接着的是更为扩大化的公众负面情绪。媒介的选择带有自然放大某种意见倾向的功能,直接影响着舆论的发展方向。

公众感到价值选择的困难,这不是一种对物的选择,而是关于物的认识。社会学家理斯曼(Riesman, D)谈到过美国生活富裕后青年人寻找生存原因和使命的历程,我国也在经历着类似的社会过程,因为"人们不能长期生活在一个没有观念力量的僵化而实际的世界"(理斯曼,1989:56)。但是,在社会变迁的条件下,公众的观念转换若缺乏正确的引导,一般会依次经历着以下五个阶段而完全走向反面:积极的不满、消极的不满、失落的惶惑、冷漠的顺从、紧张的恐惶(王海光,1995:148)。我国当前的舆论由于各个地区的发展差异,处于第一至第三阶段,引导得当,是能够转变公众失落心态的。根据近年的各种舆论调查,公众对于原有的绝对政治权威、绝对平均主义、绝对集体主义和利他主义等已经摒弃,但是新的价值观、生活态度却没有完全确立(楼静波,1993:14-18)。这种情况下媒介宣扬另一极端,诸如摒弃任何权威、绝对个人主义和利己主义,以及超出心理承受力的两极分化等,造成舆论的惶惑是必然的。

鉴于以往的教训和已有的经验,扩张正面舆论时需要注意:

1. 提供的正面价值观念是社会中确实存在的舆论,而非媒介生造,这样才可能拥有影响其他舆论的基础;同时亦要分出层次,对不同的公众对象提出不同的要求,具体、实在,能够顾及原有的信念和现实的环境,切忌大话或空洞的套话。社会上流行的观念性口号,以适应普通人的心理为主,诸如"我为人人,人人为我"、"多奉献,多索取"、"从我做起"等。

2. 从社会角色定位入手使价值取向有序、合理。舆论的惶惑相当程度上与社会角色的分工被打乱有关。一个社会如果只能依靠号召别人做好事来解决各种社会生活问题,那么基本的价值取向只能在两极选择:或做专门利人的人,或等着别人来为自己服务而毫无愧色。这对于多数人来说,做到前者太难(可以偶尔做好事),倒有可能去甘当后者,结果造成价值取向的混乱。稳定的社会秩序需要公众定位在自己的社会角色上,从本职工作做起,做合格的公务员、服务员、工人、教师、学生等,直至做合格的公民。媒介的这类讨论和报道有利于公众较快地获得一种实在的人生目标和信念。丘娥国、徐虎、李素丽等等的典型人物之所以得到公众的赞许,并非他们作出了惊天动地的壮举,而是他们模范地做好了本职工作,表达了舆论对社会风气转变的一种企盼。

3. 通过连续的评价性社会"热点",唤起公众的参与热情,从而逐步确立新的符合社会主义市场经济规范的生活态度和理性观念。社会转型时期新问题、新现象频出,其中一部分所谓"热点"是功利性的,如"下海热"、"股票风潮",它们具有趋利的示范作用,造成泛羡慕心态和仿效的社会轰动,增大普通公众的心理裂痕;还有一部分是商业性的,如各种"明星热"、"商品购物潮",也许能够满足一定的情感宣泄,但与培养理性观念无缘。正是媒介制造了太多的这类"热点",给公众带来更多的惶惑和烦恼。评价性"热点",是指那些涉及社会公正、社会整体发展、公众生活、社会道德等急需解决的社会问题,这些问题对公众具有吸引力,同时培养着他们的思考习惯,对于在新的基础上恢复公众的心态具有健康、积极的意义。

适度社会动员,强调风险、责任

社会主义市场经济对于当代中国公众来说是全新的经济形态,发展中会出现许多意想不到的问题和困难。但是当时的社会动员仍然习惯性地对带来的实际利益讲得多,而对可能付出的代价讲得不够,加上媒介对各种畸形、无规则经济现象的炒作,公众的期望值与市场经济进程中的诸多问题形成巨大落差,于是每个社会群体、行业、部门都从自身角度观察利益得失,形成普遍的"相对剥夺感",舆论情绪化蔓延,局部的舆论振荡此起彼伏。

我国学者所使用的"相对剥夺感"概念,亨廷顿称之为"社会挫折感"。他提出了一个显得矛盾的命题:"现代性产生稳定,现代化造成不安定。"(亨廷顿,1988:47)其含义是,当社会已经现代化的时候,它能够带来社会的稳定,但是传统社会向现代社会的过渡,却充满着社会的不安定。原因在于,走向现代化的社会动员总要展示未来的美好,造就"需求的形成",而实际的经济发展无论如何不可能像展示的那样迅速到来和十全十美,造成"需求的不满足",两者的差距便产生社会挫折感。他写道:"社会动员提高人们的期望,经济发展也许会提高一个社会满足这些期望的能力,因此,经济发展应该有助于减少社会的挫折感以及由此产生的政治不安定。……然而,我们从另一个角度看问题,即经济发展本身也是一个产生不安定的过程,为满足期望所需要的社会变革,实际上恰恰会提高人们的期望。"同时还有一种情况,即"从长远看,经济发展当然会创造出比传统社会更为平等的收入分配方式。但是在短期内,经济增长的直接影响往往是扩大

收入的不平等。"(同上,50、58)于是,他提出了一个公式,说明这一普遍的现象:

$$\frac{社会动员}{经济发展} = 社会挫折感(同上,56)$$

　　这是一种无法完全避免的现象,我国当代舆论的情绪化,循环攀比带来的浮躁心态、短期行为等,其主要原因即起于社会动员与经济发展间的落差。但是,事先把握这一点,尽量减小社会动员与经济发展间的落差,抑制媒介对潮流的盲目追随,还是能够做到的。我国的市场经济刚刚起步,各种新的改革措施将继续出台,需要不断的社会动员,如果媒介的"动员"适当,留有充分的余地,把风险讲足,强调相关群体和个人的责任,就有把握将可能产生的不安定因素减少到最低限度。

　　社会动员是一种重要的引导舆论的形式,适度性把握得好,可以减弱舆论的情绪化,形成适度的而非激进的激励力量。其中有两点需要把握,即公众对于当前的努力所达到的目标要实在而不虚夸,而对实现目标的概率估计,要有把握。这在社会心理学上便是一个期待理论公式:

$$M(激励力量) = V(效价) \times E(期望值) \quad (刘崇顺,1993:67)$$

其中"V"即实际目标;"E"即实现的可能性。两者愈具体、实在,舆论愈平和。一旦公众对于工作目标和实现目标可能性的估价建立在较为冷静、客观的基础上,他们的舆论将是积极的,情绪化成分会减少许多。

　　现实公众的浮躁心态和舆论的情绪化,虽然有不少基于利益分配的原因,如果以为只要发展经济,改善生活就能解决问题,而不注意及时为公众提供能够接受或看得见的精神支柱,可能会带来意想不到的社会混乱。就此,法国政治学家托克维尔(Tocqueville, A)的研究结论值得谨记:当人民忍受沉重的压迫时,并不一定发生革命,相反,当人民的生活水准有所提高、政治压迫变得不那么残酷时,社会革命却有可能发生。"恰恰是在法国经济状况改善最明显的地方,民众的不满达至顶峰"(理斯曼,1989:56;亨廷顿,1988:51)。

提供更多的社会沟通机会,适当聚合舆论

　　社会主义市场经济条件下的舆论分散化带有必然性,对于活跃社会生活、扩大思想空间是有利的。但舆论若长时间越发分散而很少聚合,同时处于矛盾、情

绪化的状态,则对社会稳定造成威胁。

　　舆论的分散是由于利益分配、地域经济发展、城乡生活环境、信息接受知觉的等差异造成的,因而大众媒介着意展示各方为美好生活而奋斗的真实历程、他们的憧憬与忧虑、他们关于外部世界的舆论的深层结构,可以在很大程度上造成一种相互的理解,使分散的舆论找到更多的共同点。

　　市场经济需要打破原有的平均主义的分配模式,但是社会主义的原则不允许造成超过限度的两极分化。公众几十年来生活于"大锅饭"的体制下,新的经济体制对于利益分配的调整,引起舆论的波动是不可避免的,不同群体利益差距拉大而造成舆论的分散也是自然的,问题在于媒介的引导工作没有跟上,哄炒个别的暴富新闻,使得本来就由于心理错觉产生的"相对剥夺感"得到了扭曲的印证。在这方面,专家的论证和调查数据十分重要,能够起到沟通各方面的作用。例如《人民日报》1995 年 4 月 12 日发表的理论文章《试析新时期利益格局变化的几个热点问题》(李培林),就令人信服地说明了实际情况,并谈到"舆论的渲染和民众的猜测"造成的误差。但是这方面的工作还是做得太少。对于确实存在的社会公正问题,媒介不懈的呼吁和对具体问题的揭露则是聚合不同群体舆论的途径,因为人们有了共同的话题,舆论和谐产生于社会公平形成的内聚力。

　　如果将亨廷顿"现代性产生稳定,现代化造成不稳定"的命题用于说明我国不同经济发展地区的舆论,那么经过多年的发展,我国经济发达地区的舆论已经开始进入相对稳定、较为健康的状态;而刚起步不久的次发达地区舆论,则处于最不稳定的时期,即所谓"现代化造成不稳定"。在这种情况下,大众媒介除了需要让社会了解次发达地区的生活和观念外,展示发达地区的新型舆论对于促进其他地区舆论的进步,具有特别重要的意义。例如《人民日报》1994 年 2 月 15 日和 7 月 12 日分别发表的长篇通讯《当代"清明上河图"》、《当代岭南文化的勃兴》(祝华新等),就生动地再现了广东舆论经过市场经济洗礼后的新风貌。这种沟通的意义就如姚俭建和叶敦平所说:"随着社会交往的发展与信息的沟通,包含现代因素的行为人格正对相对传统的行为人格起着某种示范作用。……只要我们充分利用行为人格中的'势差',带动落后地区人格的发展,就有可能在一定时期和一定范围内达到相对平衡的发展。"(姚俭建,1994:114)在一定程度上,城乡之间的沟通也应在这个意义上展开。

　　我国较快的城市化进程与市场经济的利益机制形成是同步的,因而造成一种特殊的都市舆论的分散,即群体小型化、舆论利益化、人们之间增加了疏离感。如同当年恩格斯分析伦敦时所说:"所有这些人愈是聚集在一个小小的空间里,每一个人在追逐私人利益时这种可怕的冷淡,这种不近人情的孤僻就愈是使人难堪,愈是可恨。"(恩格斯,2卷:304)人的天性是拒绝孤独、需要情感的。近几年各种媒介的报道开始注意邻里关系、社区建设、各类市民的平凡生活,着意于人们之间的理解和互助,这样的引导有利于把人的这种天性解放出来,并多了一些率真和淳朴。1995年年末,京沪穗深四城市地位意识调查显示,公众认为决定地位高低的主要因素排名,依次是能力、权力、学问、金钱、关系背景,金钱的地位被排到了后面,并非金钱不重要,而是因为多数人不再为钱发愁了。于是,便出现了分析者讲的情况:"越是经济社会往往越呼吁人情味,因为人们不想变成某种'东西'。"(李方,1996)也许,这正是城市舆论重新聚合的契机。

第六章　接受理论与引导舆论

第一节　文学接受理论：把视线
转向公众的接受

当我们谈论"舆论导向"时，几乎是理所当然地把传播者置于主导的一方。如果考察一下语言学的研究成果，我们会发现一个被人们忽略的事实：人类80％的语言行为都属于信息接受性质，即由人听或阅读；只有20％的语言行为具有发出的性质，即对别人说或写。由于这个原因，人类对别人口述和笔述的理解能力，即信息接受能力要远远大于发出信息的能力，即使对于专门从事信息发出工作的人来说，听和阅读也是大大多于说和写（纳乌曼，1989：65）。在这个意义上，研究公众接受不同形态信息的特征，把重心移到公众如何接受的方面，对于媒介引导舆论来说，显得格外重要。

另一个研究结果也颇令人注目，这就是1992年中国社会科学院新闻研究所等进行的"媒介与观念现代化全国调查"（N＝1 447）。数据分析显示，单纯的媒介接触频率并不能促进人的观念现代化，其中起作用的是所选择的媒介内容和对具体内容的偏好。就具体的传播内容而言，人们对新闻的偏好虽然能够对观念现代化起塑造作用，但强度不如传统娱乐节目大，而后者对人的观念现代化的影响却是负数（孙五三，1994）。这里出现一个问题，即文艺作品（包括影视作品）由于它所具有的特殊的情感力量，对现有舆论的影响力大于直接的信息传播和劝服性传播。我们强调正确的舆论导向，目的之一是使舆论从传统走向现代，适应社会主义市场经济的新环境。在这个意义上，需要较多地关照文学艺术作品对于形成积极舆论、转变消极舆论的作用。

文学艺术对舆论的影响是潜移默化的,同时又是深刻而长远的;对于情绪型舆论的影响,它也显示出特别的效力。不少文艺理论家都注意到这一点,例如美国的韦勒克(Wellek,R)、波兰的英伽登(Ingarden,R),在不同年代说出了差不多相同的话:人在现实中是受压抑的,文学艺术的功能就是让人松懈或摆脱压抑的情感,通过观赏或阅读将情感集中于作品上,留下"心灵的平静",或"感受到一种宁静",领悟隐蔽在作品深处的形而上学品质,让文学之光穿透心胸而幡然醒悟(韦勒克,1984:28;胡经之,1988:228)。

但是,当人们谈到这一点时,通常指的是作者和作品的作用,谈的最多的是作家的责任、作品的创作和"社会效果",至于接受者公众,似乎只需引导他们"正确"地理解作品就可以了。其实,作品产生的效果中,有相当一部分是接受者在阅读中自己创造的。在这方面,20世纪六七十年代从德国起源的文学(或美学)接受理论(die Rezeptionsasthetik),在以往的阅读现象学、阐释学的基础上,对此进行了深入的探讨,尽管对此有不少商榷性意见,但它提出的基本问题大大改变了国际文艺理论的面貌,不论哪个学术派别,都不能不考虑接受者的作用。近一二十年国际学术会议上关于接受理论的研究论文日益增多,专门的大型会议也举行过多次。了解接受理论的一些观点,有助于深刻理解文艺接受过程中接受者的特征,对于媒介如何引导舆论,具有重要的理论借鉴意义。

第一文本和第二文本

这是文学接受理论的理论前提之一。1967年,德国康斯坦茨大学的学者尧斯(Jauss,H)在一次国际学术会议上宣读的论文《文学史对文学理论的挑战》,简要而全面地阐述了文学接受理论的七个基本观点,从而标志着这一学派的诞生。一般人认为,文艺作品(包括影视作品)就是审美对象,审美对象亦是文艺作品。接受理论首先区分了两者,指出:作品只是作家创作的文艺制品,即第一文本;而被读者印入脑中,经过领悟、解释、融化后再生的艺术情感和形象,才是真正的审美对象,即第二文本。没有与读者发生联系的第一文本,可以承认它是作品,但是也得承认它没有对读者产生影响,没有实现自己,也就失去了影响舆论的意义。与读者发生联系的作品已经不是孤立的存在,而是读者对象化了的作品,读者将自己的思想感情、意象与作品融为一体,从而构成了作者与读者共同创造的新的"作品"(张廷琛,1989:序33;胡经之,1988:275-276)。

　　这种观点与一般的信息社会效果论的不同点,在于效果论中的传播者和作品是独立的、主动的,而接受者是被动的;而接受理论认为,不应局限于读者群如何受作品影响,许多审美效果是读者自己创造的,这种效果一定程度上要由读者自己负责。例如一部《红楼梦》,经学家把自己的知识、情感因素加进去,就将小说对象化为"《易》"的《红楼梦》;其他情况下,还会出现"阶级斗争"的《红楼梦》、"淫"的《红楼梦》、"缠绵"的《红楼梦》等,不一而足。因此,一位文学接受理论的阐述者格林(Grimm,G)开列了以下一个公式,简单地表达了这一学派的理论前提:

$$S=A+R$$

S指文本的意义结构,A指作者赋予的意义,R指接受者所领会、赋予的意义。其中A是恒量;R是变量,随读者的不同水平而变化,在S中的地位举足轻重。经过他的演算,最后竟得出了"S≈R"的有些偏颇的结论(格林,1985)。

　　区分第一文本和第二文本,目的是强调文艺作品与一般的讯息作品影响舆论的差别,强调读者与本文的交流。作为接受理论先驱的阐释学认为,文学不仅是信息资料,也不仅是供人欣赏的花瓶,而是一种自古以来的精神形态,人的生命之流的表现,人生体验的产物,因而它本质上是交流的,能够沟通生命与生命之间的联系,促进人与人之间的交流(胡经之,1988:244)。接受理论重点研究第二文本,对此作出了相当深入的理论分析。另一位接受理论的著名学者伊泽尔(Iser,W)指出,文艺本文与一般的讯息本文的一个不同点,就在于它具有"交流能力",可以使读者在阅读它的时候体验到,而不是认识到某种当前世界不存在的,或者读者尚未意识到的东西,而一般的信息本文是以材料的形式存在的人类的认识成果,不具有文艺本文的交流功能。他写道:"在阅读中我们能够体验不复存在的事物,能够理解对我们来说完全陌生的事物;现在需要研究的正是这个令人惊奇的阅读过程。"(伊泽尔,1988:17、25)

　　从信息通道的角度看文艺本文与读者之间的互动,也有些不同一般。一般的讯息本文到达接受者,尽管会有不同程度的"噪音"干扰,但传播通道是单一线性的,所以有著名的"拉斯韦尔线性传播模式"。而文艺本文是通过两条通道传播的：直接的文字（或声像）传播、无形的情感传播。文字（或声像）方面引导读者的反应，限定了读者主观想象的领域，而情感方面则要由读者根据本文的预先构造来实现。就此伊泽尔说："信息在文学作品中是通过两条信道传播的，读者通过构造它来'接受'它。在这里不存在共同的编码——顶多人们只能说共同的编码会在阅读过程的进行中产生。"（同上，28）

在这里，接受理论所专注的文学作品对读者（也就是舆论的主体公众）的影响方式，或者说读者接受作品的方式，是与一般讯息的"传播—接受"或"刺激—反应"模式很不相同的。如果希望媒介上的文学作品正确地影响舆论，必须要研究读者接受文学作品时的特殊的交流方式。

本文的召唤结构

"召唤结构"（die Appellstruktur）原是英伽登阐释学理论中的一个概念，接受理论学派用它来说明作品的虚构与陌生化、作品中的不确定性、空白、一定程度上对读者已有观念的否定等结构，所构成的呼唤读者去完成未尽之意、或完全进入情境的态势。由于文艺作品的内在结构与一般讯息作品结构的这些差异，给予了读者相当大的参与"创作"的余地，所以文艺作品的传播效果需要由本文的召唤结构与读者阅读时的响应结合，才能产生。召唤结构既激发了读者的再创造性，同时又限定了读者的想象不能逾越本文的潜在含义。就此伊泽尔写道："效果和响应既不是本文的特性，也不是读者的特性；本文所提供的是一种潜在的效果，在阅读过程中才得到实现。"（同上，1）召唤结构的表现形式是多样的，其根本原则是造成本文与读者间的不对称，从而形成交流。

文艺本文的结构与信息论和感知理论的参照系也不同，它是虚构的，而后者是真实的。读者与本文的交流过程恰恰同接受真实的信息相反，不是确认信息和搜集材料的过程，而是根据已有的正在阅读的本文，扩展与创造新的属于自己的本文。虚构的文学本文与读者之间有一道鸿沟，即读者的不可体验，恰恰是这道鸿沟成为交流的基本诱因。文艺本文的特点是形象化，所以伊泽尔指出："作为一种交流结构，虚构既不和它所参照的现实一致，也不和它可能存在的读者的倾向相同，因为它不仅把人们关于现实的占主导地位的概念形象化了，而且也把它所预期的读者规范和读者价值形象化了。正是因为它不同于世界，也不同于

读者,它才能进行交流。"(同上,247)

　　使人们熟悉的东西"陌生化",是本文引导读者进行自我创造的基本的策略性功能。伊泽尔强调:本文"并不单纯是一种给定的本文特征,而是一种能够使读者从他习以为常的惯例框架中挣脱出来的结构,……读者只有在陌生的环境中,而不是在他固有的条件下(类比推理),被迫形成本文的意义,他才能把他以前在有意识的心灵中无法系统表述的、他的人格层次揭示出来。"(同上,68)文学作品需要重新唤起对日常生活的新鲜感觉,那么就要超越读者已经熟悉的东西,将日常生活中的东西强化、凝聚、扭曲、缩短、拉长、颠倒,从而使得读者更新习惯反应,感受到一个相对陌生的世界。陌生化并不仅是一种技巧,而是以这种形式将新的经验和观念赋予读者,影响他们原有的经验,进而影响信念、态度。这种逻辑关系就如伊泽尔所说:"当熟悉的东西被超越、或者被逐渐损害时,经验才能产生;这些经验是从改变或者曲解已经是我们的经验的东西的过程中产生的。……我们的过去仍然保持着我们的经验,但是现在发生的事情是,它开始和我们到目前为止尚不熟悉的本文存在相互作用。……获得经验并不是一个累加过程——它是对我们已经具有的经验的重新构造。即使在日常生活层次上也可以看到这一点。"(同上,178)

　　文学艺术的描写性语言比说明和解释性语言具有更多的不确定性。对读者来说,文艺本文需要含有适当的不确定性,才可能引起交流。这种不确定性有两种基本结构:"空白"和"否定"。所谓召唤结构,主要指的也是这两种结构。它们以不同的方式控制着交流过程,引起读者在阅读时产生一种自然的"完成"它、或者"协调他我"的欲望。关于这种接受心理,格式塔心理学(gestalt psychology)已经做出了相当完善的论证(阿恩海姆,1987:前言2-9、15)。

　　文艺本文中的形象描写、情节转换、突然中断等的开放状态,经常激发读者自己去填补意义的空白。接受理论对空白的定义是:"存在于本文之中的、受到本文悬置的可联结性。"(伊泽尔,1988:271)空白对于读者接受的作用在于:"通过阻碍读者建立本文的连贯性,空白把自身转化成激发读者观念化的动因。从这种意义来说,空白在文学交流中发挥的是一种自我调节结构作用;它们所悬置的东西转化成了推动读者想象力的力量,使他提供曾经受到本文抑制的东西。"(同上,266)这样,读者就在阅读过程中参与着本文的创造工作。

对读者已有的信念、态度,或者社会流行的观念、习俗规范,以文艺本文特有的形式予以适当的否定,给读者既定的观念造成一种思想的冲击,这即是所谓本文的否定结构。它造就了一种观念上的暂时不协调,于是激发起读者参与其中,追求心理平衡。接受理论对于否定的研究十分深入,伊泽尔写道:"如果本文否定了这些规范的有效性,那么这种感知就会变得更加强烈。……这样一种否定造成了一个具有能动作用的空白,因为规范的这种失去意义,表明了被作者选择来的规范之中存在的缺陷。所以,读者被迫发展一种特殊的态度,这种态度使他能够发现被这种否定指出、但是却没有得到本文系统表述的东西。"(同上,291)在这种情况下,读者同样需要积极参与本文的创造工作,并且不知不觉中接受了本文的引导。需要说明的是,文艺本文的"否定"不是一般宣传意义上的,而是一种艺术形式,"不存在对整套规范的全面排斥。但是,这里却存在得到本文策略仔细引导的、对规范的部分否定,这些否定把规范那些有问题的方面突出表现出来,这样就为读者指出了重新评价这些规范的道路。"(同上,292)

文艺本文特有的空白与否定的结构,对于引导舆论有特殊的意义。就此伊泽尔的一句话值得注意:"它能够在读者的心灵中、并且通过读者的心灵经历一种受到引导的转化。"(同上,297)

文艺本文的召唤结构还会造成作者思想由读者"主观化"的现象,这是文学艺术接受中又一特殊的现象。当读者完全进入本文营造的情境时,阅读消除了主体—客体的区分。笛卡尔当年的名言"我思故我在",曾经是理性主义舆论形成观的基础(参见第二章第一节),而在读者深深地进入文学本文时,却变成了"我思故他在"。阅读现象学的一位研究者鲍列特(Poulet,G)描述的情形,得到了接受理论的赞同,他写道:"在这里,我正在思考一种显然属于另一个精神世界的思想,它在我这里得到思考,就像我不存在一样。……不论我什么时候阅读,我内心中都发出一个我的声音,但是,我发出声音来的这个我却不是我本身。""这就是我通过我的意识受它支配,我召唤来使每一部作品成为存在的特有条件。我不仅给了它存在,还给了它关于存在的意识"(同上,209)。

这种现象再次证明读者如何赋予本文以思想的存在(第二文本),同时也揭示了文学作品影响读者的特有优势。例如"感动"这种情绪反应,就是在读者主观化的情形下出现的:"主体和他自身的分裂(这种分裂在阅读中导致了一个被阅读过程和谐地构造出来的人），不仅使主体自身能够出现在本文之中，而且它还造成了一种张力，这种张力表明了主体受本文感动的程度。"（同上，213）这种情形能够唤起读者心灵中的潜在意识，引导他们走近崇高。就此伊泽尔说："本文的意义揭示了以前一直被封闭在我们的心灵之中的东西。当主体被迫与自身分开时，由此而产生的自发性就被本文以这样一种方式（它被转变成为一种新的、真正的意识）引导和塑造。"（同上，214）

期待视野、美学距离和视野转换

　　读者在阅读文学作品之前和进入阅读状态之时，其意识并不是空白的，而是具有了某种思想倾向、社会经验、审美要求等。一旦与具体的作品发生联系，这种已有的意识（如果作为群体的意识，按照李普曼的说法，即是舆论。参见第一章第一节）会对作品进行补充、拓展、抵制等，对理解作品起到指导、制约、限定等不同的作用。相对于阅读的文学本文，尧斯借用德国当代哲学、社会学的概念，将这种意识称为"期待视野"（der Erwartungshorizont，我国有的研究文章译为"期望阈"），意在说明读者的主动性基础。他把期待视野分为"生活的"和"文学的"两类，生活的期待视野包括读者的生活经历、社会地位和状况、教育水平、性格气质、价值观和道德观等等；文学的期待视野包括以往的阅读经验、审美观和审美情趣及素养等等。实际上他讲的是读者广义上的阅读经验和接受准备，借以说明读者在意识和下意识中所接受的一切信息，都会影响对文艺本文的接受活动。期待视野不同，可能会导致不同的阅读需求，引起对同一本文意义和内容接受的差异。另一位接受理论的研究者鲍埃尔（Bauer, W），采用实地调查的方式，根据调查分析将期待视野划分为三个方面：语言经验，包括对语言的运用和理解能力；文学阅历；个人情感倾向，主要指社会与文化两个度向（张廷琛，1989：序41）。

　　与一般的信息接受不同，并非读者的期待视野与文艺本文愈一致，接受兴趣便愈强烈。如果阅读的作品与读者的期待视野完全一致，读者反而失去了阅读的兴趣，只有所阅读的作品一定程度上超越、校正了期待视野的时候，读者的阅读兴趣才可能被调动起来。但是，如果作品过大地超越、校正读者的期待视野，它的吸引力同过于接近期待视野的情况相同，读者也不会产生阅读兴趣。于是，接受理论提出了文艺本文与读者间的"美学距离"概念。格林(Grimm，G)还就这个概念作了一幅图，如图 6 - 1 所示。

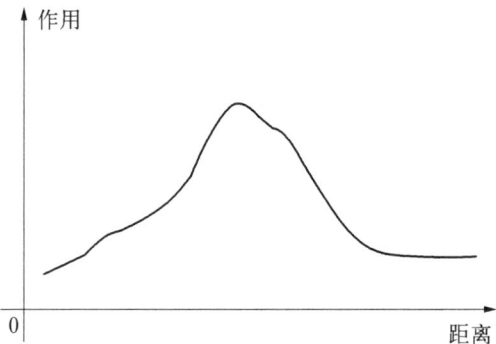

图 6 - 1　格林"美学距离"

　　由图 6 - 1 可见，当距离为 0 时，文艺本文对读者的作用(引起反应)也为 0；随着距离的展开，本文对读者的作用亦开始呈现，在距离的适中位置，作用达到最大值；随着距离的继续拉大，作用趋于持续下降。只有适中的距离，才谈得上产生作用，顺利接受或是抵制接受(格林，1985)。

　　接受理论其实也很重视文艺本文对读者的影响力，他们并不认为读者的期待视野是一成不变的。如果美学距离适中，本文的召唤结构同时发挥作用，就有可能改变读者的期待视野。于是尧斯又采用了德国现象学哲学家胡塞尔(Husserl，E)提出的"视野转换"(der Horizontwandle)概念。他就此写道："如果我们把给定的期待视野和一部新作品的外貌之间的差距描述为美学距离，而对该作品的接受能够通过对熟知经验的否定，或通过将新的相关经验提高到意识的水平，最终'视野转换'，那么，这种审美距离就能顺着读者的反应和批评的判断(当时立即获得成功、遭到推拒或造成震惊，零散的褒扬，逐渐的或推迟的理解等)的范围而被历史地具体化。"(尧斯，1989：9)他认为，文学具有特殊的社会成就，可能改变原有的舆论，造就适应新环境的舆论。他以历史为镜继续写道："如果我们观察历史的各个时刻，在那些时刻，文学作品使占支配地位的道德戒律崩溃，或者向读者提供对其生活实践的道德诡辩某种新的解决，而此后，这种新解决能被社会上所有读者的舆论所认可。"(同上，42)

文学接受理论对舆论导向的启示

以上仅涉及接受理论的几个主要的概念,但是已经显示出读者—公众在文学艺术接受中的复杂情形,以及文艺影响舆论的许多特殊性质。文艺的影响力形式上似乎没有大规模的新闻报道、政治宣传和商业广告攻势那样直接,但是它的影响效果更加持久而广泛、渐进而深刻。

接受理论对于舆论导向的启示可以有以下几点:

(1) 我们较多地侧重让读者如何正确理解、领悟作品的"本意"(其实文艺作品的多义性是它的本质特征之一),而忽略了文艺接受中读者自身的创造性联想、想象、意象、意会等接受过程造成的影响舆论的力量。从这个角度考虑对舆论的引导,方式应当是间接的,而作用可能是深刻的。

(2) 文艺的社会效果,不仅仅是作者和作品带来的,读者接受过程中的创造占有不小的成分,社会效果的一部分是读者造成的。努力提高读者的审美素养,而不是为了一时的"稳定",将作者和作品的较高审美水平降低到防止读者误读的程度,这是把握舆论导向时需要长远考虑的问题。

(3) 文艺是一种特殊的信息形态,接受理论中探讨的美学距离、文艺本文召唤结构的各种形式,将有助于我们理解文艺与一般信息"传播—接受"的差异。简单地把一切文艺归结为宣传,无助于充分运用文艺形态来正确地引导舆论。

把文学艺术影响舆论的视角移到读者—公众方面,将有助于改善我们的一些简单的政治宣传式的引导方式,这对于有效地转变社会变迁时期我国舆论的惶惑、浮躁和不稳定等问题,促进生成健康、稳定的良性舆论的循环过程,具有重要意义。

第二节　我国公众文艺接受的特征与引导舆论

在改革开放的新环境中,我国的作家们早在 20 世纪 80 年代就注意到接受理论对文艺创作的意义,刘心武就此对记者说:"我在寻求什么?这不能不涉及到接受主义美学对我的启示。过去我们所习惯的古典作品,是由作者独立完成的。作者往往把作品写得很完美,很周到,很富于情感,他能够引导读者随着他的主人公一起哭,一起笑,一起沉浮。这样,读者几乎等于被作者所控制。接受主义美学,则反对这种控制……读者再创造得越丰富多样,作品也就越成功,它的价值也就越体现得充分。"(刘心武,1985)进入社会主义市场经济的发展时期,由于大众传播媒介已经成为公众生活的背景,文艺接近读者—公众得以转化为一种现实。王德胜在分析这种情形时写道:"大众传播的强制性权力正在持续而有力地瓦解着艺术作为贵族化享受的奢侈形式;电影、电视、广播、报刊、音像制品等在引导人的艺术消费过程中,促进了艺术与大众之间的相互亲近:艺术成为大众可以共享的日常生活对象而非少数部分人自我陶醉的领地。……直接具体地满足着日常生活各层次的欲望、需要和追求,表现、象征大众文化的现实状态。……艺术家不得不考虑如何把大众接纳到艺术活动之中这一'创造与接受同构'的问题——通过大众传播,'大众'成为艺术活动的本质要素而进入到艺术过程。"(王德胜,1996:120-122)

目前我国公众文艺接受的特征

那么,目前我国公众的文艺接受表现出哪些特征呢? 如果从不同角度归纳一下,可以有以下几点:

(1) 提供丰富的感情,成为对文艺作品的首要要求。当舆论表现出惶惑、浮躁和不稳定的特征时,公众在社会竞争中需要文艺提供的是温情、诗意的精神解脱。文艺主要通过大众媒介而接近了大众,但是它面对的已不是过去数量不多但审美素养较高的中高层公众群体,而是数量巨大、每天围坐在电视机、电脑旁边的普通公众。他们可能没有较高的文学艺术的眼光,但是情感要求却很强烈,没有持久的耐心但有强烈的享受动机。

(2) "直观—感知"成为主要的接受方式,过去文化精英式的"阅读—思考"接受,转向了凭借大众媒介直接感知艺术。于是,文艺作品不再是纯粹的"他在",不必依赖太多的智力因素。现实生活中的物欲膨胀,也有一种取消人们的理性空间、减弱创造性的趋势;当下的生活享受和消费的丰富诱惑,掩盖了精神领域深度追求的匮乏、文化历史感的衰退。

(3) 审美包装化。随着传播技术的本体化和大众传播的持续泛化,文学艺术与大众日常生活的界限变得模糊了,原有的艺术"审美"失去了它的独特精神价值和唯一性,普遍地成为整个社会文化和大众日常生活本身的直观形式。现在阅读小说、看电影和电视文艺节目、听音乐等,不仅仅是"审美"活动,而且人们还用以证明自己生活方式的"审美化"。

（4）自由选择所要接受的文艺作品,成为一种公众态度,即舆论的表现形式。市场经济造就了一类规模化的、工业流程式的大众文化,它们在数量上占据着文化市场的较大份额。在目前公众的审美素养相对低的情况下,他们的选择对于文学艺术家和文化商人的反馈作用,孕育着一种较低层次文艺作品的循环再生圈。

以上几种文艺接受的特征,从不同角度潜在着对人文关怀、生命价值意识、理性和永恒历史的拒绝。在拒绝这些"沉重"的接受之时,公众实际上也以十分矛盾的心态承受着生命中的"轻","拒绝意义"的危机中萌发着对意义更强烈的需求。因为解脱式的情感需求、直观的轻松接受、形式主义"审美化"的包装,以及跟着感觉走的选择,往往使人在丰富的文艺感性陶醉之中无所依旁。这就如一首歌唱的:"匆匆走过曾经的岁月,却不曾拥有梦中的一切,所有的往事已不堪回首,只好盼望望另一个未来。"（吕国梁:《另一个未来》）于是,随后便出现了第五种文艺接受的特征——

对社会生活、自身生存状态、发展前景的意义需求,以及对社会文化的批判要求,也变得强烈起来。人们需要理解和评价自己,在文艺接受的时候把其中的世界同自己的世界组织在一起,镜式地反观自身,构造自己生存状态的形象,希望得到当下的精神依托和说明,以及对未来的把握。

我国公众传统的文艺接受特征

这些当代的文艺接受特征,形式上几乎是对我国传统文艺接受特征的否定。但是在实际接受中,传统的接受心理依然不知不觉地支配着公众。这里参照马以鑫的归纳（马以鑫,1995: 53 - 56）作一描述:

（1）伦理化。扬善惩恶,善有善报,恶有恶报等,一向是我国古代文艺理论和作品的基调,道德判断往往高于文艺欣赏本身。当人们接受文艺作品（包括影视）,在为主人公扼腕、叹息、唏嘘、请命之时,其判断标准多少还是固有的伦理观念的延续,诸如忠孝节义之类的当代泛化。如果出现一些人们所不能接受的道德内容,无论作品是否经典,是否革命的主旋律,最初都会受到抵制或遭到明显曲解。例如《红楼梦》,只是改变了好人全好、坏人全坏的道德论写法,于是便出现鲁迅所说的情形:"反对者却很多,以为将给青年人以不好的影响。这就是因为中国人看小说,不能用鉴赏的态度去欣赏它,却自己钻入书中,硬去充一个其中的角色。所以青年看《红楼梦》,便以宝玉、黛玉自居;而老年人看去,又多占据了贾政管束宝玉的身份,满心是利害的打算,别的什么也看不见了。"(鲁迅,1973:307)这里除了说明接受中的伦理化特征外,亦引出了另一个接受特征——

(2) 实用化。我国传统的儒家信息传播观念中,实用理性是十分突出的(陈力丹,1995),对于文艺作品,同样要求文以载道,特别讲究映照人生世态。发展到现代,便有接受中的比附(对号入座)、要求立竿见影,读了就要有收获等表现,较极端的,甚至能够将几部文艺作品的功用,在较长时期内与兴邦、丧邦联系起来。市场经济条件下则出现另一种表现,如王德胜所说,审美的现实感变成了"有用性"的愉快感,"美"在艺术话语里变成了一种"对快乐的承诺"(王德胜,1996:48-49)。

(3) 故事化。文艺作品艺术性表现应该多样化的,但是我国传统的文艺作品,受传统思维方式的影响,形成了一种叙事套路:有头有尾的故事,开端→发展→高潮→结束,时间、地点、人物明确无误;故事结构则讲究对称(浦迪安:1996:72)。这种历史传统也造就了习惯于这类故事套路的读者或观众,人们追求真相大白或大团圆的结局,其深层的原因如同鲁迅所说:"中国人底心理,是很喜欢团圆的,所以必至如此,大概人生现实底缺陷,……倘在小说里叙了人生底缺陷,便要使读者感着不快。所以凡是历史上不团圆的,在小说里往往给他团圆;没有报应的,给他报应,互相骗骗。——这实在是关于国民性的问题。"(鲁迅,1973:283-284)

(4) 正剧化。由于我国传统的文艺作品大多需要体现现世观念,因而内容以严肃著称,很少震撼人心的悲剧,缺乏幽默、意味深长的喜剧。于是,受这种氛围熏陶的普通读者或观众,很难从审美角度欣赏世界著名的悲剧和喜剧,倒是传统的插科打诨式的丑角喜剧小品,由于现代人生活节奏的加快,需要轻松愉快而得到迅速发展,以致"生活成了一堆小品"(王德胜,1996:190)。这也许是在传统内的对正剧化的一种现代回应。

(5) 从众化。由于历史的原因,我国公众对于当代文艺的接受往往缺乏独立的审美意识,多数人在接受文艺作品时习惯于追随社会上一时的阅读或观赏时尚,缺少富于个性的文艺兴趣,于是在近十几年内形成一个接一个的某一小说或某种文学"热"、某部电影或电视剧"热"。

这些传统的接受特征,随着改革开放的深化和公众审美能力的逐渐提高,有些正在消亡,但作为一种文化传统,不会很快消失,会以各种新的形式再生。这里很难用正确和错误、进步和落后等是非标准来衡量,需要的是融入现代审美意识,同时又富于民族特性。

依据文艺接受特征对舆论的引导

研究文艺接受的目的,强调的是读者通过接受中的自我创造获得一种"净化"(拉丁词 Katarsis),既包含文艺的陶冶和审美的提高,也包含增强理解世界的能力,从而作用于社会行为。就此尧斯写道:文艺接受既是"日常生活的一种补偿",更是"更新对于外部现实和自身内部现实的感知认识方式,获得看待事物的新的方式和经验"(尧斯,1986)。在这个意义上,根据读者—公众的现实文艺接受特征,讨论媒介如何引导舆论,将有助于使引导科学化。

一、构造文艺本文的召唤结构,无形中促进舆论的转变

目前我国大众媒介渠道(包括文字和音像出版社、杂志社、报社、广播电台和电视台、电影公司等六种)的文艺作品,有不少属于"好看"之作,它们能够适应读者的接受特征,或以铁血动作直接刺激感官、以言情酿造温情的氛围,或者实话实说地复原现实大众生活的烦恼与无奈,或者赋予艰苦创业以浪漫的幻想色彩,从各个方面努力贴近日常生活。这些都说明作者确实有很强的"读者意识",对于读者的现实接受特征是清楚的。但是除了可以满足公众一时的情感幻想或情绪宣泄外,实际效果是持续强化着人们的浮躁情绪,并不利于对舆论的正确引导。原因在于文艺作品与大众生活之间的价值完全抹平了,完全顺着读者的接受情绪,虽然好看,但不经回味,因为读者接受中很少发生与本文之间的交流。作者的"读者意识"基本是一种商业眼光,与注重读者的艺术接受尚有距离。对

此,尧斯从"美学距离"的角度评论道:"一部作品,越是接近'烹饪'艺术或娱乐艺术的范围,这种距离越是缩短,而且不需要接受意识转向未知的经验视野。娱乐艺术作品可以用接受美学描述为不要求任何期待视野的改变,而只需要准确的完成由占支配地位的鉴赏趣味标准所规定的期待,便可以满足复制人们熟知的美的愿望。"(尧斯,1989:9)

读者的接受特征是现实的,不论喜欢不喜欢,作者和他们的作品只能接近它才能引起读者的注意,从而实现自身。问题在于要造成作品与读者间的不对称,努力构造本文的召唤结构,形成适中的美学距离,调动读者与本文交流的积极性,既要好看,又令人回味,有所感悟。

文艺作品具有这种能力,如同符号学家卡西尔(Cassirer,E)所说:"我们的审美知觉比起我们的普通感官来更为多样化,并且属于一个更为复杂的层次。在感觉知觉中,我们总是满足于认识我们周围事物的一些共同不变的特征。审美经验则是无可比拟的丰富,它孕育着在普通感觉经验中永远不可能实现的无限可能性。"(卡西尔,1985:184)例如表现公众的日常生活,完全地复现等于时事报道,能够引起与读者交流的文艺本文,则具有使日常生活陌生化的结构特征,留有空白,特别注意提供对于读者既定经验和观念带有否定意义的成分,这就比纯粹的审美包装更容易在读者"直观—感知"的接受方式中,首先留住他们的目光,并通过"否定"结构,促使读者不知不觉地参与本文的创造。在观念运动中,接受者将获得的经验无形地与自己已有的经验和观念融合,重新构造着自己的经验和观念,这种效果即前面讲到的"通过读者的心灵经历一种受到引导的转化"。不仅要实话实说地再现生活中的烦恼与无奈(这即是现实生活中的一种情绪型舆论形态),更要通过文艺本文的否定结构,将反映的公众情绪,通过公众自己转化为带有理性色彩的情感认识。

伊泽尔曾经以 18 世纪女作家珍妮·奥斯汀(Austen,J)的作品为例,说明文学本文如何通过平常生活小事对读者产生引导作用。他指出:"在阅读过程中发挥作用的本文指导性设置必须引起交流,……它是由本文实施的,但是它却不在本文之中。"接着他引证关于奥斯汀小说的分析家的评论:"她所提供的显然是一些琐事,但它们却在读者心灵中扩展。它们为那些外在地看极为琐碎的生活场景提供了最有生命力的形式。人物始终受到重视。……迂回曲折的对话总使我们处于焦虑的悬念之中。我们的注意力一半在现在,一半在未来。……"(伊泽尔,1988:227-228)因为在她的小说中,充满着让读者思考的"间隙",琐屑的场面出人意料地深奥。这是一个范例,即如何在描写普通人生活的文学本文中设置较好的召唤结构,激发读者参与较高层次的创造,而不是仅仅追随读者。

二、减少文艺本文的教诲意味,用艺术魅力感染人

目前通过大众媒介传播的文艺作品中,有不少内容虽然健康,但却很少有人阅读或观看,其主要原因是教诲意味浓厚,而艺术制作粗糙。在这方面,文学接受理论的分析将有助于说明这类作品失败的原因。伊泽尔多次谈到,任何文艺本文的材料都含有两种成分,即社会规范与文学引喻(同上,110、115、117)。前者构成了我们常说的文艺能够引导舆论的基础,而后者则构成文艺引导舆论的特殊方式。前面已经谈到了后者,这里重点分析一下前者。

伊泽尔回顾了从欧洲中世纪的虔诚文学、教诲文学到当代的各种主题小说和宣传文学,它们有一些共同的特点,首先,通过主人公揭示必须遵守的规范,无论次要人物缺少什么,都会得到主人公的补充,而不论主人公缺少什么,他都会学着为自己补充,次要人物的规范则或快或慢地消失在主人公的规范视野中。它们的功用不是展现与外部思想体系竞争的审美客体,而是为特定思想体系的缺陷提供一种补偿(同上,137-138)。

其次,作者将自己理解的礼仪和优良教养的法则,清晰地表现出来,这种情形造成本文的单一意义,结果便把审美效果等同于意义汇编,审美经验很可能导致非审美的经验,带来读者的厌恶(同上,144、30)。

第三,完整地接受读者群体已经熟悉的、规范的思想体系,以适应读者。为了教诲的意图,本文能够帮助读者构造预期的适应读者群体规范的感知模型,通过开放的、简单判断是与非的技巧,保证给定的内容对于读者将成为现实(同上,259-260)。关于这一点,尧斯这样描述:"印合熟知的情绪,认可合乎心愿的观念,……提出各种道德问题,就像回答预先定好的答案那样去'解决'它们。"(尧斯,1989:9-10)

文艺的接受与一般的信息接受很不相同,前者出于情感和享受的需要,后者出于守望环境、积累资料的需要。主题完整、公式化、概念化而缺少召唤结构的教诲文艺本文,如果说在封闭的条件下它曾经拥有过读者的话,那么在开放的、

有无数参照系的环境中,它必然失去吸引读者接受的条件。文艺本质上是反对说教的,"在艺术的一切功能中,审美作用应该是艺术最重要,也是最根本的功能。"(何新,1987:2-3)特别在当代,人们接受文艺的出发点是愉悦,接受方式是自由选择,只有找到了适应自己需要的作品,才谈得上引导和效果问题。鲁迅很早就注意到这个问题,他说:"文艺所以为文艺,并不贵在教训,若把小说变成修身教科书,还说什么文艺。"(鲁迅,1973:286)

任何主观意图很好的文艺本文,它发挥引导作用的条件首先就是能够激发读者的感知能力。伊泽尔写道:"任何成功的传输(尽管它是由本文始发的)都依赖于这个本文所能激发的每一个读者的感知能力和处理能力。虽然本文可以把可能存在的读者所具有的社会规范和价值结合得相当好,但是,它的功能实际上却不是单纯地表现这些材料,而是运用这些材料促成读者对它的理解。"(伊泽尔,1988:143)

问题还不仅在于教诲文艺本文很少接受者,随着读者鉴赏能力的提高,这类作品往往成为一种特殊的舆论客体——公众嘲讽的对象,公众可能警惕地封闭心灵,拒绝这类本文,连同其中包含的正确"意义"在内。用伊泽尔的术语,就是:"读者就会转而想象一种本文给定的决定的过分要求所意味的东西。这样,这种小说的意图就落空了,读者也就不能被它'改变信仰'了。"(同上,260)

三、利用传统的文艺接受特征,融入引导舆论的正面内容

我们不可能摆脱传统,那么利用传统的文艺接受特征影响舆论,就是题中之义。例如伦理化,这种习惯性思维方式不可能很快改变,但是,把握道德内容的变化分寸、用新道德抵制旧道德、为暂时的道德失落填补适应社会主义市场经济的道德准则,则正可以利用读者文艺接受中对于道德的关注,通过文艺本文引导舆论。特别是那些特殊环境(战争、事故险情、生死别离等等)下自觉的道德自律选择,不仅是文艺表现的很好题材,而且对于净化公众心灵具有强烈的震撼作用。现在的问题是,顺应现实道德失落的情绪、再现古代陈旧道德的内容太多了,而正面融入社会主义理想情操的内容太少了。

人们接受文艺,往往自觉不自觉地把故事的世界同自己所处的世界联系在一起。文艺本文是与实在的世界平行的符号世界,但它也是人们现实经验的延伸和转喻。在这个意义上,文艺接受中的实用性完全可以利用来为读者构建他

们能够接受的各种正面形象。人们行为动机的背后,深藏着塑造自我人格的心理需要,而正是众多的文艺作品中的形象,为他们提供着最多的理想素材,人们的行为中实际上不少是对作品中具体形象的模仿、响应、回答、反叛等。

　　故事化的接受特征与我国读者相对低的审美水准相关,改变这种接受习惯是较困难的,但利用这种接受习惯正面影响舆论却是可能的。高小康认为,像"大团圆"这类典型的故事化接受特征,它的"浅薄庸俗在于它的具体动机缺乏现实感,带着自欺的幻想性质。但从心灵本质上看,'大团圆'是各种故事行为的归宿,是人格需要的非人格化表现"(高小康,1993b:92)。特别在社会变迁的历史时期,这类故事化的形式不断弱化着人们的心理不平衡,对于稳定舆论还是有利的。

　　至于正剧化,将世界和我国近代的名著名剧赋予"正剧"的名义,转化为各种影视,公众的接受是积极的,尽管对于原作的意义可能带来一些扭曲,但对普通公众来说,则是审美能力的一种提高。从众化也并非就是坏事,在目前总体审美水平不高的情况下,如果围绕主旋律的作品形成一定程度的从众,对于影响舆论是有意义的,只是需要把握分寸,避免再度造成不正常的"舆论一律"。

　　无论怎样利用传统的接受特征,需要谨记的是:必须构造文艺本文的召唤结构,防止将文艺等同于政治宣传。对于读者来说,他们的自由选择本身即是一种态度,如果通过文艺引导舆论,那么这种自由选择便是关于引导舆论的舆论。

第三节　讯息性本文的接受与引导舆论

　　公众对大众传播媒介所持的是一种平视心态,后者提供的讯息本文若要对公众产生影响,相当程度取决于接受者与传播者的合作。龚文庠曾以电视演讲为例写道:"主方在电视上发表讲话时,不管以如何尊严的面目出现,观众都可能在内心(或公开)对主方的形象、观点进行批评,因为客方从心理上认为自己与主方处于平等地位。"(龚文庠,1994:247)在这个意义上,美国学者拉森(Larson,C)就讯息本文"意义"的产生,提出了说者与听者"意义共建"(co-creation of meaning)的观点,认为听者在接受讯息时的"自我说服"是构成本文意义的重要一环。而另一位学者赛门斯(Simons,H)为了强调这一点甚至这样说:"我们根本没有说服别人;我们只是向别人提供了他们用来说服自己的信息源。"(同上,115)无论如何,他们提出的接受者视角、研究讯息本文接受的问题,对于媒介有效地引导舆论,的确相当重要。

新闻报道(包括纪实声像)、理论文章、各种宣传材料、学术资料、广告等,属于讯息性的本文(又称"说明性本文"),公众对于讯息性本文的接受,其情形与对文艺本文的接受差异较大,有的接受特征是相反的。因而,信息论学者在区分信息类别时,着意对这两类信息的特征作了最简单的描述,前者称为"功能信息(逻辑信息)",后者称为"非功能信息(形象,情感)"(黎鸣,1988:122)。

讯息性本文不同于文艺本文的接受特征

那么,讯息性本文的接受与文艺本文有哪些不同呢? 在这方面,文学接受理论关于两种本文接受情况的对比分析,讲得较为清晰。

首先,讯息性本文的参照系是具体的、现实或历史的;而文艺本文的参照系则是虚构的情境,公众在接受时即使一时"忘我",当回到现实中时就会有一种自我解释:那是编造的。对此,伊泽尔进一步指出:"说明性本文中的语言用法和在虚构性本文中的语言用法看来完全不同。不论说明性本文什么时候揭示一种辩论、或者传达一种信息,它都预先假定了对一个给定的客体的参照;同样,这要求不断展开的言语活动具有连续不断的具体化,这样,表述就可以获得它所预期的精确性。因此,意义可能存在的多重复杂性就必须通过读者观察本文部分的可联结性而持续不断地减少;与此相反,在虚构性本文中,正是这种可联结性被空白粉碎了,所以它容易变成五花八门的东西。"(伊泽尔,1988:250-251)在这里,他谈到了讯息性本文的特点,首先是参照系的不同;这一点决定了讯息性本文的第二个特征,即通过持续的报道、说明,给予读者精确的信息;最后,讯息的内容追求连贯和逻辑性,通过这种本文结构减少接受者对于外界的不确定性。而文艺本文却有些相反,它通过适当增加本文的不确定性而留给接受者联想、想象、意象、意会等的参与创造的机会,它给予接受者的不是精确信息,而主要是形象和美感。

其次,从讯息性本文到达接受者,如果暂时排除"噪音"的因素,那么传播的信道只有一条;而文艺本文则除了文字(或声像)这条信道外,还有一条看不见的信道——情感的传播(同上,28)。这里提出了对讯息性本文的特殊要求,即传播者与接受者必须具有共同的能够用于交流的编码;而文艺本文则要求造成接受者一定的理解上的"阻碍",才能形成双方较充分的交流。当然,这不是绝对的,讯息性本文可能也会带有一些情感的内容(一般要求是真实的);文艺本文也需要双方具有一定的共同编码。这里强调的差异部分,即讯息性本文提供的是不同程度的理智交流,"理智交往恰恰要求交际双方对所表达的内容有一致的理解,就是说,理智交往的实现既在于主动一方假设对方理会被传达的内容,又在于被动一方经验到了与对方相类似的理解状态"(周文彰,1991:191)。

第三,讯息性本文同接受者的交流过程,与文艺本文同接受的交流过程恰好是相反的。前者通过不断地提供信息,在接受者那里积累起来,用于认识变化着的现实世界,因而对于接受者来说,这是个信息确认或材料收集的过程;后者通过提供形式上完整的本文,激发接受者的审美情趣,在"观念"领域参与艺术的创造或直接享受一种美感,对于接受来说,这是形象性信息的再创造或直接感知。伊泽尔谈到文艺交流与讯息交流的区别时说,"这个交流过程和信息确认过程,以及材料收集过程相反",而"一个说明性本文不需要接受者方面大量的观念化活动,因为通过遵守连贯性保证预定的接受,它的目的是实现与一种特殊的给定事实有关的特殊意向"(伊泽尔,1988:135、252)。除了直接的信息确认外,伊泽尔也谈到了讯息性本文可能用于宣传(实现特殊意向)的特点,而文艺本文在这方面的作用即使存在,也是间接的。

讯息接受的认识论信息模型

如果根据信息论、哲学认识论、认知心理学的研究,那么对讯息性本文的接受则表现为人的认识过程。人们从这些间接认识材料中获得的,远比从直接经验中获得的要多得多,"如果'认识'一词习惯上多指直接认识,那么,间接认识可叫做'接受'。……主体认识图式在'认识'活动中的功能和'接受'活动中的功能是一回事。我们关于'认识'所说的一切同样适用于'接受'。"(周文彰,1991:198)深刻理解信息认识论意义上的"接受"过程,对于科学地引导舆论,同样意义重大。

　　根据信息论学者设计的"认识论信息模型"(钟义信,1988:145),人们感知到一种讯息时,都会内心无声地自问:是什么? 这是最简单的判断,然后是一系列的认识活动,辨析对象的特征,决定接受与否。首先是比较,只有与已知的讯息比较才能进一步判断眼前的讯息,接着是分类、类比(从特殊到特殊)、归纳(从个别到一般)、演绎(从一般到个别)、分析、综合。除了这些形式逻辑的推理以外,较复杂的观念接受还伴随着辩证逻辑的思维方法(同上,138-144)。"人的认识过程可以说是一个信息运动过程,但却是一个极为复杂的信息获取、传递、加工、存贮、使用的运动过程"(王雨田,1988:376)。"没有认知因素参加,人就不可能实现对信息的选择,保持知觉的整体性与惯常性"(彭聃龄,1990:88)。例如"比较",便是运用头脑里的认知原型进行的"对号入座"(好人、坏人、英雄、叛徒、书呆子、投机者等固有观念的内涵和形象);"归类",便是进一步对某类行为、人物特征归类。这个认识过程支配着对本文的选择、解读和记忆。人的记忆中保存的不完全是讯息本文,还有经过头脑加工了的对讯息的理解和阐释。

　　这个认识过程当然不会像哲学分析那样清晰,但是以下几种接受讯息时的步骤还是需要掌握的:收集数据(材料)、衡量证据、预期后果、作出预测、检验原始信息并进行更新(沙莲香,1990:276、277)。显然,在这里讯息性本文的接受与文艺本文的差异在于它的理性思维特征,于是这便给大众媒介提出了一个影响舆论的基本问题:如何让发出的讯息接近公众接受时的思维习惯。

　　讯息接收者同样存在着接受前的状态问题,它直接影响到如何接受和接受什么。文学接受理论称之为"期待视野",信息论称之为"认识模式",传播学称之为"先验图式"。这几种"前理解"的说法都涉及接受者已有的经验和观念等,但文艺接受的感知状态是心灵的体验,"期待视野"在接受时表现为一种模糊的背景;而讯息接受的感知状态是理智的接受,"认识模式"或"先验图式"如果认真回味,则是十分清晰的背景。美国数学家霍夫斯塔特(Hofstadter,D)就此写道:"你想要理解任何一份消息,就必须先有一种消息告诉你如何去理解它。"(霍夫斯塔特,1984:38)这种告诉我们如何去理解消息的消息,就是作为认识程序的消息,即人头脑中的认识模式或先验图式。发出讯息者自然希望得到接受者的回应,这就需要熟悉不同接受者群体的认识模式或先验图式,以及特有的经验和观念。从舆论学角度看,即既定群体的舆论形成模式和各种具体的舆论。

　　讯息接受中同样存在着完形(格式塔)心理,只是不像文艺接受中那样以想象来完成,而是表现为从部分向整体的逻辑推理。于是,即使接受者首先选择的讯息并不完整,如果引起较强烈的认同,同样会对接受者产生较大的影响。因为"人有能力根据刺激输入的部分信息,去识别整个刺激的模式,其原因是人利用了储存在头脑中的知识,对输入信息进行了自上而下的加工"(彭聃龄,1990:63)。显然,人的认识模式或先验图式对于讯息的接受,具有一定程度的决定意义。

　　在各自认识模式的引导下,人们接受讯息表现为一种对讯息的加工过程。正是在这一过程中,有可能唤起接受者对讯息的知觉期待。彭聃龄写道:"人脑根据已有的知识结构,组织和调节外部输入的信息,叫做自上而下的加工(top-down processing)或概念驱动加工(concept driven processing)。……人的自上而下的知识不仅影响到对信息的选择,帮助主体对信息作出恰当的解释,而且能产生知觉期待,为主体从环境中提取信息提供一定的计划。"(彭聃龄,1990:59-61)

　　对于具体的事项而言,人对外部新讯息的知觉总是从某一点开始的,因而起始的讯息选择首先影响接受者的倾向,"起始部分的选择影响到对整个图形的知觉。……起始知觉产生知觉期待,并决定着被试者对整个图形的知觉效果。"(同上,61)对于大众媒介来说,唤起符合引导方向的公众的知觉期待是引导舆论的关键一环;而在唤起公众的知觉期待时,对起始讯息的制作和发出要予以特别的关注。

　　讯息性本文的接受看起来比文艺本文的接受简单,因为较少涉及情感性、多样化的审美问题,但是讯息接受要受到许多现实的而不是虚幻的利益、兴趣和价值观、道德观等等的牵制,接受者接受的动机则要比文艺接受复杂得多,它不单纯是个认识、识别讯息的过程,还要受到接受者认知以外诸多因素的影响。传播学者德弗勒(DeFleur,M)曾按照认识论过程描述过公众对讯息的接受,情形较为复杂,例如一开始就出现积极的接受者、漫不经心的接受者等不同的受众群。他们由于(1)某种实际需要,(2)受身边舆论的影响,(3)对某种媒介内容的潜在功用的期待,(4)接受讯息的方便而接受讯息,其中"人们对某一节目、报道或其他媒介内容的有用程度的期待"始终是个中心环节(德弗勒,1990:348-

351）。对于企图引导舆论的大众媒介来说，必须考虑公众接受讯息时的"有用程度的期待"，如果不能首先满足这种期待，便谈不上引导；而以何种方式满足这种期待，亦有许多技术性问题需要另行探讨。

还有一个讯息性本文接受与文艺本文接受的不同点，即前者的接受需要付出能够量化的能量（代价），而后者的付出则表现为一种享受或宣泄。信息论甚至还算出了十分精确的能量消耗值：1 比特信息耗能 10^{-16} 尔格/°K。王雨田写道："获得信息、传递信息以及信息的转换等等需要能量，而能量的驾驭又离不开信息。"（王雨田，1988：362、363）。这对媒介的舆论引导来说，又是一个需要考虑的问题。如果公众为接受某种讯息而需要付出较多的精力，进而付出较多的费用，那么也可能放弃这种接受而寻求较容易得到的讯息。关于这个问题，施拉姆（Schramm，W）早年关于接受者选择讯息或然率的公式（选择分数），正是对媒介争取公众的一个提醒：

$$\frac{报偿的保证}{费力的程度} = 选择的或然律 \qquad （施拉姆，1984：114）$$

依据讯息接受特征对舆论的引导

传播者传播各种讯息性本文，大都是为了影响舆论，传播者考虑较多的是传播的具体功利目的，虽然也考虑到接受群体的一些情况，但细致地研究公众接受讯息性本文的特征是不多的。依据以上各个学科的学者所论证的讯息接受特征，如果期望讯息性本文能够对舆论产生较好的正面影响，可以从以下几方面多做些工作：

一、提供丰富的信息，使公众正确理解身处的环境

讯息性本文不同于文艺本文，人们需要它主要不是为了娱乐，而是为了解除对环境的困惑。"人的一个基本心理功能是对外部世界作出解释和预见，失去了这种理解和预见能力，人就会感到不安"（龚文庠，1994：237）。这在舆论上的表现便是惶惑。因而，若要引导舆论，媒介首先要满足他们认识环境、确立观念、自我寻因的需要，特别在社会变迁时期，讯息性本文的需要量将急遽增大，能否及时提供对于防止舆论震荡意义重大。公众接受讯息性本文的过程，是一个进行

信息确认、材料收集的过程,同时亦影响着他们的已有的观念,这是媒介引导舆论的直接方式。

现在的问题主要是,能够有效解除困惑的讯息过少,而充满空话套话的冗余讯息、公众并不需要而传播者自认为很重要的讯息太多。公众那里的不确定性多了,新的观念较长时间内不能确立,舆论便呈现惶惑或情绪化型态。另外,如果公众寻求所需要的讯息而付出精力和费用较多,亦会放弃寻求,这对于媒介来说,便谈不上影响舆论了。

媒介影响舆论的前提就是能够及时提供公众需要的讯息,"量"达到了需要的程度,媒介的影响力才能够显示出来。符号学家达比舍尔(Darbyshire,A)就此写道:"我希望在人们作为专门术语运用的意义这个词和信息这个词之间作出区分。一般地说,人们也许认为信息是消息编码员为了提供信号意义而提出的,因此,意义就是关于接收者响应给定的信息量的经验总和。"(伊泽尔,1988:122-123)如果给定的信息量不足够多,那么就影响到接受者的理解,以往的信念和经验受到怀疑,而新的信念和经验又无法依据已获得到不多的讯息确立,这时的媒介引导效果也许比没有效果还糟糕。

公众接受讯息性本文一般不是单一行为,而是带有连贯性的,甚至形成一定的接收习惯,以便通过连续的接收而减少对于自身环境不确定性的认识,即伊泽尔所说的"意义可能存在的多重复杂性必须通过读者观察本文部分的可联结性而持续地被减少"。这就要求连续出现的讯息前后衔接,既不能中断,更不能前后矛盾。实行社会主义市场经济的初期,舆论一时呈现惶惑和情绪化,一定程度上与媒介提供的讯息不连贯、不稳定,以及内容的前后矛盾有关。

提供充足、连贯的讯息,让公众以正确的思想认识所处的新环境及其行为规范,这本身就是一种很重要的对舆论的引导。

二、唤起知觉期待,促进感性向理性的转变

如果从哲学认识论角度看问题,对讯息性本文接受的过程本身,即是外在讯息在头脑中加工的过程,从最初的判断到比较、分类、类比、归纳、演绎、分析、综合等,接受者对讯息的知觉得以从感性认识转变到理性认识,成为自身信念的一部分。如果讯息在接受者一方能够到达这一步,讯息本文对于人的观念影响将是深刻的。而这一切的前提是必须唤起接受者对于讯息的知觉期待。

　　人对于外部信息的本能反应,首先起于"注意"。这里要运用好接受者产生注意的两个要素,即指向性和集中性。"由于注意的指向性,人才能选择对个体具有意义的外界信息,并在头脑中对它继续加工"(彭聃龄,1990:97)。因而对传播者来说,发出的讯息需要与接受者的指向性契合或接近,当接受者从某一对象转移到当前的对象时,"注意"方得以形成。这是一种最好的情形,两者的契合如同探射灯的光束,照亮这部分讯息,人们得到的印象会较平常清晰得多。接受者这时往往会产生"心理努力",于是注意的集中性开始发挥作用,对指向的讯息保持高度的紧张,调动了内在的认知过程,新的观念得以融入接受者已有的观念中,重新构造着内在世界。如果媒介的讯息出现是有规律的,那么亦会形成一种习惯性的循环信息期待(例如每天固定时间接收某个频道的新闻节目),甚至培养起接受者对某种讯息的癖好(诸如新闻癖、某个新闻性节目癖等)。

　　这种情形对于引导舆论的启示是:通过提供与公众指向性注意接近的讯息,引起注意,从而达到引导的目的。目前的问题在于正面引导的讯息与公众注意的指向性差距较大,往往以为有意造成的讯息集中,就能够自然引发公众的注意,忽略了公众接受时自身的指向性对于注意的制约。同时,商业性的讯息则由于特别重视迎合公众指向性注意,而吸引着相当部分公众的注意力。公众的注意容量是有限的,在这种争取公众注意力的竞争中,讯息引导的魅力并不在于数量,而在于与公众指向性注意的接近。影响舆论不能完全迎合公众,但是可以提供接近性的讯息,渐进地转变舆论。就这种影响策略,符号学家莫勒斯(Moles,A)写道:"对相似信号的观察不断改变接收者的剧目[①],最后导致了它和传播者剧目的完全融合,……通过这些信号对接收者剧目持续不断的影响,交流活动呈现出一种积累的特征,……由传播者最频繁地传播的语素,不断把自身插入到接收者的剧目之中去,并且改变后者。"(伊泽尔,1988:112)

　　人们对于讯息的需要具有连续性,而对于讯息的知觉期待又产生于认识过程中,于是能够引起注意的起始讯息,由于首因效应首先进入认识过程,将直接

―――――――――

　　① 剧目(repertiore),指的是作者从现实和以往历史中选择材料,精心整理、组织成的本文的内容背景,为读者领会本文提供指导。接收者头脑中现存的对于现实和历史的知识、认识,则构成他接受本文时的"剧目"。

刺激对于这类讯息的期待知觉。这就提醒媒介引导舆论时对于起始讯息(即一个新的事实的报道、新的议论话题、新的观念等等)制作的关注。普通公众的认识过程与社会精英有些不同,他们接受讯息的思维特征是简单化,如符号学家拉特曼(Lotman,J)所说:"读者感兴趣的是,通过对他来说最少的麻烦获得必要的信息,……读者的倾向是使人物形成黑白对照的结构。"(同上,169)因此,起始讯息并不要求全面,而要求以清晰、分明的结构和内容吸引公众,以便及早在他们的认识过程中占据位置,完形心理将促进接受者从部分向整体的思维推理。

三、合理满足有用程度的期待,形成连贯的激励信号

公众接受讯息性本文(将符号经过编码的具体信息)不是一种内在的自我信息活动,而主要是一种合作性质的理解、认识活动,如同哈贝马斯(Habermas,J)所说,"不是按照自我中心的成就计算,而是按照理解的活动而合作化的"(哈贝马斯,1994a:362),因而需要外部的交流信道连接双方;公众接受的前提是双方具有共同的编码。当公众能够理解某一讯息本文时,说明他们与这一本文具有相同或相近的共同编码,双方的合作生效,产生正的传播效果。这是一个认识过程,信息学家在模拟人的认知接受时谈到这样情形:"如果R[接受器]产生正的反应,它就同时产生一个激励信号,去加强知觉器中'有用'连接,……这样一来,一系列的激励就能逐渐教会知觉器去显示出加给他的某种行为。"(钟义信,1988:149)在这一认识过程中,公众的编码能力和特征是常数,变数在于讯息本文是否对于公众"有用",这是促成接受一方作出正面反应的关键。大众媒介定期定时的发行或播出的特点,造就了它连续影响舆论的优势,但这种优势只有形成连贯的正的激励信号才能达到目的。

这种"有用"可以表现为两种情况,一种是满足公众的观念认同,如德弗勒所说:"关键是讯息必须显示出人们看法的一致。也就是说,它必须显示所提供的定义受到有关群体的支持,不遵守这些定义便会构成不可接受的离异行为。"(德弗勒,1990:319)另一种是满足公众实际生活中的信息需求,即对于讯息的"有用性期待"。

当代人把提供日常外部信息的责任,实际上大部分赋予了大众媒介,有时甚至造成了公众对媒介的信息依赖,特别在环境变化较快而情况不明时,公众积极接触媒介的频率会急遽增多。正是这种情形给了媒介影响舆论的绝好条件,但

也造成了可能的问题,例如,由于传受双方编码的差异造成的误解,产生相反的激励信号,引起社会的舆论震荡;激励信号时有时无,变化不定,同样可能造成舆论的不稳定状态。因而,媒介提供的讯息如何以合理的形式、健康的内容使公众知觉"有用",保持这种刺激的连贯性,促进公众持续的积极响应,是舆论导向中需要把握的问题。

第七章　大众传播媒介引导
舆论的几种方式

第一节　人类三种历时的引导类型

不同文化传统下的社会形态很不相同,但是每一种社会形态都会有相应的引导公众形成观念和性格特征的方式,通过这种引导作用而使得自身的文化形态代代相承。在这方面,1950年美国社会学家理斯曼(Riesman,D)和他的两位助手在其著作《孤独的人群》里提出的三种历时的引导类型,已成为经典之说,因为它具有跨文化的普遍性,对于理解当代大众传播媒介引导舆论作用的由来和发展,是有启发意义的。

理斯曼将现代启蒙之前的漫长社会阶段统称为传统社会,在这样的社会中,人们生活在一种依赖传统引导的社会环境中。从传统社会向现代社会的转变时期,人们有了较大的选择余地,激发了处理新问题的志向,制约人格发展的动机由顺从外在的社会传统转变为以早年习得的性格在自身内部的引导。而现代社会,人们的交往关系复杂起来,人的行为动机与内在需要带有明显的社会化特征,更加关注他人,尤其是同龄人的态度,由此决定自己的观点和行为,因而生活在一种依赖他人引导的环境中(理斯曼,1989:6-7、13)。于是,这就依次形成三种历时的引导类型:传统引导型、内部引导型、他人引导型。

其实,这三种引导类型即是三种传播活动,高小康就此指出:"他所说的'引导',正是广义的信息传播活动。理斯曼的理论所提示的,是传播活动对社会文化形态的建构作用。……它有明显的合理性,划分出了社会引导或传播方式随着社会形态与科技的发展而形成的从古代到近代、然后到当代的阶段性特点。"

（高小康，1995：12）

传统引导类型

理斯曼实际上也是把不同时代的社会引导视为传播行为的。传统的引导通常是在冬日家庭的火炉旁、夏日庭院的大树下由老人们通过讲故事的形式进行的，所以理斯曼将传统引导又称为"火炉旁的媒介作用"，写道："传统引导的社会利用讲家史、神话、传说、唱歌等形式传播其相对稳定的社会价值观。"（理斯曼，1989：85－86）在这里，媒介就是一个个讲述的故事（即文学接受理论的"本文"），它是讲述者与听众的中介。在这个意义上，理斯曼把这些中介视为现代大众传播媒介的前身而谈到它的作用："传说和故事——大众传播媒介的前身——具有双重的社会化功能。长辈通过故事告诉晚辈；如果要得到大家的羡慕，你就必须向某某人学习，遵守集体的神圣传统。"（同上，87）当然，所谓"火炉旁"仅仅是一种地点的借用，这种引导具有全社会特征，讲故事的人可以是酋长、族长、元老和自己的外公外婆等，这种传播活动浸渍着每个人的一生，并代代承袭。对老人所讲述的故事的尊崇、信奉，本身就是传统社会的一种舆论。因而传统引导型下的舆论，变化是极为缓慢的。

这种引导具有明显的既成性，"故事"无论是虚构的还是真实的，总是将"过去时"的、既成的东西当作学习、效法的楷模，从古老的史诗到当代的儿童教育故事，都带有这一相似的特征。另外，这种引导还具有直接影响的性质，因为它是面对面的"讲"，直接传达并带有亲情色彩。我国现在的中年人，还能够清晰地回忆起童年听这类故事的情形，但是随着信息社会的迅速到来，现在的孩子已经很少能够体验这类典型的传统引导了，新一代人很大程度上失去了内在接受的机会，大众媒介的（主要是电视）节目替代了老人们的口头传播，而这是一种外在的影响，是由大众传播造成的他人形象的影响。这种情形赋予了我国当代舆论以新的特征，大众媒介对舆论的引导需要充分考虑这种新的情况。

内部引导类型

当传统社会走向现代社会之时，书刊作为人们产生新观念并形成新舆论的主要媒介，发挥了重要作用。欧洲的这种书刊启蒙开始于文艺复兴时期，其他国家在走向现代化的前夜和工业化的初期,也都发生过不同形式的由书刊为主的对人观念的引导。这是一种文字对人思想的影响,它不同于听老人讲述故事,读者需要自己思考之后才能接受,于是这种引导被称为"内部引导"。理斯曼说:"内部引导的人经常通过印刷读物了解道理,所以能建立 一种新型的性格结构。"这时的社会教育同时兴起,也培养着人们的接受与鉴赏能力,新一代人的"选择能力比传统引导阶段大为增加。结果,越来越多的读者开始阅读与自己关系不大的信息。在这种情形之下,他们的阅读再也不受传播者的控制、影响,也不再因自己是群众的一员而必须接受传播者说的话了。"(同上,89-90)

这种影响不仅仅是政治、经济的某一方面,而是提供了新的世界观和眼界。社会学家托马斯(Thomas,W)和兹纳涅斯基(Znaniecki,F)早年的5卷本社会学名著《欧美的波兰农民》,典型地描述了19世纪末波兰农民如何在乡村书刊的引导下建立了新的价值观(北川隆吉,1994下:227、426)。理斯曼曾特别对这个事例进行过分析,他写道:"印刷物帮助他们建立了新的个人与新的社会之间的联系。……在波兰农民眼里,科学是一种内部引导的道德观,它反对传统农民的迷信思想。这些态度既体现在报刊的政论文章中,又体现在报刊的充满道德主题的小说里。因此,读者可借助读书来躲避邻居的批评,并参照读物里的榜样检查自己的内部引导倾向。"(理斯曼,1989:89)我国走向现代化的历程中,书刊对最初几代人的影响同样是巨大的、不可磨灭的,正是那时形成的新舆论奠定了国家走向现代化的观念基石。

传统引导类型中接受者是被动的听众,而书籍传播中接受者是主动的。在后者的情况下,任何书刊如果接受者没有能力或不愿意读它们,就不会发生传播效果,因而双方形成一种"偶合"关系,即一方是以书刊为媒介的传播者群,另一方是潜在的读者群,这是一种"面"对"面"的传播关系。书刊对公众的引导是通过读者的选择、阅读、理解、认同而产生的心灵内部的引导方式,有助于形成具有自主倾向的内部引导性人格。当代以电子媒介为代表的大众传播,已经不同于那时的书刊,即使是文字传播形式的报纸和通俗杂志,由于带有明显的流行特征而不同于那些需要人思考的哲理、科学、文学世界名著和启蒙刊物。适当地通过大众媒介引导公众体验读书的内部引导形式,是当前舆论引导中需要提倡的一种提高舆论质量的方式。

他人引导类型

随着社会工业化的发展和大众传播媒介的普及,理斯曼谈到一种新的情形:
"逐渐地,人们与外界及其与自身的关系都要以大众传播的流通为媒介。"(同上,
19)人的观念和行为变化的主要依据不再是自己的长辈而是外界的同侪(他人),
由于能够直接接触的同侪毕竟很有限,因而大众媒介相当程度上成为人们需要
得到的广义同侪,于是一种新的更为广泛的引导方式——他人引导类型便形成
了。人们总是需要得到引导的,但现在的特点是:"他人引导的人经常关心当代
人(或他们的替身:大众传播媒介)的指导、期望和赞同","他人引导的人所追求
的目标随着这种引导的不同而改变,只有追求过程本身和密切注意他人态度的
过程在一生中保持不变。"(同上,29、19-20)在这里,引导内容会发生变化,因而
舆论也会有所变化,但人们需要这种引导本身却是新的社会生存环境所要求的。

人都具有关注别人对自己评价的社会本性,而当代这种情况变成了生活中
必须的一种信息接受了,因为人面对日益复杂莫测的社会变化,如果不了解同侪
的看法,得到他人的指导,几乎无法生存和发展。于是"他人引导的人学会从更
广泛的场合而非父母所规定的原则来收集信息。家庭已不再是他所从属的紧密
单位,而只是他早年注意的更广泛社会环境的一部分"(同上,23)。这种引导给
人带来了以往无法比拟的广阔视野,不断吸取着新鲜的信息,情形如理斯曼所描
述的:"他人引导型的人对外界有一种博大的胸怀,在他看来熟悉事物和陌生事
物之间的界限——在传统引导的社会这一界限十分清楚——已被打破。由于所
熟悉的事物不断吸收陌生事物,陌生事物便成为所熟悉的事物了。"(同上)基于
这个道理,大众媒介对舆论的引导具有最好的因势利导的社会学背景。

但是,也正是由于新的环境造就了如此众多的他人引导型的公众,一旦他们
习惯于以外界信息的变化为转移,在外界信息的渠道众多、变化迅速而并不好把
握时,就多少处于一种被信息困扰的焦虑之中,特别在社会变迁之际,舆论呈现
的焦虑较为明显。在这方面,社会学与传播学在探讨公众与信息的关系时,不约
而同地使用了同一个比喻词汇:雷达。施拉姆(Schramm, W)说:"我们大家都
以不同的方式利用传播作为我们的社会雷达。"(施拉姆,1984:35)理斯曼在谈
到他人引导型的人时也说:"他们主要的心理控制是一种弥漫的焦虑。这种控制

装置不像一个'回转仪',倒像一个雷达。"(理斯曼,1989：24)他们谈的角度不同,意思是一样的,即公众总是需要从大众媒介或其他信息渠道获得维持心理平衡和生存需要的信息,不论传播者主观上是否意识到在引导,引导实际上始终存在。各种大众媒介深深地渗入到公众的生活中,尤其是对新一代人的早期影响,已经与前辈人接受的引导方式发生了很大的差异。

但是,这种引导也可能会带来一些问题。传统引导型的传播特征是"点"对"点";内部引导型是"面"对"面";而他人引导型是"点"对"面"。传播媒介是自觉的、主动的,而公众则是不具体、不确定的;高技术媒介造成的传播直感性,使得公众不由自主地变成了被动的信息输入者,选择自由和主动接受是很有限的。就具体的某一舆论的引导来说,也许这种情况反而容易达到引导目的,但从长远看,不利于公众素质的真正提高。

适当唤起内部引导和传统引导的方式

当代对舆论的引导特征属于他人引导型,大众传播媒介基本上替代着社会学意义上的"他人",这是不可逆转的。但是,单纯凭借消遣性的报纸杂志,特别是电视引导舆论并不利于公众的全面发展,有可能减弱他们独立自主的思考能力。如果引导出现错误,由于公众缺乏正确的判断力而会造成不应有的思想混乱和舆论震荡。因此,要求关掉电视机的议论此起彼伏。其实,大众媒介本身亦可以提倡阅读、提倡传统教育,从而使各种引导方式并进,从长远看,这对于培养较高质量的健康而稳定的舆论至关重要。

随着电视的普及,它越来越多地占据着公众的余暇时间,甚至连基本的亲情交往时间也被挤占,这是出现各种否定电视意见的背景。一位作者愤愤地写道："它的出现,是对书的否定,也是对古典文化精神和传统感情关系的破坏。……它侵入每一个巢穴,把新的一代人塑造得更加制式化、社会化,谁都能得到别人得到的,谁也别想得到别人没有的……所谓'家教',将来恐怕是不会再有意义了,因为所有的孩子都是同一个电视教育的产物了!"(周涛,1995)他谈的,正是他人引导方式对内部引导和传统引导的冲击。我国走向现代化仅是最近一个世纪的事情,内部引导方式虽然在百年前出现,但由于公众文化水平的限制,并没有完全替代传统引导方式;当人们适应着内部引导方式的时候,世界性的新技术革命又带来了社会信息化的冲击，以电子媒介为代表的现代大众传播媒介，近十几年内迅速普及全国，他人引导类型已经在我国成为主要的引导舆论的方式。这种特殊的历史进程也许不是坏事，可以转变为一种引导舆论的优势条件，我们得以借用各种引导方式全面引导舆论。

　　《人民日报》1995 年 6 月和 8 月进行的"视听时代，我们怎样选择"的讨论，就多少意识到这一点。一位记者表述了当前的他人引导方式对内部引导的冲击，但也理解现实，他说："以电视为代表的视听文化正在冲击以书籍为代表的印刷文化。生活节奏加快的人们，工作之余最希望得到全身心的放松，于是选择了声画并茂的电视，而不情愿选择唤起另一种紧张的书籍。大众的这种选择可以理解，但又令人忧虑。"一位电视台的导演希望人们不要形成对电视的依赖。他谈到国外的一组漫画：一只猿在电视机前慢慢地变成了人，而后又在电视机前慢慢地退化为猿。这并不是电视工作者的问题，而是电视技术的特点所决定的。他说："一些发达国家的娱乐性电视节目内容健康，制作精美，但为什么还是有人提出少看电视，甚至一些民间组织发起'关掉电视一周'等倡议呢？对此，我们应当深思。我认为，在视听时代，阅读更加重要。人类进步不能仅仅依靠电视这一个载体。"（赖仁琼，1995a）然而，电视等电子媒介的魅力是无法抗拒的，问题在于各种媒介要发挥自己的所长，优势互补。于是，众多的参与者在以下的说法面前取得共识："全然拒绝电视者愚蠢，部分拒绝电视者明智。阅读与视听并不对立，在竞争中，各自都会找到生存、发展的空间。"但就读书的引导而言，目前存在的问题是书籍内容的快餐化，阅读还是很多的，却缺少阅读质量，许多阅读是一次性消费，而非真正的阅读（赖仁琼，1995b）。1996 年开始的大报纸办读书报或开辟读书专栏，广播电视台开办读书专题节目，创造了一种他人引导与内部引导的结合形式，这可能会带来一种具有中国特色的综合性的引导舆论方式。

　　在三种引导类型中，能够既对公众产生影响力，又保持一定的主体自主能力的是内部引导。因此，尽管电子媒介发展的趋势不可改变，但不论对于正确地引导舆论，还是对于公众的全面发展，提出"电视为标书为本"、"重返文字阅读"等口号是有意义的。"文字能承载人类深邃的思想结晶，迫使大脑攀援思维的峰巅，去到一个壮丽宏阔的境界。但是因为媒介材料复制手段的关系，我们看到，在图像系统中，文字的精华无法再现。……从文字到图像，这是一种传播技术的进步,可是谁又能保证这不是一种阅读的退化,不意味着一种能力的退化呢? 所以,在图像霸权君临现代社会之上的时候,很有必要再度强调经典层面上的阅读——文字的阅读"(毛时安,1996)。

第二节 引导舆论的基本方式——说服

大众传播媒介的舆论导向,就传播者而言是一种主观追求。为达到引导的目的,其基本的方式便是以媒介为主方对公众的说服,改变舆论或者巩固、扩展原有的舆论。"说服"(persuasion)又译为"劝服",不论我国还是西方,说服在古代作为一种交往艺术都相当发达,但是涉及的主要是人际传播。现代大众传播的说服,按照哈贝马斯(Habermas,J)的说法,是一种"交往工艺学","借助交往工艺学,可以构成一种公众社会,交往行动可以通过专门化的影响,通过媒体如专业上的声望和价值联系……受到控制"(哈贝马斯,1994b:243)。当然,这里的传播效果还取决于公众对传播内容的反应,接受者一方也参与着讯息、观念的再创造(参见本书第六章)。这里着重从大众传播媒介向外发出信息的角度讨论说服问题。

根据史密斯(Smith,M)1982年的概括,关于"说服"的定义有6种类型。"过程式"把说服看作是改变人们信念、态度的过程;"效果式"认为只有产生了效果的说服才算是说服;"意图式"认为主方有意施加影响才叫说服;"反应式"认为有意无意发出的信息都能产生说服效果;"注入式"则把说服理解为单向影响过程;"交互式"把说服理解为双向信息交流的结果(龚文庠,1994:113-114)。就我们常讲的"舆论导向"而言,大众媒介的说服是意图式的,其定义可以借用下面两种说法:按信息发出者的要求使对象自愿地改变态度或行为;通过传递视听信息有意识地对接受者的行为施加影响(同上)。但是,说服过程本身需要交互作用才能成功。我们的媒介说服现在也较注意唤起公众参与传播的意识,努力以交流的形式达到引导目的。根据这种说服的特点,大众媒介的说服工作需要从不同角度考虑有效的说服方式,以减少引导的失误。

说服过程

媒介对舆论的引导,首先需要在传播者的头脑中形成一个关于说服过程的大致的进程框架。说服的过程即是一个传播的过程,但是它比简单的线性传播模式要复杂化了,因为说服必须考虑接受者各种可能的反应,并依据这些反应及时作出相应调整。在这方面,詹尼斯(Janis,I)和霍夫兰(Hovland,C)1959 年设计的一张说服过程示意图(同上,107)仍然是经典的。

他们将这个过程划分为 4 个阶段。第一个阶段即"信息源的传播条件",包括媒介形式、说服信息的内容和形式,以及传播环境,这些情况应当是媒介能够控制或进行选择的。具体地说,需要(1)考虑媒介本身的特点,阅读、观看、收音的接受感觉是有相当差异的;(2)媒介、作者(编导者或制作者)与自己的受众之间的关系,特别是媒介、作者自身的威望和影响力如何。同样的讯息,由于发出信息的媒介在社会中的地位不同、作者的身份不同,效果也会不同;(3)说服信息的特色,诸如表现方式、感染力、论点、风格和论证水平等;(4)客观的传播环境也是信息源具备的一种状态,社会平稳时期和社会变迁时期、外来的变动给人们带来好消息还是坏消息等,不同的外在因素要求媒介根据情况采取不同的方式进行说服。

第二个阶段即"原有条件:对象的可说服性",指的是接受对象的情况。任何成功的说服都需要对接受者群体的接受情况心中有数,一般需要了解(1)对媒介信誉的响应如何;(2)对讯息逻辑的反应能力如何;(3)对感情刺激的反应能力如何。每一种媒介或媒介的某个专题节目的接受群体,接受水平的差异是较大的,对这些原有条件的了解,是进行说服的前提。

第三个阶段即"内部调整过程",指的是接受者在接触媒介或讯息时的内在心理活动。首先是对讯息的注意度,其次是理解力,最后是接受程度。这一过程社会心理学和传播学有较深入的研究,产生了诸如选择性接受四因素、舆论的多种形态等理论假设(参见第三章第三节、第四章第二节)。

第四个阶段即"可见效果:态度变化",他们将变化分为四种不同的效果程度,较为初步的是表面的态度变化;然后是认识变化(这里指的是信念的变化);达到这个程度以后,可能会产生对某个问题、事件、人物或媒介本身的感情变化;

最后促成行为变化。就我国媒介引导舆论的情形而言，达到第一个层次的情况较多，因为媒介常常代表着一定的权力，具有以这种权力为背景的权威性；而达到后两种情况需要更多的媒介与公众的真诚交流和相互理解。

说服的逻辑

公众的多数并没有学过逻辑学，他们是凭借生活经验、简单因果关系分析、简单的对比，或以某种流行的衡量标准等，来对所接受的媒介讯息进行推理、判断的。所以媒介上的说服逻辑，一般并不需要很深奥的逻辑学知识，但是需要更多地考虑公众接受态度。然而，由于记者"习惯于匆忙地解决那些自己都知道还没有完全掌握的问题"（恩格斯，37卷：319），不少报道缺乏简单的说服逻辑，公众一旦接受并形成一种舆论，纠正起来是较困难的。在这个意义上，要求媒介的说服符合逻辑、更多地考虑公众的接受态度，两者同样重要。

媒介的讯息或节目大部分不是理论动员，所谓的说服逻辑应当在无意中发挥作用。诸如讲故事的方法，即是一种不动声色的逻辑性说服。讲述一件生动的故事，吸引着接受者进入情境，使他们敞开心灵的信息通道，无形中接受了故事的逻辑后，会在生活中举一反三，并融入已有的信念之中。再如声像媒介中的现场作证，也是一种有力的逻辑说服，往往十分奏效。

即使是评论性讯息，媒介的工作不同于理论研究，论证一般需要简单清晰，一目了然。所以通常采用"充足的证据＋合理的论证＝有说服力的证明"（龚文庠，1994：130）这样的说服模式。仅有证据是不够的，有的证据需要论证来发挥说服的作用。这其中"因果论证"是最常见的，某一事件（趋向）导致某一结果或证明某一观点，形成固定关系。

还有"症状论证"，即从一系列"症状"（弊端）中，推出某种结论，这与从一系列正面的"大好形势"的证据中推出某个结果的逻辑是相同的，但后者的效果通常不如前者有效，这就如社会心理学研究的一个结论那样："只要一个传播者所表明的态度明显地与其自身利益相反，他的可信度及说服效果就会提高。"（孔令智，1987：205）

说服者提出一系列可以为公众接受的标准，在我国诸如"反修防修"时的"无产阶级革命事业接班人的五个条件"、"文革"时的"三要三不要"、之后的"五讲四美三热爱"和"四有新人"等,只要公众能够接受,或者通过组织系统要求强制性记忆得到实现,那么这就可能在一个时期内成为公众衡量的一种标准。表扬好人好事,树立英雄、模范等典型,也是提出一种标准让大家对照和仿效。这是一种最简单的大规模的逻辑说服,即"标准—衡量论证"。在公众思想较为单一、外界参照系有限的条件下,这种说服是很有效的,只要接受了某一标准,下一步就是用那些标准"对号入座",有可能形成一种良好的社会风尚。但是若这种方式使用过滥且强制性过于明显,效果会减弱甚至造成逆向心理。

最后是"比较论证"。这是一种直观而简明的论证方式,很适合媒介的说服。

看来,媒介的逻辑说服并不复杂,但是在说服中问题却颇多。问题首先在于大众媒介的信息需要每日或每时地涌出,时效性和一定的轰动效应等职业特点,与理智引导舆论的要求之间,可能会出现不协调。如果日复一日地纠正前一天报道的差误能够制度化,这方面的不协调可以得到缓解,但是目前往往需要积累到引导的失误造成显著的偏差以后,才可能纠正,对于稳定舆论极为不利。

其次,媒介所传播的内容主要涉及价值观和文化,这不同于自然科学,不同文化、不同价值观对于同一事件或概念的理解,有时差距很大,甚至是相反的,因而具体媒介论证逻辑的合理性存在着一定的限度。要意识到这种限度,不能以为按照自己的意图发出的信息自然会得到顺向反应。

从第二点便形成第三个原因,即一些逻辑说服没有建立在公众已有的信念、态度的基础上。也许论证的前提和结论是正确的,但是公众却不能接受,或者由于某种外在的压力而仅在口头上重复。原因如龚文庠所说:"说服论证前提与结论的正确与否取决于被说服者是否能接受,而不是取决于结论是否正确。"(龚文庠,1994:141)从说服策略考虑,有时需要将某种较高的精神境界降低到公众能够接受的层次,过高的道德要求口号一旦变成时髦语言,往往异化为对原意的讽刺。

说服的心理学依据

人们常会遇到这样的现象:即使讯息的逻辑并不清晰,在一定的条件下仍然会有不少公众或欣然认同,或略经"思想斗争"而接受。因为公众能否接受外在信息,除了合理的逻辑外,还取决于接受时的心理前提,诸如接受时的心理需要、自我形象或心理平衡的状况等。在一定程度上，媒介的说服实际上是提供一种象征性的心理满足，但这种满足不少情况下是潜在的，需要媒介唤起才能转化为一种态度或行为；或者，媒介的说服实际上提供的是一种引起内在心理矛盾的因素，经过适当调整而在原有基础上转化为新的态度或行为。在这个意义上，说服的心理学依据对于说服的成功来说，是更为基础的东西。

按照心理学家帕卡德（Packard，V）的论证，公众的接受心理需要包括八种类型（同上，151）。首先是"安全感"，这与马斯洛（Maslow，A）人类需要的五个等级之说的第二级相似。走向现代化的过程中，社会变化加速，世界似乎越来越不安全，从生命安全到最为细小的饮食、健康安全，给人们带来了更多的忧虑。利用安全感的心理需要进行的媒介说服，可以给公众带来象征意义的安全感，对于稳定舆论，或消解舆论的某种惶感是有效的。但要注意，媒介仅是一种精神力量，它解决实际问题的能力是间接的。

人不同于动物，公开的观念和行为需要外界给予一种价值和特色的认可。如果媒介能够满足公众的"价值感"需要，或进一步满足"自我满足感"（即满足"我不仅有价值，而且有特色"这样一种心理）需要，便会对讯息产生认同。利用这两种心理需要进行的说服，能够稳定公众的行为，提高精神境界。例如媒介上常报道的凡人小事，将高尚的精神与渺小的工作岗位统一起来，从而肯定了个人的价值。媒介造成一种尊重、表彰"小人物"的态势，可以产生公众的自我满足感，并有利于形成公众的凝聚力。强调本国的特色和传统，亦是实现一种放大了的自我满足感，有利于民族团结和树立自强意识。不过，对于后者一定要把握分寸，较落后的国家如果过分强调自己的某些并不重要的优势而回避主要的现实劣势，容易造成公众的民族主义情绪，不利于社会意识长远的健康发展。

人的"情爱感"和"力量感"从说服角度看，所要求的也是一类象征意义的信息。充满感情色彩的、表现成功的英雄人物的新闻报道或文学影视作品，从不同方面满足着公众情爱感和力量感的需求。韦伯（Weber，M）讲的公众对于"克里斯玛"（charisma）人物的积极响应（张雄，1994：175），便是由于克里斯玛满足着公众"创造欲"、"力量感"的心理需求。现在的问题是，这类媒介信息中的文学影视部分的质量呈下降趋势，正确的导向意识薄弱，而商业文化倾销的现象严重。

当社会急遽变化，人们的生活处于动荡之时，一种回返传统，寻求宁静的心态油然而生,这便是一种"根基感"的需要。媒介的说服应当充分利用这种心理需要,提供传统中有生命力的内容,提倡个性修养和文化陶冶,因势利导地转变当前舆论的浮躁态势。

近年的多次社会调查都表明,越来越多的人把"健康"列为第一位的关注点(凌月,1996b)。这表达了人们潜在的对"不朽感"的心理需求,当生活平稳之时,这种需求比对金钱的追求要强烈得多。媒介既可以利用这种需求去做保健品广告,也可以提升这种心理需求,诸如鼓励成就大业而流芳百世,号召为理想和事业献身等,营造一种追求高尚永恒的舆论。

除了以上八种一般的心理需要之外,如果媒介的说服企图改变或维持公众的观念或行为,还需要了解左右人观念和行为的心理机制。人们的信念、态度、情感等等通常带有连贯性,用以维护内在的和外部的自我形象,当这种连贯性或自我形象受到外部信息刺激的干扰,便会感到不舒服,不和谐,于是必须经过"思想斗争",认同、调和或拒绝,从而取得一种新的心理平衡。这种自我形象像一个既定的现实"脚本",当接到新的外来信息刺激时,便会按照内心的脚本作出反应。

关于这方面的研究模式已经很多,诸如平衡论(balance theory)、均衡论(symmetry theory)、和谐论(congruity theory)、认知不和谐论(cognitive dissonance)等(赛弗林,1985:145-151),从不同角度探讨了在人际关系的两级间,外来信息作为第三者对双方自我形象或既定态度的影响,以及可能的解决方式。这些理论都不是直接讨论大众传播媒介的,但提供了启示性的意见。

当人们接触到外部的与自己内在观念相左的信息时,面临着两种选择,或改变外部信息,或改变自己。媒介说服的情景不同于两个人的交流,个人的力量很难改变媒介的意见,于是媒介说服往往造成较多的后一种情况。由于被说服者要保持心理平衡,维持自我形象,媒介可以充分利用这种心理达到说服的目的。例如说服者指出被说服者的认识与外部世界存在的矛盾,同时提供可以削减矛盾感的报道,动员他们改变态度。改革开放之初的许多关于"换脑筋"的报道即属于此列。当公众感觉到正在丧失什么的时候,所产生的担忧亦是一种心理不和谐,这时提供较多的正面观念解决这种失落感,会很容易被接受。当某种观念或行为与自身的外部形象发生矛盾时,人们一般愿意(或被迫)改变观念或行为,因为人们普遍感知着舆论或某种象征性权威的监督(其实是一种羞耻感或过错感)。媒介可以造成这种心理矛盾,促成某种善行观念和行为的产生,近年的希望工程和其他各种社会慈善运动便是这样造就了一种很好的新型舆论。

说服的社会学依据

人是生活在社会中的,在不同的意义上属于不同的群体。作为群体的人与单个人接受信息的情形有不少差异,媒介利用人的社会性进行说服,往往可以取得成效。其中有两种情况是媒介常用的,第一,控制人的社会角色。每个人在社会中都充当着一定的角色,例如一位男性,那么他就承担着男人、儿子、父亲、具体职业和身份,以及好(或一般、坏)××(干部、工人、服务员、党员、工会会员……)等一系列既定的社会角色,社会对他亦产生一系列角色期待。媒介提供众多正面的标准社会角色,或通过移情手法报道事件、创作作品,以一定的角色期待赋予公众,说服的效果较为显著。现在媒介进行的文明窗口、岗位承诺方面的报道,利用的即是这种说服机制。人们都愿意充当正面角色,所以正面的标签"好××"、"优秀××"往往能够产生一定的鼓舞作用;而各种反面的标签,则可以起到警告、制止某种态度或行为的作用。第二,控制群体影响。每个自为的群体成员多少都要有"守约意识",并且习惯于在群体内部收集、比较关于自己的信息。因此,媒介强调某种群体的规范,报道群体成员中高信誉者的"高赞同"意见或表现(例如热烈鼓掌的场面),对于唤起其他群体成员的守约意识、强化原有信念是有效的。当需要更新某种观念时,强调新观念基于既定的群体规范,也较容易被人接受。

说服伦理

说服方式本身可以为任何媒介使用,于是产生说服伦理问题。媒介说服可以服务于高尚的目的,也可能为推销伪劣产品服务,可以伸张正义,也可能为法西斯的思想钳制服务。就新闻报道而言,若只要求真实性,假定事实全部真实,同样可以出现只报喜不报忧,或者相反的情况。如果以目的来论道德,法西斯主义的宣传显然是不道德的,那么从人民利益出发的说服就可以因为目的正当而不择手段码?马克思说:"要求的手段既是不正当的,目的也就不是正当的。"(马克思,1卷:74)看来,说服伦理存在着不少悖论,颇为棘手,但这里只能提出问题,无法展开。

第三节　媒介引导舆论的客观功能——议程设置

第三章曾提到"议程设置"(agenda-setting)这种通过大众媒介形成或影响舆论的理论假设。在诸多的关于媒介对舆论的引导理论中,这一假设受到了更多的重视,拥有持续多年的众多社会调查和实验研究报告,成为传播学研究中的显学。我国传播学研究者郭镇之1996年在议程设置理论的创始人麦库姆斯教授的指导下研修,她第二年写的论文《大众传播媒介的议程设置功能》(本节凡没有注明引述根据的均为:郭镇之,1997)为我们研究这一理论假设提供了较直接的材料。媒介(主要指它们的新闻报道)以这种方式对舆论的引导是它本身所具有的功能,而不是一种纯粹的主观方法。她在回顾了这一理论假设二十多年来的研究进程后写道:"议程设置作为一种间接的媒介效果,获得了大量的验证,说明它是一种普遍现象。虽然这种效果具有潜在的歪曲'图像'的危险,但它并不是一个贬义词。……议程设置是一种客观的功能。"如果媒介的议程设置及其效果是一种客观的媒介功能,那么就非常有必要探讨一下这种客观功能的作用、条件及可能出现的问题,以便充分、适当地运用它达到既定的正确引导舆论的目的。

媒介议程与公众议程的相关性

这一理论假设最初是由麦库姆斯和肖在1972年的一篇论文里提出的。他们分析了1968年总统选举时茄珀山(Chapel Hill)市的媒介内容议题的排序,同时对照当时该市舆论中诸议题的排序,发现两者的相关性极高。经过较深入的分析,他们提出了一个假设:大众媒介通过日复一日的新闻选择和发布,影响着公众对什么是当前最重要问题或事件的感觉;在媒介的议程与公众的议程之间,存在着一种因果关系,即经过一段时间,媒介的优先议题将成为公众的优先议题。在这里,"agenda"总体上指的是所报道的问题的排序或程序,具体的是指某一议题或事件的报道(慎之,1996)。

　　这一理论假设在以后许多规模更大、相关问题更多的条件下，屡次被证实。1981 年，两位美国传播学者文特（Winter，J）和伊尔（Eyal，C）进行了一次历时性研究，将 23 年间盖洛普公司的 27 次调查结果中公众对某个议题的重视程度，与每次调查之前四周当时媒介报道的主要内容进行对比分析，结果发现，公众对这个议题注意力的升降，恰恰反映了那些年媒介关于这个议题报道的起伏。1989 年，另一位传播学者伊顿（Eaton，H）分析了美国三大广播网、五大报纸和三大新闻周刊在三年半内的议程设置与同一时期盖洛普公司调查中公众关于11 个问题的关注度的关系，结果媒介内容的数量与公众对最重要问题排列正相关。1990 年，两位德国传播学者布洛修斯（Brosius，H）和凯普林格（Keppliger，H）对一年内德国电视的四种主要新闻节目的内容与同年 53 周的全国民意调查结果进行比较，在五个主要议题上，全部显示了媒介议程设置的效果。

　　议程设置的效果不仅存在于媒介与公众之间，而且也存在于不同媒介之间。当人们换一个角度而考虑"谁设置了议程"时，就发现较大的通讯社和威望较高的报纸往往为众多较小的媒介设置了议题，记者或编辑个人作为把关人的作用实际上无形中受到消息来源的影响，媒介之间传播消息，包括消息的选题、角度，对记者和编辑个人的影响也很大。

　　如果将媒介报道和其他内容总体上作为一种传播形式（form）和氛围（tone），那么在一个较长的时期内，它们会无形中给公众议程带来某种观念或新的议题。这种宏观的媒介议程设置功能，对公众议程的影响是潜移默化的、强大的。

　　以上的研究为运用媒介引导舆论提供了较为可靠的思路和方法；既然媒介对舆论的形成会带来如此重大的传播效果，那么当舆论呈现各种负面情形时，除了社会环境的原因，媒介当时的议程设置本身亦可能存在着较大的偏差。

议程设置产生效果的条件

　　媒介的议程设置并非是一种神秘的力量，它能够对舆论发生作用是有条件的。麦库姆斯和肖在后来的研究中曾指出，媒介的议程设置效果还要看公众与媒介的接触频率、公众对媒介的需要程度、当时人际交流的情况、不同公众的兴趣等因素，并非所有报道的议题都会紧接着在公众议程上显示出来，很多具体的情况会减弱或增大媒介议程设置的效果。另两位传播学者帕姆格林（Palmgreen, P）和克拉克（Clarke, P），在一次媒介调查中发现，媒介的议程设置对舆论的影响力，地方一级的媒介比全国性媒介要弱得多。他们认为，地方的人际交流和亲身观察，以及许多偶发原因，都会减弱地方媒介议程设置的影响力。1994 年金（King, P）在对我国台湾地区的一次调查中，从四种不同的角度研究了议程设置的效果，结果发现，媒介的这种效果在涉及较为宏观的、社会整体方面的问题时最为显著。

时间在媒介的议程设置中也是一个重要的因素。萨尔文（Salwen, M）1988年在研究环境保护的媒介议题与公众议题关系中发现，媒介议程设置的效果开始呈现对公众议程的影响是在新闻报道以后的 5～7 周，对公众议题冲击最大的时刻是在出现这类报道以后的 8～10 周。前面提到的伊顿的研究也发现，当公众对某一问题看得很重要时，媒介的近期报道较之早期报道与此的相关度要高得多。

公众对于外界信息的接受是有限度的，因而媒介的议程不论设置得多么巧妙，一旦过量，只能有部分的议程可能被接受。肖和麦库姆斯在 1977 年的一项研究中就发现，媒介将其议程设置转移到公众议程的能力，特别是激发个人经验以推动议题列入公众议程的能力，要以公众接受的容纳情况为限。任何特定的时刻，公众的议事日程不能超过 5～7 个议题。1992 年，我国传播学研究者祝建华对这个假设的接受限度进行过一次检验，发现媒介议程转移到公众议程中的前三个最重要的议题，其在公众议程中的显著度也是有差别的，每一个议题的显著度会受到两个因素的影响，即其他两个议题在公众议程中的显著度、新闻报道对那两个议题的报道的显著度（Zhu, J, 1992）。

媒介议程设置可能出现的差误

媒介议程设置的功能是显著的，它建立在公众对自身经验以外事物无法直接体验的基础上。于是大众传播媒介得以每日每时提供人们身外许多刚刚发生或正在发生的事实的报道，从而满足公众认识世界的精神需要。但是这种报道既不可能把事实按比例进行选择，也不能完全抛开每日发生的事实。媒介工作者们捕捉他们感兴趣的、认为重要的事实，通过日复一日地选择和发布，集中公众对世界某些方面的注意,影响着他们对当前事件重要性轻重缓急的认识。因而,公众关于外部世界的图像——舆论,除了人际传播的影响外,基本受大众传播媒介议程设置的控制。

然而,传播学者方考瑟(Funkhouser,G)1973 年的一项研究,对这种世界图像的真实性提出了很大的疑问。他分析了过去 10 年间美国面临的最重要的问题,媒介这些年间的议程设置同公众关于这类问题的议程相当一致,但是反映真实情况的数字指标与两者之间却很少一致。1993 年,得克萨斯大学的一项研究发现,美国公众的议程中,"犯罪"被列为首要的社会问题,而犯罪统计学表明,遭遇罪行的家庭数目已经稳步下降。研究者们想知道,媒介在这种舆论与现实之间的差距中扮演了多大的角色。显然,媒介的议程设置功能表现出一种很大的描绘社会实际情况的权力,这种描绘若长期与实际差距过大,这在信息化时代将可能引发舆论的混乱,因为人们还有其他更为快捷的信息渠道,只是目前接触这样的渠道需要一定的经济实力和专业知识。

媒介不可避免地要"构造"世界。尹特曼(Entman,R)1993 年为媒介的构造方法归纳了两点:突出法、选择法。他说:"构造作用引起人们注意现实的某些方面,而掩盖可能引导受众作出不同反应的其他实质。"这样做本身无所谓正确错误,它可能符合事物的实际情况,也可能提供歪曲事实从而错误影响舆论的机会。

媒介总体上的传播形式和氛围,在长久的时间流逝中也会产生不同的效果。例如媒介中的暴力内容,就对成年公众行为的影响而言,本身不会带来多少实际结果,因为"从事实看,经常阅读这些作品的人,总的说来是一些守法的良民。把某些情感不断'接地',把这些从虚拟情境中唤起的情感又在虚拟情境中释放出来,从而使它们不大可能到实际生活中去自行释放,这是合乎自然情理的"(科林伍德,1985:89)。但是,如果从观念获得上看,媒介(特别是电视)上过多的暴力内容则会使公众感觉社会中有比实际更多的罪行和暴力,从而产生恐惧感。派特森(Patterson,T)1993 年曾对过去 13 年中的美国的 1 万多条报纸和电视消息进行分析,从而发现了媒介传播形式和氛围对公众议程产生的影响呈有害偏差。

舆论导向与议程设置研究

我们强调的"舆论导向"具有较强的主观追求色彩,即希望现实的舆论呈现出引导者头脑里既定的理想图像,而议程设置作为一种媒介的功能则是客观的,只有遵循一定的条件,才可能使媒介的议程转变为公众的议程,成为舆论的一部分。正如麦库姆斯对他的理论假设所言:"任何发现都不能单独说明什么,它依赖于其他条件。"(慎之,1996)研究媒介议程设置的效果,可以给我们当前的舆论引导工作提供不少启示:

第一,引导舆论要避免"推定效果"。媒介的议程确实对公众的议程有很大的影响,但并非只要上了媒介,安排在显著位置或黄金时间,就会对公众的议程产生决定性影响。不能仅仅根据媒介的内容就推定一定会发生某种效果,例如刚才提到不能假定观看电视暴力图像的人便会表现暴力行为。公众本身的兴趣、接受水平、接受引导的需求以及人际交流的状况,都会影响议程设置的效果。我们习惯于通过统计受众的媒介接触率来判断传播效果,而根据这种统计,很难弄清楚是否由于具体的议程设置而造成舆论的变化。议程设置理论则注重将媒介的具体议程与公众议程进行比较,从而估量议程设置的效果如何。特别是地方媒介和涉及公众生活的议题,对其议程设置的效果估量要留有余地,因为公众可以通过直接的体验(转变为观念认识,即公众的议程)与媒介的议程进行比较,差距若过大,传播效果也许会相反。

第二,媒介引导效果的最佳时间问题。大众媒介对舆论的引导是一个较为宏观的社会性工作,即使对具体观念的引导,由于是"点"对"面"的传播关系,效果也不会像人际交流那样容易立竿见影、那样深入到舆论的信念层次(公众的公开意见与深层意识有时是有距离的)。因此,对于舆论的某种倾向,媒介的引导需要同类信息传播的积累,效果表现为持续的过程。我国对媒介议程设置的引导效果进行跟踪性调查很少,一些调查除了简单的百分比外,缺乏深度分析,因而目前无法掌握现有环境下媒介议程设置效果的最佳发生时间,基本上是凭经验和主观愿望行事。不过有一点是清楚的,即公众的议程往往受最近时间内接受的媒介信息的影响较大,媒介信息的流动性决定了公众对这类信息的选择和记忆的特点:暂时性,不断对未来信息的期待。而目前我国媒介对舆论的引导,却常在时效上处于较为被动的地位,媒介的近期影响效果利用不够,只是当舆论出现明显偏差以后,通常以集中的说服运动的形式进行引导,较多形式主义,亦不大注重媒介的议程设置产生最佳效果的时间。在这里,议程设置理论对我们的舆论导向研究有两点启示:注重利用媒介对舆论的近期影响力、启动对议程设置最佳效果时间的研究。

第三,主观的舆论导向与客观的媒介议程设置功能的统一问题。在我们对舆论的引导中,追求一时效果而忽视长远效果的问题较为严重。由于主要媒介通常代表着权力组织的意图,具有更大的权威性,这种情形往往造成某种舆论的流行现象,它也许不会触及深层舆论,但却直接影响公众的行为方向。例如某一政策的话语表达,可以通过媒介的议程设置而成为公众的议程,一旦表达片面,公众的行为方向便出现连锁偏差;若侵犯公众的利益,则引发相反的舆论。议程设置理论强调媒介议程整体上对公众议程的影响,注重考察一个时期内媒介议程设置的总体效果,并且发展到研究大众媒介传播的形式和氛围这种无形的设置在很长一个时期内对公众议程的影响。这对于"舆论导向"的研究来说,提供了一种思路和视角。一些"正确"的引导当时看起来效果不错,但若放到长期的媒介议程设置的效果中考察,也可能是一种误导。而媒介的议程设置作用是客观的,不会自行调整主观引导带来的偏差。所以,如果说议程设置理论给我们一些哲理方面的启示的话,那就是主观的舆论导向要放到媒介议程设置的总体效果中去考察,避免引导的机会主义。

议题设置的主观性与客观性的统一

"agenda"这个词对总体来说是议程(不同议题的排列程序),对具体来说便是议题。媒介的议程或议题的设置本身渗透着讯息制作和传播者的观念或倾向,由于大众传播是一种位于高处的"点"朝低位度"面"的传播,这种设置对公众的议程会产生较大的影响。但是这种设置的主观性也是有限的,一旦面对公众,就会受到公众原有信念、态度、以及兴趣、情境等的制约;消息的来源也制约着消息制作和传播者的视野。在这个有限的范围内,可以充分发挥设置者"构造"世界的能力,社会实践也要检验"构造"本身的历史真实性。

于是,从这个角度显现出由于每天每时设置偏差的积累而形成的重大偏差问题,并再次显现出引导舆论的伦理问题,诸如出于政治或经济利益而隐瞒或歪曲重大事实、诱导公众走向堕落等。正如赛弗林(Severin,W)和坦卡德(Tankard,J)1992 年就议程设置理论所说的:媒介促成人们对社会重大问题的观点;而媒介强调的问题可能并非压倒性的主要问题。与其说媒介是镜子,不如说是探照灯,它照到的地方,可能是被与此有关的利益集团引导的,或是被新闻工作者的传统、习惯和规则所左右,是被过分强调而也许并不重要的事件。所以,对新闻工作者来说,这一理论提高了社会责任问题的重要性。

在这里,我国学者提出的传受互动方格(喻国明,1987),如图 7 - 1 所示,虽然当初考虑的是传受互动问题,但所划出的九个报道区域却恰好为我国媒介的议程设置提供了一个设置什么、不设置什么的思路,它既涉及引导舆论的效果,也涉及议程设置的伦理。

传　播　者

	感兴趣的 可传部分	不感兴趣的 可传部分	不予传播 的部分
自觉需要 的部分	传播 兴奋区	潜在 兴奋区	不予满足 兴奋区
不自觉需 要的部分	传播 开发区	潜在 开发区	非开发区
不需要的 部分	传播 无效区	潜在 无效区	非传播区

（左侧纵向标注：受传者）

图 7 - 1　传受互动方格

对于媒介来说,议程的设置在双方共同感兴趣的区域(传播兴奋区)将产生较大的传播效果;媒介需要引导而公众可能非自觉需要的区域(传播开发区),可能是引导的重点;而其他潜在传播区或开发区,则需要媒介研究公众接受特征来考虑设置与否。关于"传播无效区",这是媒介单方面"热"而公众并不需要的报道区域,这类报道是引导舆论中一类问题,它只反映了引导者的兴趣,而没有考虑接受者的需要。关于"不予满足区",如果媒介给予满足,通常出于单方面的经济利益考虑,无条件迎合受众,设置者主观上不是为了引导什么,但是议程设置是媒介的客观功能,给公众的议程带来的负面影响无法回避。

"主动设置议程"有悖议程设置论本意【增补】

由于近年来传播学被大力引入,一些传播学的概念在我国社会上产生了一定的影响,例如要求传媒"主动设置议程",就被视为一种传播学理论在我国的实际应用。这样的简单移植,需要对理论本身理解正确,防止产生谬误。

任何学术的、专业的话语,其能够成立,均有一定的条件或限定的使用范围,否则便成为谬误。然而根据生活经验,表述越简单的信息,越能够被传播。某一学术的或专业的话语被普及,常常会被省略掉必要的条件或忽略它得以成立的环境要求,于是产生专业术语的运用"不专业"的现象。我国强调大众传媒保持正确的舆论导向,于是新闻传播学科内的一些同行想到了"议程设置论"这一理论假设,既然传媒可以对公众的议程产生影响,那么我们"主动设置议程",不就能够影响到公众想什么和说什么了吗!于是,"主动设置议程"就成为很多论述引导舆论文章的理论依据。

"议程设置论"指的是什么? 我们重申一下,郭镇之教授在很早的一篇论文《大众传播媒介的议程设置功能》中回顾这一理论假设时阐述的:"议程设置作为一种间接的媒介效果,获得了大量的验证,说明它是一种普遍现象。虽然这种效果具有潜在的歪曲'图像'的危险,但它并不是一个贬义词。……议程设置是一种客观的功能。"这里重要的是最后一句"议程设置是一种客观的功能"。这个理论假设论述的是大众传播的一种客观产生的传播功能,不是传媒自身的主观的传播功能。一旦把传媒的议程设置视为人为的和有计划的、想设置什么就设置什么、想怎样设置就怎样设置,就与这一理论假设提出的初衷相悖了。

"议程设置论"提出的传媒工作环境是美国。传播学者麦库姆斯和肖发现,在一定的区域内,有很多不同传媒,不同的记者、编辑,他们各自根据自己对事实的选择标准采写和编排新闻,其中总有一些是多数传媒和传媒人不约而同认为重要的,报道的时候被安排在报纸的首要位置或广电新闻节目的前几条。于是在这个区域的一段具体时间内,通过统计可以列出很多传媒共同认可的排名前几位的新闻(议程)。这样的排名,不是根据某一家传媒或某几个传媒人的设置就能得够得出的结果,也不是这个地区的权力组织刻意安排的结果,而是新闻自由条件下多数传媒和传媒人不约而同选择和相对共同关注的综合结果。

对于每个记者编辑来说,他在选择并加以报道新闻之时,不可避免带有一定的主观因素,但就一个区域内的众多传媒和传媒人带来的传媒议程的排序而言,则是每家媒体或每个传媒人都难以直接控制的客观的传播效果。

议程设置论讨论的是这样一种情形或结果:这种传媒议程的排序,与这个地区公众议程的排序之间存在一种关系,两者通常有一定的重合度。这说明传媒的总体议程设置会影响公众自身的议程设置。当然,这其中还有许多因素影响这种重合度,例如人们关注和记忆事项的限度、传媒议程持续的时间、事项本身是否多数公众能够接触到等。

中国的传媒体制与美国差别很大。所有的传媒都是在党领导下的,有些直接是党政部门的一部分,剩下的传媒无一例外,都必须挂靠在某个正式的党政部门、人民团体之下;还有从中央到地方各级党的宣传部,时而下达各种宣传通知,要求重点报什么、如何报道,对某些具体新闻的报道如何把握好分寸等。这种情形下的传媒或传媒人在传媒上安排的事项(新闻)议程,带有较多的主观成分。

在信息相对封闭的条件下,这种新闻传播(实质是宣传)体制下的传媒,其议程对公众议程的影响十分有效,因为这是公众唯一的外来信息源。尽管如此,一些官员仍然认为传媒影响舆论的力度不够。这个时候读到"议程设置论",只看结论而不看研究过程和理论成立的条件,会感到颇为亲切:太有用了!于是,"主动设置议程"成为一句常说的话,其实这与当初人家提出理论假设的内涵,基本不是一回事。

这种对传媒设置议程的认识,造成我们对该理论假设的进一步误读:似乎只要某个议程上了媒介,安排在报纸显著位置或广电黄金时段新闻节目的前几条,就会对公众想什么(即公众的议程)产生决定性影响。我们还习惯于通过统计受众的媒介接触率来判断传播效果,似乎只要接受了,就会有影响,接触越多影响越大。而接触了哪些内容,这方面的具体统计很少。根据这种笼统的接触率统计,很难弄清楚是否由于具体的议程设置而造成舆论的变化。

传媒刊播的内容,一般会对受众的议程产生影响,但我们强调的"舆论导向",具有较强的主观色彩,即希望现实的舆论呈现出引导者头脑里既定的理想图像,而议程设置论作为一种传播学的理论假设,它叙述的是新闻自由条件下各种不同的传媒无意中影响公众议程的一种传播功能,它应该是一种客观的传播效果。

如果所有的媒体人和传媒,均主观地按照同一的要求来设置传媒的议程,经常有意放大或有意缩小、遮蔽某些社会公认的重要议程,这就存在一个问题,即引导舆论的伦理。并非有效的就是道德的。希特勒说:"宣传的任务不在于正确与错误。我们不能客观地提供对我们不利的事实,而要把只有利于我们的事实反复强调,不遗余力地宣传。"戈培尔说:"宣传只有一个目标:征服群众。所有一切为这个目标服务的手段都是好的。"这些观点之所以错误,就在于他们将新闻与事实的关系颠倒了,认为"新闻就是政治性本身"。陆定一就此批判道:"'新闻就是政治性本身'就是把事实与其政治性的关系,头足倒置颠倒过来。……既然'新闻就是政治性本身',凡是有政治性的都可以算新闻,那末政治性的造谣、曲解、吹牛等等不是也就可以取得新闻的资格了么?""这种说法不仅是不正确的,而且异常阴险,异常恶毒,竟是法西斯的'新闻理论'基础"(陆定一,1943)。而马克思要求的是目的与手段的统一,他说:"要求的手段既是不正当的,目的也就不是正当的。"(马克思,1卷:74)

一家媒体或一个记者仅就一个事项主动设置议程,算不上很大的问题,但若所有大众传媒均按照一个基调"主动设置议程",而不考虑这个传媒的议程是否是事实,是否具有新闻价值,那性质便是愚民了。党的唯一宗旨是全心全意为人民服务。我们的传媒必须首先尊重人民,当然包括尊重人民的意愿。只有在深刻理解、尊重人民意愿的基础之上,才谈得上领导人民奔小康。我们的权力是人民给的,胡锦涛同志说过:"保障人民的知情权、参与权、表达权、监督权。……保证人民赋予的权力始终用来为人民谋利益。……提高政府工作透明度和公信力。"(胡锦涛,2007)保障人民在这方面的权利,传媒的领导机关和其工作人员,就需要有制衡他们权力的监督权力,不能任由他们随心所欲"代表"人民主动设置议程来左右人民想什么。正确的做法应该是:在了解真正民意和遵循新闻从业基本准则的基础上,通过合理、合法的程序,以讨论的方式来引导舆论走向理性。

第四节　媒介对舆论的社会控制
机制——沉默的螺旋

　　公众是生活在舆论环境中的,舆论环境是指身外的各种舆论的总和,它们由无数外界可感知的信息符号和其他人脑海里的知识、观念所组成,人们模糊地感觉到它的存在,并无形中受到它的控制,因而表达的观念和行为与舆论环境高度相关。特别在公开发表意见的时候,人们会很自然地观察舆论环境,瞬间或者经过一段时间的权衡之后,才会表达自己的意见。这种情形说明,业已存在的舆论环境对于形成新的舆论,是一种无形而强大的社会控制力量。而客观的舆论环境,是由人际传播、组织传播和大众传播造就的,其中大众传播媒介在当代社会是能够感觉到的负载舆论环境的最主要的社会性媒体。特别在超出人们直接感知范围的视野中,媒介对形成中的新的舆论的引导力十分强大。对这一过程进行深入研究的是本书第三章第三节提到的德国女舆论学家诺埃勒-诺依曼(Noelle-Neumann,E),她的"沉默的螺旋"(the spiral of silence)理论假设,对于"舆论导向"研究具有重要的理论价值。

"沉默螺旋"现象与大众媒介控制舆论的机制

　　这一理论的表述最早开始于 1974 年她的一篇论文《沉默的螺旋：一种舆论学理论》,1980 年形成德文版著作《沉默的螺旋：舆论——我们社会的皮肤》,该书 1984 年用英文出版后,在舆论学—传播学界影响很大,从这个角度研究媒介对舆论影响的论著骤然增多,亦算是一门显学了。诺依曼强调人的社会天性,为防止交往中的孤立,人总是寻求与周围关系的和谐。这样,就形成一种"沉默的螺旋"现象：当人们感觉到自己的意见(可能是一种新的意见,或者是一种业已存在的意见)属于"多数"或处于"优势"时,便倾向于积极大胆地发表这种意见;当发觉自己的意见属于"少数"或处于"劣势"时,遇到公开发表的机会,可能为防止孤立而保持"沉默"。意见一方的沉默造成另一方意见的增势,如此循环往复,便形成一种一方越来越强大,另一方越来越沉默下去的螺旋发展过程。她关于"沉默螺旋"的定义既简要又全面地概括了这一社会现象,即："沉默的螺旋可以是一个过程，一种新的、朝气蓬勃的舆论通过这一过程得到发展，或者原有舆论的内涵通过这一过程赖以扩散。"(Noelle-Neumann,1993：59)

再看大众媒介，由于它们本身具有一定的权威性，传播的内容具有公开性、显著性，传播几乎无处不在，加之报道内容的类同、传播在时间上的持续和造成的信息积累，它们所提示的和强调的意见很容易被视为是主流意见，或者是未来有发展前途的意见，这些意见可以从容表达而不会受到孤立。于是，"沉默的螺旋"现象最大量地出现于公众接受大众媒介之时，这种认知带来一种心理上的压力或对安全感的需求，使得多数公众在公开表达意见时采用媒介上不断重复的词汇和观念，并产生判断和行为上的连锁反应。于是，大众媒介在引导舆论的过程中获得了一种控制舆论的社会机制。自觉不自觉地利用这种机制引导舆论向某一方向发展，实际上是我们经常使用的一种控制舆论的方法，"制造舆论"、"大造舆论"、"造声势"等的说法，便是在这种情况下产生的。这里所说的"舆论"，尚是一种公众形式主义的公开意见，不一定是真正的公众意见。但是，随着时间的推移，加之媒介的引导与公众的接受习惯较为贴近，存在着这样的可能性："最初的公开服从可能启动自我说服过程，最后导致说服信息的内化。"(龚文庠,1994：178)

诺埃勒-诺依曼写道："作为社会控制的舆论，它的任务是促进社会一体化，保障基本行为和观念达到足够的一致水平。"(Noelle-Neumann,1993：220)她所说的"舆论"，实际上最初是媒介所提示和强调的意见，后来在"沉默的螺旋"作用下，可能转变为实际的舆论。在这个意义上，她所论述的其实是媒介对舆论实行社会控制的结果。我们所强调的媒介的正面报道，运用的便是大众媒介对舆论的这种社会功能，迫使负面的舆论越来越沉默下去，难于发表，正面的舆论得到弘扬，从而达到正确引导舆论的目的。

"沉默螺旋"的理论依据

这一理论假设的目的，是从大众传播媒介提供明显的"舆论环境"和公众对它的感知入手，揭示媒介对舆论所具有的控制（形成新的或保持原有舆论）力量。它强调公众对媒介信息的认知过程，进而才是态度、行为的变化问题。在认知这个层面上，媒介对公众公开的意见的影响力是很大的。就此，郭庆光评价道："它正确地指出了传播媒介通过形成'意见气候'来制约社会心理和影响舆论这一大

众传播时代的社会现实。"（郭庆光，1995）

在理论依据方面，这一假设建立在人的社会从众心理和趋同行为的分析上。诺依曼强调，人对孤独的恐惧、个人对强势意见的知觉、对意见未来趋势的评估，以及公开表达个人意见的意愿强度等等，是"沉默螺旋"现象产生的主要原因（王石番，1995：219）。但是另外一些学者也指出了这一理论假设依据不够全面的地方，例如从众心理和趋同行为依问题的性质而会表现出很大的程度差异，不同的社会文化传统和现实意识形态的特点也会影响从众和趋同的表现形式。格莱恩（Glynn，C、Ostman，R ＆ McDonald，D）等三位教授在评述这一理论时认为，在关于对媒介知觉的各种理论中，"沉默的螺旋"更接近真正的"理论"，它把知觉看作一个过程，包含一系列的动因解释，经过了一定的时间，产生了某种效果。同时，他们也指出了这一理论的不足之处：（1）诺依曼过分强调了人们对孤立的恐惧这个动因，其实意见表达后面利益的期待这一动因，超过了对孤立的惧怕；（2）对问题的了解程度也是人们决定是否公开表态的重要因素；（3）诺依曼论证中忽略了公众所在社团、群体在调解更大社会影响中的角色（Glasser，1995：265－266）。

这些关于"沉默的螺旋"理论依据的讨论，为我们在运用这一理论假设对舆论进行引导提出了一些条件。大众媒介拥有相当的权威性、显著性，因而能够造成一定的舆论环境，"迫使"公众在一般情况下接受媒介所提示和强调的东西，并形成新的舆论。但是这种情况会在不少条件下打折扣，例如当问题涉及较为广泛的公众切身利益时，如果媒介强调的东西与之过分相悖；当公众对某个问题较为了解，且处于自由发表意见的文化传统下，如果媒介的意见与公众的意见差距过大；当公众属于某些组织严密的社团、宗族时，如果媒介的意见与该社团的宗旨相悖，那么，公众即使在无形的压力下公开发表意见，也可能敢于与媒介的意见相左。在这种时刻，各种关于媒介能够"制造舆论"、"大造舆论"、"造声势"等的信念将受到挑战。媒介对于舆论的社会控制机制既是强大的，也是有限的。

"公开的意见"与"自己的意见"

我们对舆论进行引导的目的，是希望舆论朝着符合社会规范和一般道德准则的方向发展。"沉默的螺旋"无形中揭示了媒介控制舆论时发生的公众意见内外两张皮的现象，即公开发表的意见与公众自己的真正意见可能并不是一回事。

如果出现这种情况,也许表面上舆论相当一致,也显得颇为平稳,但潜在着社会意识和信息交流方面的某种危机,并不利于社会长远的稳定。格莱恩等人曾分析了六种较为著名的公众感知实际的多数意见、感知媒介提示或强调的意见、感知自己的内在意见的社会心理学理论。其中主要的是以下四种:

1. 镜式知觉(looking glass preception)。当没有很强的相反力量时,大多数人会觉得其他人与自己对公共事务的看法相似。别人(这里主要指媒介)这时是一面镜子,反射出自己的意见,其实这时"自己的"意见正是镜子反射所致。

2. 假一致(false consensus)。当自己选择某种意见时,把自己的选择看作是正常的和恰当的,并认为别人的选择与自己也是一致的。原因有非动机性的,如自我增强的心理、把他人看作与自己一样的心理;也有的是故意使自己表现"正常",以赢得社会支持或合法性的需要。

3. 复数的不知(pluralistic ignorance)。当个人意识到自己的观念或行为与他人(媒介)一致,其实内在认识并不一致时,便产生了这种现象,即双方都以为对方不知道这种内外的不一致。这是最明显的内外观念两张皮的现象。

4. 坚定己见(hardcore)。不论外界持什么见解,都坚持自己独立的看法。这种情况任何时候都有,但只限于少数具有广博知识和信念坚定的人,或群体中的核心分子。

格莱恩等人根据人们对外界信息的认知特点,设计了一个表明八种反应的表格(Glasser,1995:269),请见表7-1。

表7-1　格莱恩等的反应表格

实际的多数	对多数意见的知觉	自己的意见	
		赞同	反对
赞同	赞同	1	4
	反对	3	2
反对	赞同	2	3
	反对	4	1

　　其中"对多数意见的知觉"主要是对媒介意见的知觉。结果便可能产生至少八种（这是一种简单的关于反应的分布，实际情况当然复杂得多）而不是一种反应。这说明，媒介对于舆论的社会控制机制虽然在多数情况下能造成相当的公开表达的一致，但是与公众真正地信服尚有距离。无限制地追求媒介制造声势的效果，可能会遭到一定的逆向报应。所以，对于媒介引导舆论的效果，要具体分析，不能因为表面的一致赞同或反对而过于陶醉。鉴于这个缘由，媒介引导舆论必须首先尊重公众，深刻理解已有舆论，多提供一些选择，以求少出现"复数的不知"的现象，努力使可能的形式主义的公开意见内化为公众自己的意见。

第八章　我国当前舆论导向中的
若干问题研究

第一节　基本认识的引导：什么是
社会主义市场经济

我国当代舆论的特征具有各种"问题"性质，造成这些"问题"虽然各有许多具体的原因，但总的原因则在于社会主义市场经济动摇了公众长期以来形成的某些固有信念，而新的信念又没有清晰而正确地建立起来。舆论的意见层、态度层变化即使较大，通常不会根本触及舆论的深层结构（信念体系），而从计划经济到市场经济的社会转型就不同了，这是一次巨大的社会经济结构的大变动。当人们的利益意识被唤起而又缺乏逐利秩序之时，许多当年被固定化的信念遇到了挑战，这就如同打开了一个"潘多拉的盒子"，造成舆论的种种非常态表现。在这个意义上，如果说大众媒介要对舆论进行引导，那么根本的任务是提供关于社会主义市场经济的正确认识。这一点做好了，其他方面的引导才可能巩固已有的成效，否则，许多细致的引导工作会由于一两次对社会主义市场经济认识的偏差而一风吹掉。

面对市场经济：历史认识的偏差与媒介热昏的头脑

在高度集中的计划经济体制下，社会利益集团不很明显，无论个人还是自为群体，几乎不存在追求利益的可能和机会。由于受到严厉的政策、政治化的道德规范的约束，人们不知逐利，也不敢逐利，蔑视金钱是一种时尚，逐利会使人自然产生"负罪感"或内心的不安。在这种情况下，对于市场经济的认识也是歪曲的，极力当作社会主义的对立面加以排斥，将它描绘为金钱至上、巧取豪夺、尔虞我诈、弱肉强食和无政府主义经济等。以这种对于市场经济的基本信念进入社会主义市场经济，对于新的环境认识会自然地产生很大的偏差。

由于长期对利益追求的压抑，一旦承认追求自我利益的合法性，认识上的反弹会较为强烈，它一方面激发了人们勤劳致富的积极性和创造性，另一方面也激发了强烈的追求利益的欲望。所有这些都是在人们对市场经济知之不多或曲解认识的情况下发生的。于是在急于致富的公众头脑中，所谓市场经济，无非就是我们长期误解的那种无政府、无规则的经济，人们"只知逐利，不知规则"。虽然当时我们的主要媒介抽象地讲到市场经济需要规则，但是更多的地方和行业媒介(以及读者群庞大的各种文摘报)上却是大量依靠投机迅速致富的消息，仿佛一夜之间水可以变成油了。

本来关于市场经济的舆论就有不少曲解成分，媒介导向的偏差无异于火上浇油，1992年以及以后一个短时期内的某些媒介的倾向，如果用一句话来概括，那就是当时一本报告文学的豪迈宣言："大潮起了，让我们下海！"

于是，"'教授卖馅饼'，被新闻界炒得沸沸扬扬，以作为时代精神的一个典型。在后来的深度采访中，电视记者还持着话筒询问那些正在吃馅饼的学生味道如何，更表明此事确凿无疑。……还有县长带头下海、利用业余时间练摊的报道。说的是河南某县城在邓小平同志南巡讲话的鼓舞下，解放思想，搞活流通，县长率先在八小时之外摆小货摊做生意……"，"某个大款花30万元摆一桌宴席，以夸富斗胜，另一大款一掷千金地住进总统套间，尽得风流；这种花边新闻，被记者们炒了又炒"，"'电视商场'的主持人，不动声色地向观众介绍着数百元一件的T恤衫，数千元一件的时装，上万元一件的首饰"。"在相当长的时间里，出自一部电视剧的台词，金钱不是万能的，但是没有金钱也是万万不能的，风行于全国，表明了舆论的一边倒，只知道要重视金钱的现实作用"(知非，1996：314 -315、40、322)。即使讲"知识"，似乎也是一种机智而非学理，"有一段时间，'点子大王'多如过江之鲫，被新闻界炒得沸沸扬扬"(梁良良，1996：34)。一家电视台推出了一个系列专访节目，邀请的嘉宾是20位下海后短期内成为百万富翁的人。记者告诉人们：他们"拣了条捷径到罗马"，"他们的未来不是梦"，"朋友，你没有理由与频频闪现的机遇女神擦肩而过"(高小康，1995：99 - 100)。

如果说上面所涉及的还仅是一些社会新闻之类的东西,是一种媒介追赶时髦的现象,那么当"市场"这个词汇在媒介的普及下变得流行的时候,被赋予的内容同样相当成问题。首先是将市场经济等同于办个具体的市场、圈一块地皮,各种市场和开发区的剪彩报道随处可见,似乎这种十分狭义的"市场"一抓就灵。第二,市场经济成了政府部门办公司、国家垄断的服务机构额外搞"创收"的口实,这类官与商结合的"经验"竟一时成为众多媒介的重头新闻予以报道,诸如"社会主义的皮包公司是一种信息产业"、"文教卫部门搞创收可以增强事业单位后劲"等所谓社会主义市场经济的"新观念"也常见诸报端。第三,各种形式主义的"市场热"现象升温,即使落后的偏远地区也不惜集中仅有的财力去建高级商场、宾馆,这与媒介的渲染不无关系(姚俭建,1994:174-176)。

问题在于媒介工作者自身并不比公众更多地了解市场经济,而他们的不清醒却加剧着舆论的惶惑与浮躁。知非在分析那家首先报道县长练摊的报纸时写道:"上面这条消息,从采写新闻的记者,到安排版面的编辑,签字发排的总编,都以为是在通过这一事例鼓吹加快改革开放的步伐。但是,在热昏了头脑的时候,有没有略动一下脑筋,做些简单的思考呢?"(知非,1996:43)高小康分析那家报道20个暴富者的电视台时,进一步谈到媒介工作者的认识偏差:"他们被电视台和报纸归在一起当作成功者加以介绍,这表明在这些传播媒介和相应的受众眼里有一种关于'成功'的实利主义概念,就是'发财'。"(高小康,1995:100)其实,就是资本主义的伦理,也仅把发财作为确证和完善自己的方式。知非谈到的各种迅速暴富消息的总体效果同样值得思考:"新闻媒介'爆炒'此类新闻,在使人们都错误地判定社会经济状况的同时——某一著名老学者,就写过一篇《我们都成了大富翁了吗》,以指正此类错误和错误的舆论导向——还加剧了社会心理的失衡,使处于社会的另一极、生活水平中下的人们,或者投入对社会财富的疯狂追逐,红道黑道正道斜道一起走,或者陷入愤怒的绝望之中,酿成一种偏畸而危险的社会心态,潜在着极大的破坏性。"(知非,1996:310-311)

先声夺人,这类对市场经济认识的偏差,虽经以后几年的悉心引导,但根本扭转认识的偏差将颇费力气。直到1996年8月,某直辖市的一家行业报纸的头版还出现了这样一条消息《老板青睐1.18活期存折》,文中说:"邮储人员深入界内各商贸中心、批发市场向个体户老板推出1.18的活期存折,此折迎合了老板们'想发、要发'的心理,受到老板们的青睐。"同时,还配了一幅漫画,老板们一个个咧嘴笑着,一手拿着1.18存折,一手翘着大拇指(陈力丹,1996)。这种导向显然是成问题的,当事的记者和编辑却真诚地将它作为成功的经验推广,他们头脑中关于社会主义市场经济的图像竟是这样!

不需要深入的分析就可以看到,如果媒介对于市场经济发生认识偏差,那么这将是引发舆论震荡或持续惶惑、浮躁的基本信念上的原因;而纠正各种引导的偏差,需要从扭转对于市场经济的基本认识入手,这是个纲,纲举目张。

什么不是市场经济

大众媒介面向公众,以深奥的经济学理论形式说明什么是市场经济,对于媒介来说是困难的,鉴于业已存在的不少关于市场经济认识的偏差,引导宜于从"什么不是市场经济"开始。首先要说明:"市场经济不是没有秩序,不是不要秩序,相反,它本身就是一种秩序,是一套制度,是一套调节人与人之间的相互关系的行为规则。"(樊纲,1996)经济活动越是无序,"交易成本"(相互防范、尔虞我诈、不讲信誉、履约的成本)越大,归根到底对哪方都不利;竞争的无序和无度可能会导致个人及群体间的对抗。

接着要说明,市场经济并不是万能的,"市场机制只能在既有的财富分配格局下实现资源的最优配置,而几乎无法对现有财富分配格局作出符合于社会目的的改变。于是便出现'市场失灵'的区域"(吴敬琏,1993)。"市场经济中,的确有一只无形之手在调节财富并满足着人们追逐私利的愿望,那么,至少还应当有一只同样重要的价值观念上的无形之手,通过一种公正意识来维系这种社会秩序"(王列,1993)。

最后需要提醒的是,公正的标准不是计划经济时期的"收入均等程度",而是市场平等、社会平等。"市场平等意味着,在现存经济价值所有权的分配中,决定一个人获得相对份额的主要是个人的努力和机会选择等'自致'(achieved)因素,而不是出身、地位、身份等'先赋'(ascribed)因素,只要存在资源的稀缺性,这种'平等'就有其'福利最大化'的'工具合理性'"。"社会平等是对市场缺陷的一种补偿和对竞争过度的一种制约。……不是竞争和效率的对立物"。它以社会对人生存、发展基本权利的共识为基础,是保障社会群体生活下去、免受社会冲突的破坏和瓦解的生活原则,社会秩序赖以存在的道德基础(李培林,1995)。

营造正确认识社会主义市场经济的舆论氛围

社会主义市场经济的发展不仅是一种新的经济制度确立和完善的过程,而且还应是一个形成现代经济精神的过程。这种精神来自社会主义的市场经济实践,也需要大众传播媒介营造一种良好的舆论氛围。现代经济精神,按照孟宪忠的说法:"包括经济行为合理的高尚动机,脚踏实地的务实精神,经济交往中的信誉,可持续发展的环境意识,健康、文明的精神追求。"(张玉来,1995)根据现在我国舆论的特点,大众媒介需要在以下几方面多做转化舆论的工作,造就社会主义市场经济条件下的现代经济精神。

第一,把对财富的贪欲冲动、单纯的牟利动机转变为一种社会成就感和社会责任感。市场经济需要调动人们追求利益的积极性,但是单纯的利益联系容易使人们更多地以个人的成本—利益计算方式从事,而置个人的义务和责任、公共利益于不顾,个人追求利益的最大化并不能自动实现社会利益的最大化。然而,存在着另一种情况可供媒介利用于对舆论的引导:"市场欲望有着很大的发散性,它可以在同一时刻兼容若干欲望的指向,并且每一具体方面的欲望力不时地向四周投射。"(张雄,1995)在这些欲望中既有对私利的疯狂追求,也有对成就感的不懈追求,还会有更高尚的社会责任感意识。我们的媒介完全可以运用媒介特有的议程设置功能,以及对舆论的社会控制机制,正面扩大这些欲望中的成就感追求和社会责任意识,抑制对于私利的过度追求,从而营造一种良好的现代经济精神。

第二,把投机风气和追求虚幻的泡沫经济意识转变为一种实业精神。任何社会财富的增长归根到底都依赖于生产、科技的创造,正是在这一过程中,社会变得十分活跃,促动各方面全面发展,人的素质得到提高,从而培植起新的民族创造性精神。商业流通是生产和科技创造的延续,或是它们最后实现自身的必要环节,它并不能创造实际的财富,而是实现已有财富的价值。流通领域的利润如同切一块大小相对确定的蛋糕,得到的一块便是其他人未得到的一块。市场经济变化万千,带有一定的投机特征,但它的基础是实业,是不断开拓新的生产领域。如果我们的媒介把报道重心集中在商业流通和经济投机领域,过分催动公众对于股票、期货投机的期望，着力宣扬各种商业促销手段，这种大力哄炒往往会造成一种虚幻的泡沫经济，使舆论变得浮躁不安，暴富导致奢侈挥霍，暴穷导致精神崩溃。一旦泡沫破灭，舆论发生震荡，不仅威胁社会稳定，也不利于培养稳健的民族精神。在这里，孟宪忠谈到的经济活动的主导取向，值得媒介在引导舆论时谨记："必须把庸俗化的重商主义转变为一种实业精神。对于我们来说，发展社会主义市场经济，要有务实精神。这关系到经济活动的主导取向问题。"(张玉来,1995)

第三，把你死我活、损人利己、以邻为壑的经济交往观念，转变为互惠互利的经济交往观念。竞争是市场经济的生命所在，但这种竞争并非政治军事的战争，只有你死才有我活，战胜对方才能保存自己。经济交往活动各方都得到一定利益，才可能调动各方的积极性，交往得以顺利进行。当类似"你死我活"的经济交往观念成为一种舆论时，各种不正当的经济行为，诸如欺行霸市、敲诈勒索、逃税漏税、假冒伪劣等会发展起来，加剧社会精神环境的紧张化，人人没有安全感，防范意识格外强烈。我们的媒介虽然对于各种不正当经济行为予以了揭露和批评，但同时又在有意无意地传播着各种以传统"兵法"为圭臬的商战经验，影视中也有不少这样的情节，忽略了市场经济是契约经济这个基本特点。因而，营造一种互惠互利的竞争与合作的经济精神氛围，对于整个社会的舆论保持稳定和理智，具有重要意义。

第四，把对财富的挥霍和单纯享乐意识，转变为对文明生活价值和生活意义的追求。社会主义市场经济的最终目的是提高人民的生活水平，但是对于"提高"的理解也需要引导。公众有了享受生活的权利和能力，本身是一种社会进步，但是需要借鉴一些发展中国家走向现代化的教训，即一旦生活好转，即发生社会普遍追求生活享乐的倾向，舆论变得轻佻而少责任感，社会呈现"有增长无发展"的情况。经济的增长不一定意味着社会的发展。公众的精神文明程度是社会发展诸指标的综合表现。因此，这里又给大众媒介提出了一个引导舆论的具体问题：赋予与媒介相关的享受和娱乐以一定的人文内涵和健康的价值取向。社会主义的市场经济尤其要注重经济增长与社会发展的同步，"没有人文—文化内涵和价值取向的经济增长，不是文明的经济增长，也不再是现代社会追求的目标"(张玉来,1993)。

　　第五,把对自然资源的单纯占用和消耗的意识,转变为一种可持续发展的生态伦理意识。这个问题似乎与引导舆论关系不大,然而正是舆论中潜在的对于这个问题的轻视态度,日益导致人们生存环境的恶化,而恶劣的生存环境又间接地催动着舆论呈现情绪化与浮躁状态。1995 年京沪两大城市关于环境意识的调查表明,人们由于媒介的大力引导,六成公众已经多少意识到环境问题,但是绝大多数人把环保仅视为政府的工作,只有 1.1% 的人有主动保护环境的行为意识(袁方,1995)。现代社会里,一个国家的环境状况是这个国家的舆论文明水平之镜,在这方面营造一种良好的舆论氛围,亟待提到媒介引导的议程上。

　　《人民日报》讲述了一个关于环保的小故事：一位下乡扶贫后充分认识到塑料"白色污染"的女基层干部,坚持提篮买菜,不用商贩免费提供的塑料袋。事情很平常,但是其意义就如文章所说："把它与消除'白色污染'的绿色革命联系起来,就是一件关系到人类生存环境的大事。更何况,真要做好这件小事并不容易,因为不仅需要真正的觉悟,还需要执著的追求和默默的坚持。提篮买菜体现出一种可贵的情怀,现代人需要这种情怀。"(阳跃余,1997)可惜,这类关于普通公民环保意识的报道(正面的环保道理已经讲得很多),目前在我们的媒介上较少,给予的位置也较低,尚形不成引导舆论的力度。

　　为了强调这方面引导的意义,这里不妨讲述两个故事。一位作者 1993 年冬天在德国一个普通百姓家里住了两夜,每天夜里 12 点房东太太将所有房间的暖气一一关闭。暖气费极为便宜,她的理由是：您知道全球气候变暖(global warming)吗？您睡下后暖气所放热量对您是无用的,但它却增加了地球的温度,而且烧暖气也会消耗地球的资源。另一个故事发生在我国南方一家化工厂,因为车间里的酸雾对人体有害而每月发给一线工人 14 元营养费。该厂行政后勤部门为"享受"到这笔钱,拆了原来的办公室,而在紧靠有污染车间的地方盖起一排新房,由于吸到了酸雾他们也体面地得到 14 元钱(王奋宇,1995)。后一个故事的起因中也许有"穷"的因素,但大肆挥霍的"款爷"中又有谁想到过地球资源的有限呢？舆论在环保方面的愚昧是十分可怕的,有必要对此提起充分的注意。

第二节　万万不可粗心大意：政策和策略是引导的生命

　　我国的大众传播媒介具有与一般媒介不同的特色,即被明确地赋予宣传党的方针政策的重要职责。传达党的方针政策还有另一条组织渠道,即具体的各级党的和行政的信息系统。在计划经济体制时期,这两条渠道同样发达,相互强化着对舆论的控制。随着改革开放的进程,组织传达的渠道虽然依然存在,但对舆论的影响力已远不如迅速发展起来的大众媒介了。以 1992 年在青岛市的一次调查(N＝1 000)为例,95％的市民最先获知党的方针政策的渠道是大众媒介,单位传达所占比例大大减少。调查者就此写道:"通过对政策传递的测量发现:长期以来,党和政府的一切重要决定和政策通过单位和组织系统层层传达布置的情况正在发生变化。现在,新闻媒介(报刊、电视、广播)已成为政策传递中'一杆子插到底'、信息衰减或失真最小的主渠道。"(喻国明,1993:53)这说明,在社会主义市场经济条件下,大众传播媒介对于舆论的影响力增大了,这将有利于及时有效地对舆论的引导,但也加大了媒介引导舆论的社会责任;一旦引导出现偏差,造成的舆论震荡同样是强烈的。对媒介来说,能否引导公众正确领会党的政策和策略,始终是问题的关键。

政策的宣传力度要与公众的承受能力相适应

　　从计划经济向市场经济的过渡,不仅是经济体制的转换,由于它同时触及着人们生活的一些基本信念,因而也是一种观念的转换。这种转换需要时间,绝不是发动一两场宣传战就能够解决问题的。这方面的典型教训,便是 1992 年全国媒介持续数月的关于"砸三铁"的集中报道。

　　所谓"三铁",指的是计划经济体制下形成的国有企事业职工和干部的铁饭碗、铁工资、铁交椅。1992 年上半年,在学习邓小平南巡讲话的背景下,人们热情地欢迎社会主义市场经济的到来,而忽略了转换经济体制的渐进过程。一家中央级经济报纸首先推出关于"砸三铁"的系列报道,接着其他中央级媒介纷纷推出自己的同类报道,于是"各地报刊掀起了一股宣传'砸三铁'的舆论浪潮,文章连篇累牍,声势十分浩大"(李良栋,1995:91)。一时间举国震动,从地方官员到企业人士莫不言此,报刊、电视上经常出现诸如"本钢十万职工告别'铁饭碗'"、"北京百家企业'上船'"之类砸三铁的惊人消息。实际上,当时并没有哪家企业真正能够做到"砸三铁",各种需要配套的社会问题不是几个月、几年就可以解决的。从长远看,"三铁"将随着社会主义市场经济的完善而逐步消失,如果将它视为一种实施的长远的政策,本身没有什么错误,但是在没有各种配套解决办法的条件下这样集中地宣传,造成一步跨入市场经济的逼人态势,对于舆论的冲击力过大,超出其承受的能力,因为这涉及大多数人根本的切身利益,不是发几句牢骚就可以达到心理平衡的。于是,"流言也不胫而走,传遍全国各地,并且不断添油加醋,耸人听闻。……'砸三铁'触动了一些人的利益,利益受损,不满的舆论应运而生"(同上,92-93)。在中央制止了这种集中宣传之后,由于惯性,地方上的宣传还持续了一段时间,公众的流行词汇中这个特有名词存在的时间更长些。这场出于宣传党的方针政策好意的宣传战,无形中造成的舆论的惶惑、浮躁,几年后才渐渐平缓下来。

另一些改革开放以来的基本政策,像让一部分人先富起来、招商引资等,本来都是有条件的或由具体法律法规来体现的,但是在媒介引导舆论的过程中,也都不同程度地出现过片面宣传、造成局部舆论震荡的事情。诸如早期一窝蜂地报道万元户、电视村,后来是集中报道亿元村、百亿元县,最后到系列的《中国超级大亨扫描》、《92 大陆富豪》、《亚洲大款》,以及遍地开花的圈地运动、建立开发区的追求形式主义的报道等,本来公众对相关的政策是很拥护的,伴随着媒介的引导偏差,反而对正确的政策造成误解,反感的流言和民谣四起。

党的政策是对问题的长远考虑或带有具体的条件要求,媒介对政策要有深切的理解,同时充分了解公众的心理承受能力、不同公众对象的接受特征。在这里,引导舆论的策略非常重要,不讲条件和对象地一哄而上、一再加温,往往造成很大范围的舆论误导。特别像"砸三铁"这类公众可能缺乏承受力的长远政策,引导舆论时更要十分谨慎,宜采用浸润、渐进的方式。

人的心理是有两面性的,对于新鲜的事物,由于受到媒介的激发,接受起来较快;但在平静之后,心灵深处的"主我"若与进入自身的"客我"不和谐,便会发生冲突,造成各种情绪化的潜舆论。"砸三铁"的报道一时显得较为轰动,当时的某些社会调查完全赞同和基本赞同的达到六成(喻国明,1993：62),这与公众心理的两面性有关。其实,若是仔细分析当时的一些调查数据,其中持"说不清"态度的比例不小,赞成中持"基本"赞成态度的比例也不小,已经暗示着公众对这种引导存在的承受力问题,只是由于调查者自身亦处于媒介制造的舆论氛围之中,另一种倾向被忽略了。

政策的解释要及时,防止舆论的躁动

市场经济条件下的各种政策出台,大多与公众实际利益相关,舆论通常会活跃起来,人们议论纷纷,各种猜测蔓延,特别需要具有权威性的媒介及时提供关于政策的解释。在公众对政策细节知之不多又歪曲理解的时候,解释性信息传播的时效和力度显得更加重要。

1993年12月,国务院发布了从1994年1月1日起征收消费税的暂行条例。这项政策虽然提前公布了,但广大消费者对于市场经济毕竟还是陌生的,尽管媒介已经给予了适当的报道,财政部部长于12月16日对记者发表谈话做了解释,由于提前量不够,进一步的解释没有到位,各媒介的报道又时断时续,真正大规模的解释性报道直到政策实施以后才开始,于是12月底还是在一些地方出现抢购风潮,人们心急火燎地购置"大件"商品,个别商家乘机哄抬物价,因为许多人以为是要向消费者征收消费税。仅仅由于解释政策的时效掌握方面考虑不周,解释力度不够,便会产生这样的舆论躁动,这不能不提醒我们的媒介:"在一些重要的改革措施将陆续出台的时候,群众的思想非常活跃,有各种各样的猜测和议论,迫切需要各部门、各地方的领导同志随时掌握群众的思想脉搏,为群众释疑解惑。这是最及时最有力的思想政治工作。不要以为自己已经了解和掌握的东西,群众也都了解和掌握了。"(于宁,1993)

政策的表达要准确,强调贯彻的条件

党的政策的提出通常经过反复的调查研究,具体表述是严谨的,同时附加了实施政策的条件(包括法律法规)。媒介在将这些政策以各种形式转变为公众的观念舆论和行为舆论之时,需要以形象生动的语言吸引公众。对政策的概括是必要的,但必须表达准确,否则,无形中造成的对舆论的误导,同样会引发局部的舆论震荡。

例如关于物质文明与精神文明的关系,党的政策是十分明确的,两个轮子必须一起动,决不能一手硬一手软。于是,若干年前不少媒介出于好意将这个基本政策概括为"文化搭台,经济唱戏"或类似的口号(诸如"发掘历史名人,搞活地方经济"、"艺术搭台,经贸唱戏"等)。然而,如果查查所报道的内容,与真正的文化有关的并不多,以"文化"的名义赚大钱倒成为主题了。各地的文化节,除少数有些文化气氛外,多数强烈的功利目的溢于言表。与此同时,几乎所有商业行为都在努力与"文化"庸俗地攀亲,"不管是什么领域行当,都可以冠之以文化;不论什么人,张口闭口皆盛产文化。诸如穿衣有服饰文化,吃饭有饮食文化,住宿有饭店文化,游玩有旅游文化。当年曾以'发廊文化'名噪一时的浙江某地,近来又火爆'洗澡文化',并作为当地人联络感情、洽谈生意的绝招"(李伟杰,1996)。公众对"文化"的知觉,主要来自媒介报道和媒介的广告,如果这些就是"文化",实在与初衷相差甚远。媒介对党的基本政策理解的肤浅,造就了一种关于"文化"的极为肤浅的舆论,转变这种舆论需要相当的时间。其实,仔细分析一下这句口号,除了理解上的误差外,它本身亦不准确。"文化搭台"的表述即已将文化当作了经济的附庸,主角是唱戏的经济,在这里经济与文化并不是并列关系,而是主从关系,因而对党的政策造成一定的曲解。

类似的政策把握和表达问题还有不少,例如报纸上经常出现的一些顺口溜"要发家,种××"、"要想富,栽××"等,把一时一地的经验不分时间地点地作为普遍的富民政策来宣扬(陈君华,1996);尤其是所谓"以什么养什么"、"以什么补什么",本来仅适于某些资源丰富而经济发展落后的地方,但在一些媒介上竟把它变成了无论什么职业,什么行当,什么单位,都要求自己能养自己,能补自己,通通进入市场(元也,1997),这对形成关于社会主义市场经济的正确舆论,无疑是一种很大的噪音干扰。一些通过地方媒介提出的口号,诸如"建成最大的商品集散地"、"最大的交通枢纽"、"2000年达到中等发达城市标准"之类,由于明显的浮夸,并没有鼓多少干劲,反而在一方水土形成对党的政策不信任的舆论(郭庆晨,1997)。

不过,从媒介对"文化搭台,经济唱戏"口号的再引导看,实事求是地总结以往的经验教训,不失为一种较为深刻的对舆论的引导方法。1996年,当淄博停办国际陶瓷艺术节之时,《中国青年报》组织的关于这件事情的专家讨论《淄博停办艺术节的思考》(杨俊江,1996),《光明日报》组织的专家访问记《搭台唱戏岂能简单组合》(黄涛,1996),《人民日报》发表的小言论《"艺术搭台经贸唱戏"的冷与热》(高云才,1996)等,既承认当初做法的一定的合理性,又指出了这一口号的问题,其冷静、理智的言语,与几年前关于同一话题一面倒的报道形成一种对照,反而具有相当的说服力。人们从正反两方面认识到:"文化这个词不是什么人都可以往自己身上用的,这需要有资格,而这种资格就是你自己必须有文化,必须懂文化,而不是把文化当成一种高级化妆品任意往脸上擦。"(李伟杰,1996)"对文化不作研究而举文化之旗帜,便难免露了少文化的面相;以文化当布来遮羞,为某些名不正言不顺的行为托词,又终将会有脸红的一天。归根结底,文化是一种严肃,一种神圣,而不是任人驱使的婢女"(郑荣来,1997)。

知法懂法是正确引导舆论的必要前提

市场经济条件下的党的政策,更多地是以法律法规的形式体现的;而我们在一个很长的时期内,媒介习惯于以某种观念替代法来判断事物。鉴于这种历史的工作惯性,在市场经济条件下要正确引导舆论,我们的媒介需要特别树立法律意识,防止引导中一种倾向掩盖另一种倾向。

1996 年全国性清理不文明广告招牌的宣传运动,本身是非常必要的,对于正确引导舆论具有重要意义。媒介组织讨论这个问题,发表文章批评各种不文明的广告、商标和店铺名称,形成了相当健康的舆论氛围,这种社会性评价体现了正确的舆论引导;然而进一步的报道则出现某某市"责令"几百个单位限期更换名称、摘除牌匾的描述,有的还配发了"理直气壮刹歪风"的言论。不知记者和编辑们是否想到,被批评的不文明店名、商标等大多是经过国家有关部门注册登记的,更改它们需要经过一定的法律程序,如果报道中完全不提这一必要的程序,无形中便给人造成一种"无法无天"的观念,即只要"我"认为是错误的,就可以采取"正义行动"。社会主义市场经济是法治经济,我们再不能用计划经济的某些习惯性做法解决商业活动中的问题了,这样做不仅违法、违反党在社会主义市场经济条件下的基本政策,对舆论的导向也潜在着问题。正如法学家梁治平所评论的:"上面提到的构成行政干预理由的显然都是社会性评价,而这类评价无论其正确和重要与否,至少都不能直接变成商业活动中行政干预的正当理由。在现代社会,构成这类干预的正当理由只能出自法律。"一个大多数人都对庸俗浅薄的事物表示反感的社会是健康的,但是一个随时准备以行政手段去满足个人(即使是多数人)好恶的社会是可怕的(梁治平,1996)。

在社会主义市场经济的新环境中,大众媒介对舆论的政策性引导,必须以法律法规为准绳。这方面我们的媒介总体上没有出现很大的问题,但在一些具体问题上,新闻报道的某些内容或提法、影视剧中的某些情节明显违法,造成的误导教训仍然需要谨记。

曾经轰动一时的1993～1994年关于恐龙蛋的舆论风波,便是典型的一例。如果当时的媒介报道引导正确,本来可以形成一种良好的关注科普的舆论,但是由于某些媒介最初完全没有文物保护法的概念,后来又缺乏古脊椎动物化石保护知识,错误的舆论导向引发了一场局部的舆论躁动,随之而来的是群众对古脊椎动物化石的大肆破坏行为。当1993年初河南西峡县有群众发现恐龙蛋化石时,媒介的报道只从经济利益上给予高度评价,宣称群众挖恐龙蛋是找到了一条发财致富的路。出于对轰动效应的片面追求,报道不提二十多年前地质学家们早已发现这里贮藏着恐龙蛋的事实,却连篇累牍地重复着1992年一位农民的偶然"发现",引发起许多人寻恐龙蛋发财的幻想。在制止了群众性的乱挖活动后,由于不懂得科学的保护,一些媒介又误将组织人挖掘、保管视为"保护"而大力报道,结果继续造成对珍贵的恐龙蛋化石的破坏(袁可林,1994)。

另一件不大轰动的事例也颇有典型意义。1993年6月,当一些报刊、电视台还在深入报道被媒介誉为"中国十大收藏家"之一的刘敬魁时,他因捕杀国家珍贵蝶种、甲虫和走私出境而被捕。直到这时,那些报道他的记者们才知道捉虫子也会犯法。关于刘敬魁的报道早在1987年就开始了,记者们竟在如此长的时间内不知刘的行为违法,由于媒介宣传的权威性,在我国蝶种搜集者和专家的范围内已经形成了关于刘敬魁的赞誉性舆论。不少违法者(包括一些专家)正是根据报道才与刘建立联系,媒介为刘敬魁制造的舆论也使他忘乎所以,在犯罪的道路上越陷越深(赵彦,1993)。

恐龙蛋、珍贵的蝴蝶对于绝大多数公众来说,完全是经验以外的事物,社会上形成的关于它们的舆论,只能来自媒介提供的"图像"。然而,完全没有相关法律意识的记者们,却用最富于刺激的因素——发财,有意无意地激发了相关的违法舆论的骤然兴起。在引发舆论中的诸因素中,利益的刺激对大多数公众是最具诱惑力的,它可以造成一时置法律于不顾的疯狂观念与行为,对于社会的破坏力极大。而这一切,却是在记者们不知法懂法的情况下,积极主动地报道时发生的。看来,强调媒介工作者熟悉我国的各种法律法规,实在是正确的政策性引导舆论的前提。

注重发挥政策对公众价值观的调控作用

在我国,党的政策具有极大的权威性和指导性,对公众价值取向的影响力高于一般的媒介信息内容。媒介在及时、广泛而正确地传播这些政策时,实际上相当有效地调控着舆论的发展方向,特别是公众的价值取向。例如,媒介对于干部廉洁自律、职工忠于职守给予较多的报道,同时坚决揭露各种腐败之风,为人民服务的社会主义价值观就可能逐渐被公众接受,即使多数公众本人做不到,但他们至少会把它视为值得尊崇的标准。媒介大力报道农业得到的国家政策的优惠,同时坚决揭露各种害农坑农事件;大力报道国家政策对教育的倾斜,强调知识的力量,同时切实提供从事教育、提高文化水平得到实惠的事实,那么,公众就会认为从事农业、教育,提高文化水平是一种值得看重的价值取向。在这里,取决于媒介对政策的把握、理解是否正确,以及传播策略的实施情况。媒介是面向社会的,信息传播具有不可逆性,引导差之分毫,影响差之千里。

大众媒介,特别是各级党的机关报和政府的广播电视台,充分利用其引导舆论的权威性,以政策安定舆论,给方法壮大正确舆论,可以营造一方和谐、进取而适应市场经济的新的舆论氛围。例如《襄樊日报》1995 年 6 月起针对本市 54 家国营困难企业而开辟专栏"困难企业,党和政府想着你",通过调查研究,并经企业领导审定,为每家企业发一篇报道(陈心安,1995)。第一篇《好班子必有好前景——写给市毛纺织厂》,随后便是《曙光就在前面——写给汉丹电器厂》、《柳暗花明不会远——写给通达集团公司》……持续两个多月,将党的政策、工作方法交给了各国营企业,正面鼓劲,使党和政府与困难企业的感情融为一体。党的机关报真正成了维系社会稳定的重要因素。

政策性引导的经验表明,利用正反两方面的事例进行政策性的引导,特别是经济政策,对于在农村公众中确立新的信念体系十分有效。关于山东苍山县庄坞乡农民种山牛蒡的报道,便是一例。那里的农民在某专业公司的指导下种植山牛蒡,并与该公司签订了购销合同。收获季节由于有人高价收购,于是短视的农民们自行撕毁合同而卖给了他人。见利后更多的人种植山牛蒡,没有购销合同,结果第二年价格暴跌,损失惨重。记者及时抓住了这样的事例,指出:"法制观念的淡薄、目光短浅的小农意识、经济交往的随意性酿成了这幕山牛蒡购销中的悲剧。此时,庄坞的菜农们的'契约意识'开始觉醒,……有了这些磕磕绊绊,菜农走向市场,会从混沌走向有序。"(知非,1996:250)这样引导农民认识市场经济,效果甚佳。后来同类报道多起来,而且引导转向更深的观念层次。例如《人民日报》关于江苏某村建蚕茧收烘站的报道《经受市场风雨的洗礼》(傅昌波,1996);关于"白萝卜风波"的报道(周朗,1997);关于养殖鹧鸪鸟的报道和评论(王慧敏,1997)等。媒介的政策性引导并非是空谈道理,农村公众需要的是与自己相近的"他人"很实在的生活经验。

如果媒介的政策性引导失误,那么政策本身的信誉将遭到莫大的损害;一旦政策的调控失灵,无疑将引起不同程度的舆论震荡。实行社会主义市场经济的最初一二年,我国舆论呈现惶惑、浮躁的特征,除了舆论的主体——公众自身的适应问题外,当时的大众媒介对于党关于市场经济政策理解的片面性,相当程度上促成了舆论的混乱。待到推出一系列纠偏的具体政策,媒介的引导即使很正确,扭转已经形成的某些认识,颇费力气,原因之一是政策的信誉下降了。有鉴于近年的经验教训,重复毛泽东的老话是必要的:"政策和策略是党的生命,各级领导同志务必充分注意,万万不可粗心大意。"(毛泽东,1967:1193)

第三节　媒介引导偏差寻因:职业的
偏颇与利益的诱惑

除了把握社会主义市场经济条件下党的基本政策,我们日常接触更多的是众多媒介报道方寸之间的导向问题,它们一般不涉及重大的政策,但无形中影响着舆论的发展方向。如果归纳这类媒介引导中出现偏差的原因,无外乎两点,即大众媒介职业特点造成的偏颇或当事人认识的偏差、各种利益的诱惑或陷入商业为媒介设置的新闻陷阱。

认识偏差造成的导向问题

我们的不少报道，看起来是在推动市场经济的发展，或弘扬着正面的东西，但是于细微处却给公众提供着涉及价值观的偏差认识。正由于报道的主导方面似乎是正确的，人们习惯于毫不犹豫地接受，因而它们的偏差对公众的影响比明显的负面报道要大，偏差往往被人忽视。若将一个时期同类报道的效果积累起来，便可发现这种无形中的媒介"议程设置"对舆论的影响，比一时集中的宣传要深沉得多；当然，若影响是负面的，再引导则费力得多。

例如某中央级大报的通讯《"这笔钱，值得花"》，讲的是西安某大型公司总经理买了两个汽车吉祥号的事情。记者突出该经理的这样一个观点："我们并不迷信号码会带来什么吉利，只是抓住契机，适时地搞了一次'软效应宣传'，成为人们茶余饭后的一个热点新闻，我认为这笔钱值得花。"这位总经理显然是位唯物主义者，但是既然他明明知道所谓"吉祥号"的把戏是迷信，却还要花上 12 万元通过媒介引起公众的注意，向公众灌输唯心主义，这种以迷信愚弄公众造成的社会精神退化的代价谁来算一算，值得不值得呢？最后，记者这样引导读者："宣传企业看起来是务虚，只要你试试，就会尝到甜头。"（潘岗，1993）可以肯定，当事记者是出于宣传市场经济的好意而写的这则报道，可是由于认识的偏差，他让人们尝的"甜头"从长远看对社会实在是一种"苦头"。这不过是当时众多同类内容报道中的一篇，"拍卖'吉祥号'的新闻，一度风靡大江南北，新闻界无疑起了推波助澜的作用。"（刘向荣，1996）

社会主义市场经济需要引进外资，但主体应是本国经济的发展；我们的媒介需要适当报道外资引进的情况，但更有责任引导舆论关注本国经济的发展。下面这条新闻的标题显然有悖于这种引导倾向："（肩题）洋快餐，真够精，今天抢占，明欲占领，（主题）来喽！洋快餐进村喽。"（陈辉，1997）记者同样出于好意，想告诉人们北京的高新科技区中关村有了四五家快餐店（但都是"洋"的），解决了那里人们生活中的难题，然而无意之中对洋快餐的过分偏向，不是强化了社会上的某些崇洋心态吗？

有一个时期,也许是受某些古代题材影视片的影响,"父母官"一词越来越多地出现在关于现在干群关系的报道中。本意都不错,大都是赞扬那些为人民服务较好的基层干部。然而在主观上正确引导舆论的同时,"父母官"的概念在公众头脑中显现的,却只能是观看古装影视片得到的观念:官为民之"父母",民为官之"子民";官为民做主,民听命于官。鉴于影视的魅力,这一用词很可能使公众误将人民共和国的基层干部为人民服务的形象,等同于旧时的"清官",引导效果在客观上是错误的。这就如同一位作者所说:"在'公仆'头上戴一项'父母官'的'桂冠',不仅使人感到不伦不类,而且确有颠倒干群关系之嫌,其错误导向作用是不可不虑的。"(立真,1996)

在我们的媒介报道或影视节目中,关于成功的妇女形象十分简单,无形中表达着记者或制作者认识上的偏差。一位作者把"女人的事业=抛夫弃子"称作关于成功妇女的"媒介模式",批评道:"公式不仅存在于电视剧中,也成为新闻报道里惯用模式。长期以来,许多关于英雄模范典型报道,'不顾家庭'的特点总是被当作最伟大的'优点'之一加以宣扬和突出。事业有成的女强人也总是强调自己是'不称职的妻子'……媒介的这种导向究竟在给人们什么样的提示呢?"(老人,1996)而关于一般女性的形象,通过某些媒介的报道和多数相关的电视广告,则潜意识地表达着对女性的性别歧视。另一位作者就此说:"今天的时尚仿佛推崇的很是'温柔可人'一路,新闻界竟然堂而皇之地辩论起'干得好还是嫁得好'了。这正表明'娇媚'成了时尚。"(韩毓海,1996)1996 年的 一项对全国 10 城市电视台播出的广告(N=1 197)进行的调查表明,在 554 个涉及性别的广告中,性别歧视的广告占 62.1%,剩下的为"中性"表达,表达性别平等的几乎是零。性别歧视的内容包括以女性作招徕、暗示女性是性对象、歪曲女性在工作上的贡献、强烈女性的从属角色、巩固两性角色定型及行为模式、误导儿童理解男女特质、男性科技专业霸权等,均是以男权文化体现对女性角色的期待(刘伯红,1997)。这类导向问题由于司空见惯,以致不知不觉地成为舆论的信念层次的一部分,这对于营造平等、和谐的社会关系的舆论潜在着很大的观念上的障碍。

这类无形中造成的导向问题在我们的媒介报道中经常可见,其原因除了理性认识的偏差和传统文化的影响外,遇事头脑发热,追求新奇而懒于思考,习惯于人云亦云,也是原因之一。有些导向上的偏差并非涉及深奥的哲理,仅凭最基本的政治常识和生活经验就能够感觉到。因此,媒介工作者若想诚心诚意地正确引导舆论,不妨慢一步,冷静地检查检查表述中有没有一种倾向掩盖另一种倾向,有没有囿于过时的文化传统,用词得当与否,是否人云亦云,那么,相当多的引导偏差并不难纠正。

追求轰动效应造成的导向问题

大众媒介的新闻报道,由于有较强的时效特征,与深沉的哲学思考是不同的,所以马克思说:"哲学同报纸那种反应敏捷、纵论时事、仅仅热衷于新闻报道的性质形成鲜明对照。"(马克思,2版1卷:219)媒介工作的这种特点既可以像恩格斯说的那样,"会在各方面变得更加机智,会更好地了解和估计自己的力量",也可能出现另一方面问题:"使人浮光掠影,因为时间不足,就会习惯于匆忙地解决那些自己都知道还没有完全掌握的问题。"(恩格斯,37卷:318-319)目前出现的媒介导向问题中,有不少便是由于对职业本身的弱点缺乏警惕造成的。

例如各种刻意追求的"新发现",近年大有增多的趋势。诸如这位或那位历史名人的家谱不断"被发现",各种人形雌雄何首乌的消息争相见诸报端等,其中多数是不实的。如果说这类奇闻仅仅影响到公众对具体事物的认识,属于单纯报道失实的话,那么另一些刻意追求或匆忙报道的新闻,则在整体上造成对舆论的误导。之前,曾在媒介上出现的未经核实的消息《空中客车偷袭贵阳》,造成贵阳城内的恐慌性舆论,接着是无数人群涌向城北烧香磕头祈祷平安。虽然记者并非有意制造奇闻,但由于急于发表而未向气象部门核实,引发的舆论震荡实在不小,因为普通的老百姓还是相信"报上说的"(范立峰,1995)。市场经济条件下经济类新闻与公众的利益得失密切相关,更是相当敏感。1995年初华东某晚报头版赫然一条新闻《桑塔纳今年出厂价:9万》,误将计划三年内达到的目标变成了当前的事实,引发全国各地汽车市场的舆论震荡,"上汽"公司无端遭受重大损失。"消息一出,市场为之哗然。……桑车市场陡起波澜,价格迅速下落,引起的连锁反应是,销量即刻下降"(荣兴,1995)。

还有媒介陆续报道的各种关于"世界末日"的消息,如南极冰山融化,下世纪海平面上升60~100米(实为几厘米)、全球性饥荒、不可再生资源耗尽、全球污染越来越严重、出现新冰期等,也许具体的报道是为了提醒人们注意环保问题,或者作为一般的社会新闻,但其整体的传播效果正在累加着舆论中的迷信和恐慌成分,我们这方面的引导目的被忽略了,即:"为了抵抗未来恐怖主义思维的诱惑力,我们必须努力使人们恢复自信,相信人类的进步是无法阻挡的。"(田学文,1996)各种伪科学现象,也属于记者明知自己尚未掌握却迫不及待报道的常见内容,而在市场经济条件下,市场的价值观有可能替代科学价值观,不完善的东西会被说成尽善尽美,虚假的东西有可能比真实的东西还"科学"。

对于各种"……之最"的报道,最初谈不上什么导向,然而随着巨鞋、巨笛、鼓王、巨报等求"最"信息的源源而来,社会上对"最"的追求也在变成时髦,劳民伤财、形式主义之风盛行,以往连绵数年的"之最"报道,其对舆论的渐进促动效应便显现了出来。

对于某些报道对象过于热心,反复炒作,也会造成对舆论的误导。例如关于足球运动员转会费用的报道,媒介非常及时,有闻必录,由于过度、过量而造成"过热",无形中把舆论引到过分关注"钱"上,球员的转会收入被无止境地抬高,背离了基本的国情(汪大昭,1997)。关于大学生辩论赛的报道也是这样,报纸、电视一起上,到 20 世纪 90 年代初,这类题材依然是报道热点。从辩论的正反题目看,多数的结论应当是两种观点的折中,然而辩论却要求参赛双方必须坚持自己抽中签的片面观点,为其狡辩。这种抛开基本的是非曲直,只以赛场的感染力、风度、情绪等非观点因素判断输赢的比赛,作为课堂训练也许可行,而一旦在面向公众的媒介上作为"热点"展现辩论的内容和过程,公众记住的不会是辩论技巧,而是胜负的结论,除了少数(诸如"猪比人聪明"之类)胜方结论可能不会影响舆论外,相当多的结论(诸如"治愚治贫哪个更重要"、"社会秩序的维系主要靠道德还是靠法律")无论哪个观点获胜都对舆论造成片面的影响。就此一位作者写道:"只要辩论活动一上了电视,就必然会对观众产生某种影响,起到某种引导作用。……人们总是自觉不自觉地把自己摆进去,把别人讲的道理同自己对这个问题的看法和感受联系起来,并想从别人的辩论中得到启发,进一步分是非明真理。……只是为培养'辩才'所需要,那就关起门来让少数人去辩论吧,大众媒体大可不必传播这样的活动。"(柴米河,1996)然而,1994 年当一位著名辩手认识到这个问题时,她文章《不要辩论》却遭到某刊物的拒绝。她深切感到,这种辩论造成辩论者心理偏颇和狭隘,"一个心理健康的人应该是这样:对于有明确是非标准的观点,应该旗帜鲜明地坚持和维护,对于不可能有明确是非标准的观点,应该给予宽容。而眼下风行的辩论赛可能引导出来的并不是具有这种心理素质的人"(郁进东,1995)。直到1995年秋天,才在媒介上陆续出现批评这种辩论赛的意见。

利益诱惑造成的导向问题

处于市场经济环境中的大众媒介,如果对市场经济的认识出现偏差,不仅导致舆论导向的偏差,这种偏差也会指导着它自身的运作,因为媒介一方面是社会文化机构,另一方面也是一种企业,也要盈利。我国不少的大众媒介将党、政府、社团赋予的权力(安排版面、播出时间),当作商品出卖而产生的所谓"有偿新闻",违反基本的市场经济规则,败坏了媒介的声誉。媒介自身的腐败行为,已使公众对媒介的正面报道失去了相当的信任。扭转这种状况,需要媒介自身以模范的职业道德,显示出引导舆论的权威性来。

媒介自身对市场经济认识的偏差和对利益的违法追求,是形成有偿新闻的泛滥原因。1992~1993年上半年的情况如一位作者所说:"有偿新闻愈演愈烈。这时期出现许多值得注意的新情况,新闻发布会接连不断,'新闻穴头'活动频繁,擅自组团采访成风,给记者'红包'司空见惯,企业及地方的新闻重奖纷纷设立,记者利用报道要钱要物的问题不断发生,有的记者成为企业的公关策划者。"(吴海民,1995:71)虽然有关部门一再发布文件制止有偿新闻,但是利益的诱惑实在太大了,1997年初的一篇报道这样描述了当时大众媒介上有偿新闻的各种变形:"新闻媒介普遍存在着一种现象,就是以有偿服务方式刊播一些专版、专栏如'企业家风采'、'企业形象策划'、'公关专版'、'区域经济'等等。采取的形式也是五花八门,长篇通讯、报告文学、纪实采访、资料介绍……尽管有关部门三令五申禁止有偿新闻,但目前这类文章仍然充斥新闻媒介。"(李宗柱,1997)

一般情况下,明显的有偿新闻对舆论的影响并不大,因为这类新闻没有多少新闻价值,受众不关心,甚至反感。但是当资本大规模操纵媒介时,这类有偿新闻将造成明显的对舆论的误导,例如1993年2~5月,重庆国光集团总裁刘宗朝花巨资让重庆七家媒介连篇累牍宣扬他的"科学生存论"。这一"理论"含有不少非科学的明显谬误,而大多数受众并不知道这股"舆论热浪"背后的金钱交易。大邱庄的禹作敏以 10 万元的赞助,要挟"全国现场短新闻"评选委员会,将他指定的一篇关于大邱庄向灾区捐款的不符合评选条件的新闻入选(吴海民,1995:104-110)。这一事件是资本通过大众媒介控制舆论的另一种形式,需要予以注意。

　　媒介自身出于对巨额利益的追求和经济投机的目的而凭空掀起舆论狂潮,这种违法的媒介行为造成的舆论导向问题,更要加以关注,因为内部的失范比外部的冲击具有更大的危险性。这类媒介刻意的报道涉及公众的切身利益,因而对舆论的影响极大,被激起的狂热舆论潮往往会在很短的时间摧毁正常的社会秩序,甚至引发动乱。各种非客观的操纵股市的证券报道便是这类误导舆论的典型情况。人民日报特约评论员就此指出:"一部分报刊、电台、电视台、声讯台的股评节目和证券咨询机构极少进行风险告诫,而是一味鼓噪,有的甚至传播谣言,误导股民。"(评论员,1996)

　　其他各种由媒介故意鼓噪的经济新闻中,具有典型意义的莫过于 1993 年 5 月西南某大城市市委机关报参与制造的"鹰卡事件"了。象征性购买美国若干英寸土地的"鹰卡"本身就是一场骗局,然而该报连续几天刊登诱惑力极强的欺骗性文章,迅速激起全城舆论的异常变化,几天内的情形如下:"人们的'发财梦'被搅动起来了。他们有的从银行里取出了自己所有积蓄,有的找亲戚朋友四处借款,有的则把手中宝贵的原始股低价抛出以换取更能获暴利的'鹰卡'。用当地人的话说,这叫'赶上发财趟'。它已立即升级为可以一夜暴富的金融投机活动。然而,有人的确一夜暴富,更多的人则是破家荡产!"一位该市委宣传部的同志说:"该报为了赚钱,竟然卷入这种违反金融政策的活动,并不惜版面大肆宣扬。报社一些人从中得利了,有的记者可能赚了十来万。"(吴海民,1995:144、145)

　　各种专门为大众媒介设计的商业新闻陷阱,也是造成媒介误导舆论的经常性原因之一。市场经济条件下各个工商企业都需要尽可能提高知名度,任何引起公众注意的事件,即使是批评,在商业操作下都有可能转化为扩大工商企业知名度的机遇。在这种情形下,出现了以各种形式吸引公众注意力的人为"事件",诸如某些公司将昂贵的珠宝、房产莫名其妙地赠送给本来就很富有的明星。而就新闻理论而言,这样的事件具备了新闻价值中的多项要素,即使十分清楚它是商业陷阱,在同行竞争的环境中,未做报道的媒介将会受到损失。而做报道,无论是客观报道、赞扬或批评,或者就这类事件的道德是非展开讨论,结果都一样,那就是为当事商家免费做了广告。这种行为对于舆论的影响自然是负面的,然而即使媒介组织的是批判这类行为的引导,主动权依然在商家一边。一位作者写道:"就算'白送事件'在道德良知层面上被否定了,这种道德良知充其量也不过是获得了纸上的胜利,也许情况还会更糟,因为'白送'手段所蕴藏的巨大广告价值还会吸引许多人再次利用它,并给'胜利'的社会道德良知取得第二次、第三次、第一万次'胜利'的机会。它真的胜利了吗? 不,它只不过被玩弄了。"(赵牧,1995)还有一类商业新闻陷阱是演艺界故意给媒介提供"惊人"事件或噱头,由于涉及演艺界的社会新闻拥有大量受众,于是蜂拥来不少记者争相炒作,无形中做了广告。这类报道对舆论的影响初期是有效的,但公众是讲究实际的,一旦真的节目或影视片与渲染的差距较大,舆论立即会改变态度;不过,劣作制作者的钱还是到手了。

市场领域下与社会领域下媒介对舆论的不同影响

利益诱惑造成的舆论导向问题,涉及两种不同的动力机制通过大众媒介对舆论的影响。我国的大众媒介产品(新闻、各种广电专题节目和文艺节目等)带有"公共产品"(马洪,1993:224)的性质,这是它们具有相当权威性的依据;同时它们又具有一般产品的特征,需要依据市场交换价值组织生产,追求利益。从引导舆论的角度,媒介产品应当以公共产品的性质、以高度的社会责任感来引导舆论,但是媒介对利益的追求又时常干扰到对舆论的正确引导,造成不少由于媒介偏私而产生的误导。分清这两种媒介的动力机制,防止媒介自身利益对引导舆论的介入,是解决媒介日常引导差误的前提之一。

美国舆论学研究者萨尔蒙(Salmon,C)和格拉泽(Glasser,T)所研究的舆论与市场理念、社会理念的关系,虽然背景是资本主义市场经济条件下媒介对舆论的影响,但对我们分析面临的新问题,将有所启示。他们为比较市场领域同社会领域下媒介引导的实际后果,编制了表格(Glasser,1995:447),请见表8-1。

表 8 - 1　舆论与市场领域、社会领域的理念

	市场领域	社会领域
自由是	否定的	肯定的
保护的目标是	被听的权利、个人的表达	听的权利、表达的满足
传播是	受到私人控制的	受到社会保护的
舆论是	个人各自的"财产"	公众争议和评议的结果
第一修正案是	保障个人的自我表达	保障公众讨论的条件
表达自由是	鼓励个人的自我决定	鼓励集体的自我决定
媒介功能是	一种信息源	一种对话的触媒
有进入的权利吗	没有[指参与媒介活动]	有
一致性的显现	通过竞争观念和选择自由	通过论证和交感(consensus)

　　他们认为,在市场领域内,媒介活动以利益为转移,因而自由是被否定的;公众只有被听的权利,发表的意见本身也成了一种"财产";表达自由只能鼓励个人的自我决定(因为相互的竞争不可能存在真正集体的"舆论");媒介代表一定的利益,因而实际上个人无法参与其中;意见一致性的显现通过竞争达到,因而这种"舆论"只能是利益一致的表现,不一定反映实际的意见。他们倾向于媒介作为公共机构在社会领域内活动,并认为在这个领域通过公众表达的满足和对话才真正形成舆论(同上,443-449)。

　　这一对比对我们的启示是:由于市场领域的特殊利益决定着媒介的选择,因而当大众媒介以社会公共机构的身份引导舆论时,绝不能以其在市场的利益为导向,而必须以社会利益为导向。

冷静总结经验,呼唤媒介职业道德

　　媒介日常报道方寸之间的导向差误,原因无非是两个,即片面追求轰动效应而少冷静思考、经受不住利益的诱惑而卷入对舆论的商业化操作,或者两者同时兼有。

　　对于前者,《光明日报》记者单三娅谈到自己的工作体会时说:"我也看到并感到,记者这个职业最容易使人脚步匆匆而无暇思考,浮光掠影而来不及深思熟虑。它可能造就人也可能使人肤浅。"(单三娅,1996b)鉴于媒介工作浮光掠影的特点,分析各种表面很"热"现象,应当是报道的前提。例如1996年底开始的关于我国各地已经掀起"读书热"的报道,一位作者提醒记者们:"尽管全社会人均购书费用增加,但人均购书册数却在下降;即使以全国城镇人口统计,人均书报消费支出所占比重也依然很低。比诸上述热闹的景象,这是一个更基本的事实。"他继续写道:"即使'读书热'已在某个特定的范围里蔚然成风,也不宜以'热'称之。多年来的经验启示我们,凡事一加个'热'字,大多含有公众的非理性因素。……时下的'足球热'、'股票热'、'收藏热'也需要加以适当的控制和引导了。"(张大农,1997)

经过近几年对市场经济新环境的适应,媒介的报道已经总结出一些经验了,例如《经济日报》设置的"热点冷评"栏目、《中国青年报》设置的"冰点"栏目,都是出于对热点过分追求现象的思考后产生的。并非媒介不再追求热点问题,而是主动调节对各种社会问题的报道强度,热点问题用适当的冷静态势报道,而一些公众没有注意但值得提起他们注意的问题则用适当的热情语态给予强调。这种工作态度对公众是负责任的,导向一般来说也是正确的。即使出现问题,由于并未激起舆论的震荡,很容易得到校正。

对于一时难以下结论的热门话题,摆平各方,低调处理,给出思考方向,也是一种较好的引导舆论的报道方式。1996年夏,北大哲学系研究生张华,为保住一份较好的工作而退学的消息在大学生中相当轰动,《北京青年报》便是这样处理的。该报用整版篇幅报道了各方面的意见,都相当客观和冷静,既满足了读者对这件事情的兴趣,又留给了读者思考的余地。编后语相当含蓄:"我们相信张华的选择是无奈选择,我们也相信只有今天社会机遇多样化了,她才能这样选择。张华的选择既正常,又不正常。"(张倩,1996)

对于各种自然奇闻的报道,现在也有一些经验。一般地说,得到的消息处于以下四种情况之时,传播要极为谨慎:(1)在科学暂时还无能为力的地方(例如面对灾害和死亡);(2)在科学探索感到困难的地方(例如生命的本质、宇宙的起源);(3)在随机性复杂、因果关系不确定的地方;(4)在人们渴望健康和幸福的地方(张开逊,1996)。这些方面,越是宣扬某种完善的解决方法的"科学",越需要核实或请教专家。在这里,美国科普作家卡尔·萨根(Sagan,C)的一段话有助于判断自然奇闻,他写道:"科学比伪科学更强烈地认识到人的不完善性和不可靠性。如果我们断然拒绝接受常犯错误之处,就可以自信地预料错误——甚至严重的错误——将永远与我们相伴。"(萨根,1997)那么,为什么这方面的报道总是被媒介所青睐呢? 问题在于媒介的导向是单纯的"读者向心",而忽略了自己的社会责任。高小康考察了媒介关于人体特异功能的报道,他发现,十几年来的争论始终停留在"特异功能是否存在"上,也就是说,这是一个未被科学证实的东西。于是他反问道:"为什么一个从未证实的东西会在报刊上长盛不衰? 我们无法解释报刊作出这种'导向'有何自觉意图,因为实际上真正起'导向'作用的是读者的好奇心,一种宁求其怪不求其真的需要。"(高小康,1995:71)

至于非法利益对媒介的诱惑,是非很清楚,需要的是法律的制约和职业的自律。在市场经济遍及全球的形势下,这已经成为世界性的话题了。就此,单三娅的一段简要分析可供媒介工作者思考:"尤其不应忘记的是,你的权力是公众和社会赋予的(如果说这是一种权力的话),离开了你所任职的新闻机构,你只是你自己。新闻意识的觉醒是件大好事,中国的改革也确实得益于此。但是,唯其在社会生活中作用之重要,新闻从业人员才应更加自律,更加恪守职业道德。在我两次参加国际记者培训项目期间,我发现新闻界的'自省意识'已经是各国记者经常谈论的话题了。"(单三娅,1996b)

商业的新闻陷阱对媒介的引诱是个两难的问题,不过问题主要还在媒介自身的品位和追求。如果媒介坚持高品位,对新闻陷阱保持一致的沉默,陷于被动地位的是狡猾的新闻陷阱制造者,而这倒是提高舆论层次的契机。"坏事就坏在一些媒体对这等事表现出过分的热情"(李曙明,1997)。

第四节　大众媒介的责任：引导大众文化走向精制化

社会主义市场经济条件下的大众传播,就数量而言,最大量的不是时事新闻,而是大众文化,即每年成千上万集的电视剧,以及数不清的影视明星和歌星,数以百万计发行的畅销小说、纪实文学和流行音乐光盘,还有各种国内外的电影娱乐"大片",以及每天广播电视节目中组织的各类文化专题节目等。它们在短暂的流行时间里不断地造成大大小小的文化舆论的轰动,各种文化"热"一轮一轮而来,使得中国巨大的社会时空失去了昔日的稳态。人们来不及从理论上对此作出反应,它们已经涌进了千家万户。凭借现代大众传播媒介和市场机制,大众文化迅速覆盖了全国大部分人口,最大限度地占有了社会时空。在这种新情况下,媒介如何认识大众文化、正确引导大众文化的发展方向,亟待讨论。

我国已具备大众文化产生的基本条件

现在所说的"大众文化",既不是古代都市的市井文化、计划经济时期的工农兵群众文化,也不是农村的乡土文化,而是指以文化工业为特征、以市民大众为主要消费者、以大众媒介为主要传播手段的文化形态。

在我国宣布实行社会主义市场经济以后,1994 年的全国人口实际构成发生了一个革命性的变化,城市人口和从事工业、第三产业的人口,第一次超过了真正从事农业的人口(6.3 亿比 5 亿)(祝华新,1994a);1995 年全国成人平均受教育 6.74 年(黄志坚,1995)。这标志着一个巨大的大众文化的消费群体当代市民大众正在形成,并且他们初步具备了接受这种文化的水平(一般地说,公众达到小学教育程度是大众文化得以较快发展的底线)。流行歌曲《小芳》一下子从南唱到北,它所流露的从乡村生活转向城市生活的历史沧桑多少表明:我国人民的主要生活环境,正在从乡村转向城市,尽管这个进程十分缓慢。

这一切与一个令人欣慰的事实紧密地联系在一起,这就是我国基本解决了温饱问题,人们有了一定的闲暇时间和经济条件,以往受到挤压的文化欲求强烈地表现出来。对绝大多数文化水平不高的人来说,高雅文化距离实际生活较远,他们更多地关注细腻的生活实感、市井常谈、闺房碎语,不避琐碎,喜爱离奇,在每一次文化"投入"之中宣泄一下平日郁结心头的种种劳顿与烦恼的生活感受,暂时放松一下生活的重负和社会竞争的压力。显然,这种需求基本上属于娱乐型,而最能快速满足这种精神需求的便是大众文化。

以电视为代表的当代大众传播媒介,是大众文化得以迅速而大量传播的主要技术手段。而我国电视机的普及,与大众文化的诞生和发展几乎同步。电视使得大众文化突破时空的障碍,迅速涌入不同文化层次的各个阶层,显示出反应快、变化多、花样新的优势，并使这样一种生活方式为多数人所共有，实现了文化的社会共享。

马克思在谈到法国的唯物主义时写道："并不需要多大的聪明就可以看出，……关于享乐的合理性等等唯物主义学说，同共产主义和社会主义之间有着必然的联系。"（马克思，2卷：166）我们曾在一个时期不够聪明，压抑了大众合理的文化享乐需求。其实，这种合理的精神生活与社会主义是不应该抵触的。大众文化填补了原有文化造成的文化空缺，体现了大众现实的行为节奏和情感律动。

大众文化的两面性和媒介的引导责任

大众文化的兴起是一种文化的进步，它蕴含的信息意识、现代科技意识、开放意识和商品意识，对于原有的小生产意识、封闭意识和非商品意识来说，具有明显的时代精神。我国公众从来没有像现在这样有机会、有时间、有能力关注自己的生存质量、追求生活的快乐和情感宣泄。新一代人不会像他们的前辈那样习惯于压抑欲望和感情，他们注重现实的娱乐和消遣，轻松表达即时情感。大众文化贴近多数人的生活，使他们在面对涌向自己的信息浪潮时，能够获取一般的知识，以及对时代精神的某种感悟和理解。

然而，大众文化是市场机制下的文化，它的生产（包括文化消费服务）过程，从选题、策划到创作、发行，都带有明显的工业流程性质，内容模式化或标准化，批量生产，大规模仿制。它们较强的商品性质，可能消解（并非消除，而是对人文精神价值的商品化使用）文化产品中特有的人文价值。公众从大众文化中得到了感觉的刺激、一时的梦想、交流的机会、逃遁的精神场所，但是能否得到一些智慧、理性与人格的提升，相当程度上要依赖主创人员的素质。在这个意义上，作为大众文化载体（不少情况下同时也是主创者）的大众传播媒介，向公众提供什么样的文化产品，这些产品体现何种观念，便是一种舆论导向问题了。

大众文化同时带有强烈的流行性质。在生活节奏加快、社会风险加大的市场经济条件下，人们为了得到熟悉与安宁的感觉，从众意识格外凸显。于是，适于大众口味的文化产品，从一首歌、一本小说到一部影视，以及与此相关的各种明星，都有可能造成大规模的认同与仿效，形成轰动一时的廉价崇拜舆论，本来丰富的精神生活在另一层面上重新变成了简单的趋同。

当人们对文化的消费从单一的"接受教育"转向自由选择之时,由于并没有经过"自由"的训练,因而在适应新环境之初,自由变成了一种不能承受之"轻",非理性占据上风。本来就以娱乐消遣为主要价值的大众文化,在"跟着感觉走"、"潇洒走一回"之类几乎不需要思考的选择之下,精神快餐的消费模式流行起来,把文化和公众都推向了单调与平庸,有可能造成公众人格的片面化。

大众文化的生产取决于市场的供求关系,带有一定的盲目性。它的娱乐消遣性质,以及目前公众素质不高的现状,有可能促使文化产品中低俗的内容(暴力、色情、迷信等等)呈盲目扩张的趋势。这本身是反文化的。

大众文化首先是文化,它应当成为当代公众精神文明的象征,然而不可避免的商业化操作介入大众文化,有可能使文化消费与一般的商品消费等同起来,使大众文化偏离文化在社会中的本来位置。这种矛盾表现为如下情形:"不是说大众文化的操作简单地拒绝人文精神,而是说大众文化的操作是按照市场原则,也就是按照市场的需要来考虑(利用)人文精神的需要。……把人文精神作为一种时尚,在根本上是作为一种可以倾销的商品来关注。""为了获取利润,大众文化可以全力投入对'人文精神'的文化生产和倾销,也可能同样无条件地抑制和排斥人文精神"(肖鹰,1996:171)。正是存在着这种矛盾,对大众文化的引导是必要的。

在大众媒介的大力传播下,各种大众文化产品得以在极短的时间里席卷全国,产生广泛的社会影响。然而,在媒介的工作人员对市场经济知之不多、理解肤浅的情况下,媒介对于大众文化产品的选择性报道,以及声像媒介自己组织的大众文化节目,曾存在着较大的误导,作品中常见的内容或形象是盲目投机的成功、执着的发财动机、洋行里的中方雇员、有别墅的女人、酒吧里的侃爷等,以及对这些内容或形象一哄而起的廉价赞誉。大众传播媒介追求轰动的职业特征,有时会造成连当事人也无法意料的"流行共振"。某些文化时尚转向不正常的文化时狂,媒介的着力渲染起到了相当大的推波助澜作用。

大众媒介的传播方式是开放的,对社会生活的介入角度几乎无限多样化,内容形式具有即时的形象性,与此同时也便具有了相当的非限制性、非统一性和广泛的感染力量。这种灵活的工作性质既可以发挥正确引导大众文化的强大作用,也可能造成非正常的舆论震荡,职业道德对这一较为广泛的行业制约也相对薄弱。鉴于媒介的这些特点,对最为广泛的传播内容——大众文化,把握开放和介入的分寸,塑造文化产品的形象,均要慎之又慎。

雅俗契合,提高大众的审美趣味和能力

梁晓声曾就大众文化发出了这样的感慨:"最纯粹最简单最肤浅的东西,往往使很全面很复杂很深刻的东西处于尴尬之境。"(梁晓声,1996:126)然而一定要让我国目前的市民大众广泛接受高雅文化,无论是文化水平还是鉴赏能力,大多数尚不能直接理解其深刻内涵,他们的接受特征带有中国传统文化"传播—接受"的痕迹,伦理化、世俗化、故事化、正剧化和从众化(参见第六章第二节)。媒介不可能很快转变传统,只能从这一现实出发,寻找雅俗契合之点,通过提高大众的审美趣味和能力,达到正确引导舆论的目的。

如果我国的电视剧、通俗小说等文化产品中几乎全是那些几男几女婚丧嫁娶的故事、匪夷所思的传奇、从帝王将相到神仙鬼怪的种种"戏说";而流行音乐总是"投入一次爱"或"投入一次恨",让公众没完没了地沉溺于一己的恩怨情愁之中,是不利于开阔他们眼界的。"雅俗契合"不是要求大众文化直接提高到高雅文化的水平,而是根据我国公众的接受特征,将高雅文化的内涵和较为严肃的题材适当渗入大众文化作品中。近几年我国的不少电视剧、电影、流行音乐节目,通过凸显世俗化和伦理化色彩,使重大革命历史、英雄模范人物成为主旋律;以各种普及的形式改编历史和文学名著、世界古典音乐,提供了一种公众接受较高品位文化的"台阶"。这些成功经验的要点,便是雅俗契合。

我国公众的文化消费具有相当的务实态度,习惯于自觉不自觉地从文化作品中映照人生世态,寻找"收获",挖掘"意义"。特别在社会变迁之时,人们希望能够有所把握,希望得到时下境遇、未来前景的说明,作为生存与发展的依托。于是,不少大众媒介以"讲述老百姓自己的故事"作为切入口,创作、制作了一系列健康有益的文化产品,使公众通过各种异质同构的老百姓的故事,逐渐调整心态、重构人格,适应市场经济的新环境。这是提高大众审美趣味和能力的另一条成功的路子。例如电影《埋伏》,让公众从一个极为普通的人身上,看到了崇高的东西:一个小人物的正直、善良和忠于职守的顽强意志。据说这是一部"重点

片",现在大家明白了:"重点影片也要好看。"(吴春燕,1996;张何平,1996)如果从这个切入口能够抓住公众,大众文化的品位便在不知不觉中得到了提高,这种文化的消费将进入一种良性循环。

公众的艺术情趣也需要媒介的有意引介。1996 年初,上海乐团举办交响乐史讲解音乐会,演出前两天只卖出 5 张票。《新民晚报》把这件事作为新闻发表后,订票的电话不断,开演时已经客满。一位作者评论说:"舆论引导至关重要。媒体宣传在一定范围内、一定程度上左右着观众的取向。观众的欣赏情趣与口味不是自发产生的,而是可以引导和提高的。"(刘治平,1996)

注重文化报道的导向,提倡高质量的文化批评

大众文化涉及的生活画面、纵向的时间与空间均十分广阔,内容自然五花八门;人们在市场经济条件下对大众文化的消费,是一种选择性消费,而非必须接受的政治教育。大众文化本身是丰富多彩的,关于文化产品的理解也会千差万别,因此,对于大众文化的引导,要有主旋律,但不能"统一思想","文革"时期文化万马齐喑的历史不能重演。在一般情况下,大众媒介应当支持文化舆论中的建设性意见,使其得到广泛的传播,同时亦要保持关于大众文化作品的舆论不一律的自然状态。媒介通过文化报道展现健康而丰富的大众文化作品,提供人们选择的方向,同时以较高质量的文化批评(评论),协调文化市场的旋律,提高人们的审美趣味和能力。

有效地引导大众文化的前提,是深切理解各种大众文化作品受到公众欢迎的社会心理。例如影视和 MTV 的吸引力,不仅在于内容,而且相当程度上来自明星的魅力。公众接受这些,同时是为了接受并交流对明星的感受和态度。他们需要通过明星反观和领悟自己内心深处无以名状的种种骚动、热情、欲望、情结,以明星为对象圆自己在现实中永远不可企及的梦想。这时的明星,不过是他们的一种文化消费形式(高小康,1993a:19 - 37)。从流行歌曲中,人们得到的是音响激发起来的兴奋感和动作体验,潜含着脱卸精神负担的梦境需要。

各种通俗小说所以畅销,因为故事讲述的,正是人们内心的秘密。女性作家的言情小说,通常是一种自我形象的投影,透露出当代女性的心灵秘密寻找被爱。武侠小说则是当代成年男性的神话,用虚拟语气表达着接受者的心灵象征

越轨冲动、炫耀自我、回归神秘世界等。犯罪和英雄小说,潜含着对正义崇拜的个人伦理需要,以及由于社会紧张感而产生的寻求庇护的需要(高小康,1993b:132、148-180)。

在接受大众文化的同时,多数人还有一种喜欢听听别人议论文化作品的本能,德籍美国艺术家哈克(Haake,H)谈到自己的体会时说:"他们十分好奇,但没有固定想法。他们准备随时校正目前的立场。大致上说,他们正是销售专家和公关专家在扩大产品或舆论市场时所瞄准的目标。大部分新闻界所针对的也是这批游移不定的公众。"(布尔迪厄,1993:86)在这种情况下,若大众媒介及时提供适应公众心理的文化报道或文化评论,会产生良好的引导效果,这对于提高他们的审美情趣是有益和有效的。同样由于公众接受大众文化的心理,简单地批评青少年追星而不追劳动模范、斥责正在流行的通俗小说胡编滥造,或者以种种政治高调加之某些公众并不感兴趣的作品,不仅达不到引导目的,反而会引起一定程度的逆向反应。

但是引导又是必须的,那么方法应当是舆论分流,即不是以媒介所持的正确观点去直接校正正在流行的关于某一文化产品的舆论,而是及时提醒、揭示造成舆论趋同的商业性操作成分,对明星职业道德进行有效的监督、对内容隐含的倾向(好的和不好的)进行解读、对品位较高的产品作出分析等,使得一时过于趋同的舆论呈现各种枝权,既防止"时狂",又能够使不够冷静的公众易于接受,逐渐达到消解消极因素、扩大积极因素的目的。

例如各种古装影剧,其中隐含的某些"仁义道德"显然是糟粕,需要以某种解读的方式指出来,但又不要因此打击公众对古装影剧的兴趣。再如以爱国主义为主题的电视剧《北京人在纽约》,它的轰动除了表现艺术上较为成功外,也反映了市场经济之初人们追求发财梦的一种内在需要,剧中"淘金"的历程调动了公众潜意识中的渴望。它把人的发展与发财的需要融为一体,对人生价值作了一种独特的理解。如果在它吸引全国公众之时,冷静地指出这一点,多少能够消解可能带来的负面影响。文化消费依旧,但公众多了一份清醒。目前一些报纸的文化专版及广电节目报的观听众论坛,对正在流行的文化产品发表各类意见,既显示主导意见,同时又讨论其思想、艺术方面的缺陷,并不寻求终极结论,让人们在感受到一种正确的趋向性意见之时,同时领悟其他意见的可取之处,效果是好的。

　　大众文化产品大多是一种商品,需要广泛的推销广告,依赖一定程度的关于产品的信息垄断,以便保持销路。它有一种天生的消融反义信息的能力。这就如法国社会学家布尔迪厄在批评商业介入文化时说的:"真、善、美具有可以转化为赢利的挥发物,……真、善、美不仅是润滑剂,不仅是艺术市场上的交换价值。它还是包装,可以包装形形色色的混合体。"(布尔迪厄,1996:139)在这个意义上,媒介关于文化产品的引导变得复杂了,既要利用商业操作弘扬文化产品中的真、善、美,又要十分警惕商业利益利用媒介广而告之的作用所造成的反义传播效果。因为只要进入文化广告的话语系统(引起注意),一切批评就不再是否定,而是以另一种方式对它的肯定。它可以接受任何批判,然后化为一种引起注意的方式迅速渲染扩散,产生批判意料不到的相反的商业效果(张汝伦,1994)。

媒介在大众文化精制化中的作用

　　我国的大众文化不是自发形成的。实行社会主义市场经济之初,人们需要大众文化,但对大众文化的理解和消费都显得相当幼稚。媒介较多地反映了社会上平庸的文化人士和文化商人的理解,因而一度大众文化的非理性和盲目性得到了相当的扩展空间,以致使不少人感到文化在物欲横流之下近乎到了"世界末日"。

　　随着对舆论导向的强调,市场行为的规范化,以及公众审美趣味和能力的提高,大众文化早期较为混乱的局面得到了扭转。人们开始发现,每一类文化产品统领风骚的时间是有限的,随着公众的成熟,武侠小说衰落了,言情小说失去了昔日的火爆(当然还有不少花季少女读者),素质不高的明星暗淡了,质量低下的流行歌曲和 MTV 卖不出去,谴责低劣的影视产品成了公众的一种日常话题,而新的几轮较高质量的文化产品基本得到了公众认可。同时,主动在媒介上参与文化批评的人多起来,各种出自普通人之手的毫不客气的文化批评文章,净化着文化市场。于是一个新的观念开始产生:以商品形式呈现的大众文化,在市场经济的正常机制下可以是一种精品。文化产品的商品性并不只会产生"恶",一种在市场经济条件下大众文化的良性循环可望形成。

　　这一变化的出现,媒介后来注意引导是一个重要原因。积累了一些经验之后,大众媒介的文化报道和评论有了较明确的指导思想和工作规范,较好的文化产品经过媒介的推广成为大众文化的主旋律,一些地区大众文化成熟过程的经验,例如《人民日报》1994年介绍的广东省一整套新型的大众文化的内容和形式(祝华新,1994a、1994b),对于引导全国大众文化的有序发展起到了较好的引导作用。

公众自身的成熟,以及具有革命性的市场经济的竞争机制本身,在市场规范化的前提下也是推动大众文化走向成熟的因素。作为商品的大众文化产品,其制作标准主要以利益为转移,但它的"上帝"是公众,必须与这个消费市场同步。公众的成熟要求文化的一定品位,于是可能产生如下的光明前途:"大众文化不断地否定自己,兼收并蓄,拒绝一切保守的封闭观念。如果我们把崇奉变异称作革命性的话,那么,大众文化就是当代最具革命性的文化。这种发展的结果将会产生一种精制的大众文化。"(陈刚,1996:160)

在未来大众文化的发展中,大众媒介依然需要把握引导方向,采用适于公众接受心理的引导方式。以大众文化为基点,在艺术上趋向相对精制化,同时承担起提供生活理想和精神境界的责任,可以视为媒介对大众文化引导的基本方针。但是,大众文化的主要功能是娱乐,即使这种文化的品位得到提高,它缺少人文价值的天性对于人的全面发展依然是不利的。娱乐给予的是瞬间的快慰,提升精神境界则是永恒的。在人们消遣之外,潜意识里亦需要找寻生存的坐标,需要一种境界,一种恒定的精神寄托,这只能由高雅文化提供。但是,真正能够深刻理解或欣赏高雅文化的人毕竟是很少的,于是一种接受高雅文化渗透的大众文化产品,即现在所说的"文化精品",便成为需要提倡的大众文化的发展方向。媒介的引导应循着倡导"文化精品"的路子。

"精品"总是少数,文化的特征是多样化和多层次的,媒介还要给予更多健康的、但尚不属于一流的大众文化产品以存在的权利。于是出现一个需要注意的新问题,即保持不同层次文化产品的生态平衡。高雅文化,以及大众文化中的"精品",还有大众文化中大量存在但不属于一流的产品,都需要在媒介上得到体现。这里似乎存在一定的悖论,就此郑也夫写道:"我们的社会不要高超的、一流的艺术文化吗?我们的社会不让更多的'业余艺术家'、二流艺术家表现自己吗?我们的社会不让大众满足自己的口味吗?这似乎是冲突,是二律背反。但是我们愿意这样认为:这一切不是不可以共存的。"全国性的主导媒介,应以报道和评论有代表性的"文化精品"为主,整体上引导大众追求相对高雅些的文化享受;而其他更多的媒介则可以为更多的大众文化产品提供发表园地,并给以适当的报道和评论。但在总体上,需要提出一种较高的独立的标准,以保障较高的艺术标准在舆论中居主导地位。这就如郑也夫所说:"在市场环境中,在口味不高的观众津津乐道于通俗文艺时,仍然要为社会树立起一个艺术的崇高标准,它是独立于市场和大众的。这标准管不了你靠迎合低级的趣味而发财,但它判定这样的作品进不了艺术殿堂,这样的文人够不上一流文学家。"(郑也夫,1995:306-307)

在展望未来美好的大众文化前景时,我们的大众媒介需要正视依然十分严峻的对于大众文化长期而艰巨的引导任务。据调查,1995 年全国城镇居民中精神文化消费只占全部消费支出的 8.8%,农村居民仅为 7.7%,这个数字只是发达国家的 1/5 或 1/6。而且这一点点支出中,娱乐性消费比书报杂志(这些中亦有不少是娱乐性的)的支出高出 4～8 倍(孙明泉,1996)! 媒介有必要时时提醒公众:"当娱乐从人的能量储备中借出的数目过大,因而在日常生活过程中无法偿还时,娱乐对实际生活就成为一种危险。"(科林伍德,1985:98)

第五节　面对消费主义:营造健康、合理消费的舆论氛围

在我国进入社会主义市场经济这一新的发展阶段的时候,一类新的舆论表现形态逐渐引起了人们的注意,这就是关于消费的舆论以及消费行为舆论得到急速的扩张。消费,即人们消耗物质资料以满足物质和文化生活需要的过程。广义上,消费还包括对精神性的大众文化的享用。关于消费的舆论反映的是人们的生活领域,具有较强的个性特征,没有必要由媒介过于具体地干预;但是这类舆论中潜在的某些成问题的价值观、道德观,以及由于"消费时狂"带来的舆论震荡,相当程度是通过大众媒介的报道和广告造成的,在这个意义上,端正引导方向,调整消费信息的数量,正确引导消费舆论,提高公众的消费品位,是大众媒介的责任。

我国消费舆论的特征

首先,市场经济在激发公众的物欲追求方面,呈现着一种无限膨胀的趋势。这对于促进生产、流通、消费不无好处,但若控制不当,也会造成某种消费舆论的畸形发展。由于我国曾在相当长的一个时期商品匮乏、公众的消费欲望受到压抑的历史原因,一旦开放市场,接连不断的消费刺激,特别是高档消费的刺激,容易迅速提高人们的消费期望,超量创造出人们的消费需求,消费舆论呈现为一种遏制不住的"欲购情结",不顾实际的经济状况和所处的社会文化背景,无限追求新的刺激。这是当前我国消费舆论最明显的表征,并非人人都能真地购买到追求的物质,但在情绪上表现出一种激烈的物欲追求。

其次,在经历了长时间的生活动荡、贫困和商品匮乏之后,当生活好转,进入持续发展阶段的时候,人们容易形成这样的价值观念:即用高档消费(购买越来越高档的耐用消费品、公开地大规模奢侈消费等)来象征财富、地位和荣耀。与此同时产生的大众文化,在大众媒介(特别是电视)的推动下,迅速占据了公众的大部分闲暇时间。这种文化一方面丰富了公众的精神生活,另一方面其相对平庸的内容以及与它随的大量广告,亦不知不觉地把人们带到这样世界:那里的生活内容和意义被简单化为期望占有高档名牌消费品或追求炫耀消费。这双重的原因使得消费本身成为一种象征符号,向人们提供着示范效应:这才是现代化、这才是文明和品位!

与以上两种消费舆论特征相对称的第三种特征便是物质消费意识强化而精神消费,特别是较高层次的精神消费意识严重滞后。人们尤其忧虑的是青年群体,1993 年中国青少年研究中心的一项 9 省青年调查(N=4 673)表明:"当今青年人的消费结构有两个失衡之处:一是物质消费大踏步地向高档次发展,精神消费则严重滞后;二是在精神消费中重娱乐消遣,轻读书学习。"(黄志坚,1994)

然而,这些观念上对消费的激烈追求,与我国的现实将发生一系列矛盾,有可能造成舆论的震荡和社会秩序的混乱。这些矛盾是:(1)普遍的高消费热情与国民实际购买力之间的差距拉大;(2)维持高消费的资源和能量与实际可利用之间越发不平衡;(3)原有的民族文化认同和文化特征与这种普遍的消费主义潮流发生冲突,形成一定的不同群体间的观念紧张态势(黄平,1995)。显然,大众媒介对消费舆论和消费行为舆论的引导,不是一个简单的引导买什么或不买什么的问题,例如电视剧中已经司空见惯了的高级时装、名烟名酒、豪华住宅、高级轿车等形象,作为一种象征符号得到广泛的传播,这类符号对绝大部分没有经济实力消费这些东西的公众来说,变成了话语行为,进而逐渐转变为替代原有信念的新信念。这种传播现象对社会将赋予什么意义,是不能回避的问题。

大众媒介对消费舆论引导的基本原则

我国当前消费舆论的特征表明,公众在消费中尚缺少与社会主义市场经济相适应的消费文化。社会上出现一种消费热点,便会有不少人立即趋之若鹜,出现消费狂潮、盲目攀比。不少人以奢靡的衣食,酿造着意识和行为的愚昧与野蛮,在时髦的装束下比衬出精神的贫乏与空虚。这些现象都表明:"我们不能把消费仅仅视为一种经济现象,也应当把它看成是一种文化现象。从某种角度讲,文化才是决定消费的深层次因素。"(李伟杰,1993)正是由于文化素养的差异,消费既可以表现为理性消费、情感型消费,也可能表现为从众消费、超前消费、冲动型消费。因而,偏重对消费的文化含量的认识,通过评论消费行为促进人们对商品的文化内涵、文化个性和审美的追求,确立健康、高雅的消费价值观,应当成为媒介引导消费的基本原则。

从消费的发展趋势来说,物质消费的比重将逐步有所下降,精神消费的比重将逐步有所上升,消费层次和消费质量主要通过这方面的数值得到反映。但就我国目前的消费形势而言,这种下降、上升趋势的变化将是很缓慢的。然而,大众媒介则有可能在观念层面培养一种较高的消费品位意识,或者说,一种对高雅消费的精神追求而非实际的占有。"一个健康的社会应当为他的成员提供丰富的消费选择。而同时它还应该以其蕴含着内在魅力的文化模式为其成员提供娱乐、'炫耀'、宣泄的方式。这种炫耀可以是攀登高峰,是漂流大河,是助威绿茵场,是讲演,是美文,是艺术,是一门绝活……"(郑也夫,1995:82)这对于营造良好的消费舆论的环境氛围,是必要的。

例如常见的消费行为舆论形态——时尚,如果倡导从实际占有上赶潮流,在目前条件下显然是一种误导,而回避时尚又是不可能的,那么媒介的引导应当如一位时尚刊物的主编所说:"流行的东西和市场上的东西毕竟有差距,我们想作一些真正引导读者消费或提高他们品位的文章。""个人收入并不影响购买我们的杂志。这说明对美的东西的欣赏是共同的,你可以提高品位但未必要完全占有"(吴泓,1996)。时尚是一种物质诱惑,同时也体现一种文化风气。追求时尚的人既可以说是充满活力、喜爱新事物的人,又可能是不自信的人,容易接受时尚中引出的社会偏见。媒介要善于利用人们对时尚的关注,因势利导,营造对美和理性追求的舆论氛围。1997年之夏,"电子动物"作为一种消费时尚风靡京城,《北京青年报》及时给予报道,但是并非火上浇油,而是用大量篇幅展开了一场《电子动物能"活"多久》(刘明胜,1997)的讨论,从这一流行现象转而引导读者思考电子时代的"虚拟化生存"问题。消费依旧,该不该买已不是问题的关键,盲目趋从也不大可能产生,因为公众多了一分对这个问题较为深沉的哲学思考。

　　一位作者面对平民百姓讲的一番话,颇能说明这一媒介引导的原则。他说:"时尚,应该是一种感觉,尤其对平民而言。时尚的精神层面是由人的文化(文明)修养决定的,时尚的物质层面是由人的经济状况决定的。""时尚可以和美联系起来,而美,更本质地属于心灵,……美是凭感觉的,所以,时尚是一种感觉。那么,当您薪水有限而生活于平民行列的时候,就不必削足适履追求时尚,只带感觉便可了,感觉美,不需要对'孔方兄'的媚俗追求,更需精神陶冶的大剂量投入,正所谓'精神文明'"(强生,1996)。大众媒介需要做的,便是在公众消费或社会上出现消费时尚之时,大剂量投入陶冶精神的成分。

　　这样的引导消费的原则并不复杂,但在实行社会主义市场经济的初期,由于媒介工作人员本身的认识偏差,曾对消费舆论造成过不小的误导。那些被媒介爆炒的某名人弃文从商、某大款住总统套房享受良宵、某地百万元豪门宴等真真假假的新闻,电视节目中的女导购"您只要花上几千元……"的不动声色地介绍、记者街头采访的摩登女郎那"价格合理,3 000千元一件外衣可以承受"的豪爽,无形中在观念上呼唤着对金钱的极度追求,同时也引起绝大多数温饱型公众对生活前景的恐慌。但在实际消费方面,这类报道的效果经常是相反的,遭到公众的讽刺,因为普通老百姓会凭着实际生活经验对报道进行检验(李晓娟,1995)。问题在于媒介有意无意宣扬的消费价值观的渗透。黄平曾不安地谈到他在青海的一幕:"每逢周末,陪同我们的当地年轻人总要抱歉地说:'今晚得回去看电视了,电视台正在播放《豪门恩怨》。'那是一部典型的消费主义田园诗般的'肥皂剧',即使在西方也带有极度夸张的虚幻色彩,却在我国大西北如此吸引观众,令人吃惊!"(黄平,1995)鉴于这些导向方面的教训,强调媒介在消费导向方面注重精神文化的投入,是非常必要的。

广告给我们带来了什么?

在媒介对消费舆论的引导中,最大的问题尚不在于新闻报道和其他媒介节目,这方面即使出现偏差也容易纠正。困难在于广告对公众的"围困"所造成的舆论导向问题。广告属于商业行为,媒介刊播广告亦属于媒介的经营部分。广告行为和内容受广告法、反不正当竞争法、消费者权益保护法等法律法规的约束。但是法律法规只能管到行为和内容的明显违法部分,广告中隐含的价值观,则是大众媒介监督的对象。在这方面,媒介通过对广告的评论、组织对消费方式的讨论等方式,影响消费舆论或形成新的消费舆论,并通过"社会评价"的非强制性力量,促使广告商调整广告中的不适当的表现形式或内容。在这里,媒介对广告的理性认识是做好这类引导工作的前提。

当1979年初春我国电视上首次出现雷达表、幸福可乐广告(知非,1996:421;赵成杰,1995:144)的时候,它打开了一扇公众了解世界的窗户,中国老百姓普遍发现,原来世界上2/3的人民并不是全生活在水深火热之中,他们还享用着那么多我们没有见过的、没有听说过的精美商品。正是广告从一个侧面燃起了公众对富足的物质生活的向往,对过去单调的、以阶级斗争为纲生活的厌恶,对改革开放政策的理解和支持。广告吹散了封闭的观念,带来了新生活的信息。当年发表在《人民日报》上的一首赞美霓虹灯的诗,由于作者是"文革"中捣毁广告霓虹灯的红卫兵,他的忏悔曾引发了不少人的深刻思考。广告代表着公众在基本物质消费得到保证以后,有选择地面对着的高一层的物质享受、信息传递、精神需求和文化品位。广告丰富了公众的日常生活,它以赏心悦目的方式,传送着公众需要的商品和服务信息;在同类广告的散播中,公众拥有了形式上的选择权利。

现在的世界,我们已经被广告包围。每个人理论上都有权拒绝广告,但无法拒绝充满广告的生活。于是,新的问题便显现了出来。广告是从商家的利益出发制作的,未必是需求带来的供应,相当程度上是以供应唤起欲望。大多数公众无法掌握全局、洞察自身的长远利益,所以才有广告的天地,但同时也就有误导、骗局、利益集团牺牲社会养肥自己等现象。广告运用现代社会科学的各种研究成果,千方百计地引起公众注意,加深印象,展示、劝诱、暗示,甚至威胁,无所不用其极。而对广告的接受,不仅意味着对商品或服务的接受,无形中也意味着接受了与它们相对应的消费方式、知识结构、文化行为和生命的扩张方式。从舆论导向的角度考察广告,不能不对它的负面效应予以更多的注意:

首先,由于生产发展的无限性和广告市场不可避免的竞争状况,使得广告不仅在推销某种产品或服务,而且无形中推销着越来越多的超前消费和享受的观念。"一般情况下广告所要召唤的并不是真正的需要,而是超出生存需要的奢侈。""广告对消费的刺激是在助长心理缺失感"(高小康,1993a:55、59)。广告用生动美丽的图像和画面"寓教于乐":身着巴黎时装的靓男靓女、用北欧家具布置起来的豪华、温馨的客厅、脚登"迪奥"名牌鞋耍"酷"的白脸小生等,将各种各样人的欲望从内心推向表层。其特点如李陀所说:"片面、世俗、功利性过强。然而,这正是广告教育的妙处和长处,它的重心似乎永远落在宣扬、传授某种新的生活观念和生活方式上。"(李陀,1995)

由于广告不断地制造着超前消费意识,便与发展速度相对缓慢的现实发生冲突,造成第二个问题:它"使生活的压抑扩散为贫与富、奢靡与饥馁对立的新冲击波,这种现实贫困与广告华丽之间的映衬必然使不同消费阶层的差异和冲突明晰化,使群体共同富裕的承诺在当下消费巨大的反差中,演绎成一种钱就是权的世界人生分裂冲突对峙图景"(王岳川,1995)。换句话说,广告的传播中潜伏着新的社会冲突的因素,这种冲突首先表现在舆论方面,处理不好也可能发展为社会性冲突。

第三,在无所不在的广告环境中,人们的生活本身也被无形地改造了,人们对各种"新潮"变得麻木而缺乏反省,习惯于跟着媒介广告走,在喧嚣的叫卖声中丧失着心灵对话和审美沉思的能力,社会趋于新的单调、雷同与平庸。"控制广告的大企业、大商场,通过广告制造时尚,并进而带动更多的人对时尚的追求,摧毁对时尚的抗拒,把亿万人塑造成购买特定商品的机器。我们在广告面前,不知不觉之中丧失了判断的能力、选择的自由"(戴建中,1995)。

即使每种广告严格按照法律法规审查,去除明显的宣扬错误观念的内容,由广告的商业运行机制所决定,大量的广告依然会在总体上产生以上三种宏观性质的导向问题。所以,在广告行为规范化做得相当完善的时候,大众媒介对于广告无形中造成的舆论导向问题,始终要以相应的正确引导伴随着广告的发展,融入理性,缓解冲突,消解过度的欲望追求。例如人们感到不错的双汇火腿肠的电视广告,那火腿肠战胜爱情的幽默效果中,流露出的却是现代人感情的脆弱;而那句"味道好极了"的雀巢咖啡广告词,显示的则是一种战胜中国茶的"文化身份"。在看到广告、微微一笑之后,以适当的方式向公众提示一下这些潜台词,是媒介的责任。

至于以往刊播过的广告中涉及引导方向的具体问题,多不胜数,诸如拜金主义、享乐主义、崇洋意识、违背公德、宣扬迷信、歧视女性、隐含色情、误导儿童等;各种虚假广告带来的局部舆论震荡,事例也不少。其中媒介无原则刊播的责任是无法推卸的,特别是那些媒介编辑部门与商家"合作"、要钱不要"脸"、明知故犯地误导公众的广告,危害更大,已经不是单纯的舆论导向问题了。

广告给我们带来了新生活,广告也给新生活带来了无穷的烦恼。我们不可能摆脱广告,最好的前景在于大众媒介认真担负起引导舆论的责任,给新生活带来理性、批判意识、审美意识和更多的心灵交流。

媒介面对广告: 不懈的引导

在社会主义市场经济条件下,大众媒介对于广告的引导是一场有始无终的持久战,教训不少,经验也积累了许多。就广告对舆论造成的主要负面影响而言,首先需要的是大众媒介自身对本行业各个媒介上发生的广告误导进行坚决的揭露和批评,这是恢复、加强媒介引导舆论权威性的必要步骤。各种对媒介刊播的虚假广告的揭露,有力地配合了社会上开展的"打假"活动;对于一些媒介编辑部与商家串通误导公众的事件,揭露出来本身,不仅是一种自我警诫,也生动地教育了公众;各种经常见诸版面和声屏的对于广告内容的评论,不断地提醒着公众对广告中某些潜含意味的警惕,其浸润、渐进的正确引导效应不可轻视。

第二,有意识地由媒介出面组织关于广告认识的讨论,不失为一种理性较强、效果也好的引导方式。因为它带有一定的参与性,引发了不少公众对这个问题的关注。例如《北京青年报》1995 年组织的"我看广告"征文,先发 13 篇群众来稿、后发 4 篇专家论文,从感性到理性,虽各抒己见,意见并不相同,但对于广告的基本特征、正面和负面的影响,大体理清楚了。一位作者在肯定了广告的正面作用之后,清醒地写道:"广告商总要塑造出具有购买力的富有家庭和个人形象。他们不会告诉我们这种生活不是唯一的,甚至也不是最好的,……他们不会告诉我们,中国处于工业化前期,仍然需要提倡与'新教伦理'相类似的节俭、克制、奉献、勤勉的处世准则与生活方式。他们也不会告诉我们,由于资源和人口的双重压力,中国大多数家庭在一代或更长的时间里,是住不上广告中的华厦精舍,吃穿不上广告中的锦衣玉食,开不上广告中诱人的私人小汽车的,这些只是一个美妙的梦,梦醒时分,只有更多的焦虑、浮躁以及不平之气。"(戴建中,1995)

这实际上采用的是一种舆论分流的方法。广告依然按照规定程序刊播,但不能只由它们形成单一的消费舆论;媒介出面组织的讨论,形成几种另外的不同舆论,特别是批评性的舆论,使得广告造成的过于集中的舆论得到分流,广告中潜含的导向问题因此得到一定程度的消解。

第三,正面组织关于生活方式的讨论、正面报道良好的消费形势,抵消由于广告总体效应而产生的过快过高的消费追求。"为什么商人的广告铺天盖地,智者的议论不可以有一席之地呢?干预一个人的选择是不行的,但议论一种世风则是正当的和有益的"(郑也夫,1995:293)。

1996 年 5~7 月《文汇报》组织的"当前我们应该倡导什么样的生活方式"讨论,以一封读者来信为起点,"各地来信如雪片飞来"。该报连续发表了 20 封来信,接着组织了 14 位学者、官员座谈,结果"量入为出、结构均衡、理性选择、追求多样、健康向上"被大多数人认同为当前应持的生活方式(韦源,1996)。《人民日报》1996 年初组织的"95 回眸看消费"专版,既展现了市场经济条件下人民消费的多样化,也在七个消费领域向读者分别提出了未来适当而多彩的消费原则,同时帮助商家总结经验,忠告他们:"商家,请你不要短视。"(金犁,1996)这种热情不减、冷静在胸的态势,值得各个媒介在引导消费舆论,特别在引导由广告宣传造成的某种消费行为舆论时采纳。

把商家利益与社会利益结合起来

社会主义市场经济条件下的广告,与大众媒介对消费舆论的引导、社会主义的主流舆论并不是对立的,应当有利益的共同点和适当的协调方式。我们的媒介在引导消费舆论的同时,也要引导商家提高经营素质和文化层次。

一位文艺理论家注意到"高雅音乐＋广告"带来的无形引导,他在看到《卡门》与泸州大曲相配的广告、以古典曲调大合唱赞美松下电视机的广告后,写道:商家"当然不是为了使广告观众得到一次欣赏古典音乐的机会,因为这同他的商业动机毫不相干;而与此同时,他又决不可能不意识到音乐对于接受者的意义,从这一点上说,他又确实是要使观众感知到(欣赏到)所配的音乐。"(高小康,1995:229)从高雅文艺角度看,古典音乐被亵渎了;而从传播效果看,给平面化的广告镀一层圣洁的灵光,制造一种文化背景的氛围,一定程度上反映了平面化生活中公众的精神需要。"他们需要与这种平面感觉疏离,以使自己的生活能够被赋予意义。古典音乐作为一种文化背景,当然不会混同于一般消费文化的平面,它是平面文化上的一层传统文化的镀膜。"(同上,233)

这种广告模式也许并不适于其他广告,这里的启示在于要努力找寻广告的商业利益与公众较高精神需要的联系。将公益与商家利益结合起来,是媒介对商家广告进行非强制性引导的另一重要思路。

1996年秋,我国各媒介,特别是电视上出现了相对集中的公益广告,引发了不少人思考商家利益与社会利益的协调问题。一位作者写道:"广告,有高雅与庸俗之分,也有文明与粗野之分。而参与公益广告,打出参与者的店名、厂名,以及所生产销售的特色产品,这样,既对社会做出了贡献,又提高了工商企业的知名度,两者兼而有之,何乐而不为呢?"(程秋生,1996)一位电视观众在来信中讲了同样的感觉:"商家利用广告宣传产品,以获得更高的利润;社会利用广告宣传美德,以提高民族的素质。我们呼唤更多更好的公益广告与观众见面,让我们的人民在潜移默化中受到启发。"(陈晶晶,1996)其实,一些商家也在逐渐认识,如果广告的内容将商业利益与社会利益结合较好,反而会给自己带来更大的效益。某化学品厂制作的一条"我们崇尚绿色"的环保电视广告,尽管只在角落上出现企业名称,由于公众喜爱这则广告,进而信任厂家,记者写道:"广告一出,产品销量大增,商家由此名利双收,可见对社会负责的企业,社会必有回报。"(岳文厚,1997)

媒介对商家广告的引导,间接地影响到消费舆论的质量。需要向商家指出,要推销商品,先推销自己,推销自己绝非靠所谓"经营策略"、靠花样迭出和虚情假意的广告词。广告本身就相当于一个推销员，他“实现角色行为的过程，不单单是在推销某种商品或服务，更重要的是在‘推销’，或者说显现他自身的人格特征，以这种人格的威望和感染力，去帮助厂家与用户”（马谋超，1988：89）。

1995年，美国西北航空公司为我国天津一位患心脏病的婴儿及亲属免费提供三张往返机票去美国动手术。当孩子安全返回时，公司以欢迎会的形式举行了一个简短的新闻发布会，颇有人情味地讲述了这个故事，并没有对公司做任何刻意宣传，然而该公司“充满爱心”的服务形象却不胫而走。这家公司不是慈善机构，老板从来就不是慈善家，但他们明白，关心社会，同时就是关心我们自己；他们深谙为社会公益事业做出贡献的商业价值（傅瞰，1995）。在这方面，我们的媒介需要对我们的商家多做启蒙工作。

1987年中央电视台播出第一条电视公益广告以来，这种广告也已有一定数量，但在现在的广告海洋里，这实在如漂在海上的一片树叶。到1994年，全国只有六七家省市级电视台开播公益广告。公益广告发展很慢，而且尚没有解决与商家利益结合的问题。从长远看，如果使一定比例的商业广告以公益广告的形式出现，这对于提高消费舆论的质量具有重大意义。

第六节　呼唤公众的内在良知，营造社会公德与市场道德的舆论氛围

舆论的内容涉及几乎全部社会领域，但舆论的主体——公众，大都处于社会的中下层，他们关于舆论客体的意见通常不带哲理性，而是道德评价性的。正是在这个意义上，李普曼说：“由于地位和接触起着那么大的作用，道义上的判断比建设性的思想更为普遍得多”。“舆论基本上就是对一些事实从道德上加以解释和经过整理的一种看法”（李普曼，1989：35、82）。我国的文化传统形式上更看重道德，因而公众习惯于用善恶、美丑、是非等的判断参与舆论。如果我们考察一下社会主义市场经济条件下的舆论，那么由于社会变迁对社会意识的冲击，公众关于各种问题的舆论，道德评价的意味比任何一个时期都要浓厚，而媒介引导道德舆论的责任也显得更为重大。

各种非道德舆论形成的原因

从计划经济向社会主义市场经济的社会经济结构转型,引发了道德观念的巨大变化,人们的道德心理和行为经历着从"假"向"真"、从"虚"到"实"、从"懒"到"勤"、从"依赖顺从"到"独立自主"等的变化。然而在现实中,各种非道德的舆论也明显地增多,人们又似乎变得更自私了,各种经济欺诈行为增多。虽然社会道德变化的主导方面是积极的,但面临的各种非道德舆论也必须予以正视和疏导。认真分析形成较多非道德舆论的原因,是正确引导舆论的必要前提。

产生较多的非道德舆论,首先在于对道德认识的偏误。经济结构的变化自然要引发对于以往道德的重新审视,其中包括对某些陈旧道德的否定。但是在转型过程中,这项工作较为仓促,某些群众出于对以往"左"的道德观念的憎恶,将对道德的理性梳理变成了感性冲动,把道德本身看作压抑人的清规戒律,结果造成对整个道德的否定。

第二,用小生产的眼光曲解市场经济条件下的道德。我国从数千年自然经济的状况刚刚走上现代化道路,而活动于社会中的人的素质未必是现代化的,观念上相当程度尚滞留在小生产阶段。在小生产的眼光下,市场经济往往被曲解为放任自流的经济,于是各种无秩序、违反现代文明的非道德意识得到扩散(张晓林,1995)。

第三,我国的道德传统上具有相当的"他律"特征,这种传统遇到现在重大经济结构的变迁,在社会的管理,特别是经济管理方面出现某些真空的时候,同时也就造成一定的道德真空。随着外在制约力或威胁的减弱,道德随之面临相对的瓦解,非道德的舆论(这里指非理性的社会意识)会得到一定的发展空间(高小康,1995:97-104)。

第四,市场经济之初大众媒介的误导不能不是形成一些非道德舆论的原因。人对道德的追求都潜在着低级和高尚这两种可能的取向,现实的道德取向往往取决于自身的约束和环境的影响。但对于公众来说,道德取向更多地受到精神环境的影响。"于是当市场上出现对某些人的庸俗倾向的迎合时,经过大众传媒的浅薄的大肆渲染,它又弱化了其他人的自我约束,最终导致了整个社会、整个文明的低级与庸俗"(骆爽,1994:102)。

道德表现的三种不同领域

道德有别于一般的人文精神,它是内心认可或在外界约束下习惯性遵守的规则、理想的方式等,以这些标准对各种信息刺激作出反映,也以这些标准指导行动。它是舆论的深层结构——信念体系的重要组成部分。持某种道德观念,面对具体问题便会得出与这样的道德观相对应的态度、意见。根据运用的不同领域,道德可划分为三种情形:

最基础的是个人的道德观念,它潜藏在个人的心底,有时自己也没有意识到,但它却总在不知不觉地发挥着作用,成为评判外界事物、指导自身行动的一种依据。例如人对崇高、对理性的追求,即可视为一种个人的道德品质;"人应当有良心"、"人就该是自私的"、"我应该……"、"我必须……"、"不能……"等观念、动机,以及自觉不自觉作为准则的各种戒律,也都属于个人道德。在一定范围内,个人道德观念相近的公众遇到具体问题时可能会形成某种道德舆论。大众媒介对于道德舆论的引导,归根到底是要提升公众个人道德的境界和认识水平。

涉及人与人、人与社会的关系,便需要社会公共道德,简称公德。例如最常见的礼让为先、助人为乐、保护环境、爱护公物、遵守秩序等。这是一个社会得以正常运行的基本道德保障,如果公德的水平长期落后于社会经济发展的水平,人们的行为失范,造成社会生活的无序和混乱,可能会在两方面引起舆论震荡,即非理性舆论的急遽扩张;由于公德的缺失而形成的极度悲愤、失意舆论的弥漫。前者直接引起更大的社会动荡,后者带来社会整体的消沉和颓唐。

在经济领域,除了以法律法规形式体现的市场规范外,还需要一种处理人们利益关系的市场道德,诸如诚实守信、注重质量、讲求职业道德等。这些是维持市场正常运行的基本道德要求,如果市场行为中各方都不讲市场道德,形成一种相互欺骗的恶性循环,那么就会造成如下对所有人的社会厄运:"我们受到的不光是物质方面的损失,还有信任的崩溃,和谐的消失,尊严的沦丧,交流的断阻。除了亲朋好友之外,你不会再信任任何一个人。即使对真正的名牌优质产品,也不能不投以猜疑甚至怀疑的目光。我们彼此都要无端地接受诚实的审查。这,将是非常不幸的。"(米博华,1995)

将市场领域的运行机制扩大到社会领域和个人道德领域,则造成新的道德危机和舆论的混乱。即使在经济领域,市场交换原则也不是唯一的交往形式。一旦用市场交换的原则替代一切非市场的交往形式,特别是将权力、身份、名誉作为交换对象,不仅社会的基本秩序将遭到破坏,而且也是对人性"善"的最大摧残。

从生活的细微处入手,呼唤公众的内在良知

人不同于动物,需要一定的精神追求,这种追求基本属于道德范畴,而具体的呈现,则有相当的变动余地,根据弗洛依德的论证,现实的个人(即"自我",ego)始终将被两种不同性质的追求所左右。一种是对善的追求,这是"超我"(super ego)对"自我"的要求;另一种是对快乐的追求和满足被压抑的欲望,这是"本我"(id)对"自我"的要求(弗洛依德,1986:278-290)。"自我"往往以无意识的形式接受着"本我"或"超我"的引导。正是由于"至善原则"和"快乐原则"对每个人来说同时并存,这就为媒介正确引导的有效性提供了理论根据。

然而,"本我"作为一种道德追求是较为显在的,时下的,容易被唤起;而"超我"作为一种道德追求并不迫切,不易被察觉,如果外界不注意唤起,可能会被长久地推迟接受。这是一种相对高级的道德追求,一旦意识到需要这种个人道德,会得到一种深刻的幸福感、宁静感和内心生活的丰富感;追求的道德越高尚,也就越少自私,越有利于公共社会的利益。

许多社会现象说明了这一点。1995年"北京青年状况调查"表明,他们相当地愤世嫉俗,不同程度地认为当前道德沦丧的占六成多,有七成的人认为应当提倡奉献精神;但是在现实中,却有半数以上的人采取少奉献和不奉献也索取的态度(田科武,1995)。这种认识与行为脱节的现象是跨文化的通例。欧洲一个价值研究小组在抽样调查中也发现,多数人对道德现状不满,而作出这种判断时便隐含着另一个不言而喻的判断:当整个社会道德水平下降时,本人保持着恒定的道德水平(高小康,1993b:219)。我国现实的显舆论中,对道德的呼唤相当强烈,但是在实际生活中,道德的提升是有限的,原因就在于人们普遍的自我道德高估心态。在每个人的心灵深处,存在着一种矛盾:一方面相信自己应当是道德的,同时又怀疑自己能否是道德的。这正应了弗洛依德从心理学角度对人的道德追求的分析。

　　根据荣格(Jung,C)的心理学理论,单纯批判性的道德故事或报道的引导效果是有限的。每个人在社会生活中都要为自己塑造合乎社会需要的"人格面具",而被社会所禁止的需要(非道德)便成为潜伏在人格中的"阴影"。在看到关于邪恶的故事或报道时,这种阴影便投射到外部对象上,使压抑得到转移和平衡。于是出现如下的情况:"如果新闻媒介讲述了一个有关不道德行为的故事:如虐待老人、喜新厌旧、见死不救等等,总是会激起许多人的义愤,这绝不是因为许多人自己的心灵中不存在此类邪恶(否则这类故事不大会发生了),而是因为人们下意识中觉得自己强一些,回避了道德逻辑的推演,而乐于充当一个与情境疏离的道德法官角色。"(高小康,1993b:229)

　　有鉴于此,大众媒介与其大量揭露某些道德滑坡现象(适当揭露是必要的),或者激化人内心的道德矛盾(如提倡狠斗"私"字一闪念),不如从生活细微处入手,利用人们的自我道德高估心态,正面唤起个人心底对高尚道德的追求,这是引导道德舆论的基础性工作。

　　《人民日报》的"读者之友"专版,自1995年10月起,开辟多个栏目,让普通人讲述自己内心潜在的对高尚道德的追求,引起了社会的注意,效果相当好。第一个真实的"普通人的故事"是一位矿工讲述的:

　　前些天,妻子上街买回1.5公斤莜麦面窝窝,回家一掏钱感到不对劲儿,出去时总共带了35元钱,买回莜麦面窝窝花去3.7元,怎么还余下36.3元呢? 她想,一定是卖莜麦窝窝的小伙子收钱时把5元钱当成10元钱了。

　　妻子急忙返回市场,对那小伙子说:"你找的钱不对。"小伙子急忙说:"大姐,我没少找您钱!"妻子说:"你别急,是你多找给我钱了!"小伙子数了数袋里的钱,才发现确实少了5元钱。

　　妻子把5元钱退给他后,小伙子感激地说:"今天遇上好人了,要不我就白干半天了。"

　　妻子退钱是有原因的。去年12月,她在集市上买猪肉,付给摊主100元,结果摊主少找了10元。过后回去找,摊主死不认账。为这事气得她好几天不上街买菜。

　　妻子说:"人家少找了咱钱咱心里有气,骂人家不讲良心;人家多找了咱就悄悄装起来,等人家明白过来,肯定也会骂咱!"(张永泉,1995)

同一期首次开辟的读者言论"人生一得",两篇小文章一个主题:能为别人做点事,真好(段正山,1995)。讲的不过是自己为别人或公益做了微不足道的好事后的感想,无论是否有人知道,但它唤起了当事人这样的感觉:"在内心保持一种做人的圣洁,知道自己做的这一点点事对他人、对社会有益,这就够了。胸怀坦荡,才能获得真正意义上的人生快乐。"(谷与麦,1995)这样的故事和言论,该版仅1996年就发表了72篇(当年来稿4 200多篇)。孙立平就此评论道:"它们与我们生活中的某些最细微、最敏感的东西有关。这几个故事,你看了不一定'极为感动',更不会流泪,但你会感到温暖、舒服,感到我们非常需要这样的东西,而且,这几件事情的情境是我们在日常生活中几乎经常会遇到的。"它们"体现着一种本来就应当有的社会生活状态。……但一个社会真正形成这样的状态却不是那么容易的"(崔佳,1995)。显然,《人民日报》的这个版抓住了引导道德舆论的有效切入口。一个诚实人的心声,能够唤起一大群诚实人的共鸣,良好的道德舆论便是从这里产生的,而且可能持久。

在这方面,媒介的引导是大有可为的。在人们拼命追逐利益的时候,其实非常需要内在道德的净化,但是当时的媒介提供的这样的情境太少了。1993年,在上海出现了这样一幕情景:著名的青年钢琴家孔详东、周挺为他们的老师——一位生命垂危、并无名气的中年钢琴教师范大雷举办的演奏会爆满,实况转播后几小时这位教师去世,无数与范并不相识的市民捧来鲜花,鲜花从他住的公寓底层大门层层排上去,一直排到五层他的故居门口。报道这件事的主角是位女记者——周玉明。余秋雨当时怀着对大众媒介的感激之情写道:成名的学生守护病危的老师不是什么新闻,"是谁在平常中发现了不平常,在悲剧中发现了崇高,在复杂的都市风景中找到了足以燃烧千万人心灵的火种呢?是新闻界。这无疑需要一大批记者和编辑发现这件事的精神价值而立即作出决断。这种情景果然出现了,没有上级指令,没有家属求情,更没有实利诱惑……"如果换个角度看,那就是周玉明和她的同事们实际上找到了引导道德舆论走向崇高的切入口。其传播效果就如余秋雨所描述的:"在不经意之间,这里出现了一种精神仪式,吸引着一切有某种精神需要的人都虔诚地参与其间。这种精神需要,就是人人对自己心底埋藏的珍贵部位的自我确认。什么是崇高,什么是奉献,什么是人格,什么是艺术,什么是教师,什么是学生,这些在日常生活中几乎被大家遗忘了

的问题,都会在这种参与中浮现在眼前。人们围绕着范大雷所做的一切,强化了自己心底的善。"(余秋雨,1994：268)

我国的大众媒介逐步掌握了这种引导艺术,从讲述寻常百姓事入手进行的道德引导积累了相当的经验,例如中央电视台的"生活空间"节目、中央电台"新闻报摘"中的"文明天地"专栏,以及许多地方媒介类似的专栏专版(例如湖南《益阳日报》1994年开办的"100个普通人的故事"专栏)等。现在的媒介工作者已经认识："平凡人看似平凡,但贴近他们的内心就会发现真善美。""那些看似平淡的故事,蕴含着深邃的人生哲理,让人在无穷的回味中思考生命的价值"(赖仁琼,1996)。有的还以这种指导思想直接向社会征稿："您身边的事可能很小,您身边的人可能默默无闻,但小事可能包含大道理、大是非,小人物可能包含着大精神。那么,告诉我们,我们告诉读者。"(胡雅杰,1996)

如果总结一下这方面公众的接受特征,那么以下五类信息有可能进入他们的接受领域,值得媒介引导时予以注意：(1) 满足人们"渴望高尚,追求高尚"的求善性需要的;(2) 有助于人们走出困境,获得道德上解脱的;(3) 有助于人们坚定某一信念而获得道德认同感的;(4) 满足人们社会活动中的道德需要的;(5) 满足个人独特道德慰藉的(张琼,1995：106)。

形成较强的公德舆论压力,扭转公德缺失现象

我国传统上是一个以人伦为交往核心的社会,人们的交往以血亲(包括义亲)关系的远近为差序,亲情越近,关系越密切,越"无私"。一旦走向社会,人们会自然受到这种自然道德的观念束缚,不愿承担进一步的信任关系和分工秩序所面临的义务和风险。因此,对我国现代社会的公共领域来说,公共道德的缺乏是较为普遍的问题。例如,居民住宅内装修得很好,但楼道的公共空间却很糟糕;法律法规所允许或限制的事情,经常被人情网冲垮,也是自然道德对公共道德的一种挑战。

一般地说,人们对道德,特别是社会公德的接受,将经历三个阶段(张琼,1995：110-113)。首先是道德他律阶段。这时的接受不是以自主的判断为基准,而以社会主导性要求为依据。这本来应该是儿童接受道德教育时的特征,由于历史的原因,我国公众的公德意识有相当部分尚处于这一阶段,接受公德不是

出于内在需要,而是外在的压力。在社会呈现较为复杂的情境或道德标准面临剧烈变动之时,往往依权威性力量或社会流行的引导行事,一旦离开权威情境(各种社会管理人员的监视、大众媒介造就的道德场景的影响等),就出现道德"空壳"现象:"在道德观念上,人们仍然承认利他的、公益的道德,而在行为上,对财富的实利主义态度和理想主义道德观只能相互妥协而不能整合,……除非在受到严格监视的环境下,大街上随地吐痰者大有人在,不仅是文盲或痞子,完全可能包括体面的'大款'、官员和教授,很难在这里划出一条清晰的文化水准线来区分。"(高小康,1995:102 - 103)

第二个阶段是道德接受自律阶段。处于这一阶段的公众已经具备了一些的公德意识,可以对日常事物的道德是非作出较为正确的判断,他们接受公德不是出于别人的告诫、命令或社会压力,而有一种社会责任意识,诸如"凭良心办事"、"不坑害人"、"己所不欲勿施于人"等,内化为道德自律。但若处于尖锐的道德冲突之中时,可能会舍弃更高的道德要求而保全自身。我国的大多数公众在许多情况下处于这种状况,平时可以做到不害人和为社会做一些不危及自身较大利益的事情,但在危急关头尚难做到见义勇为、奋不顾身。

第三个阶段是道德接受自由阶段。处于这一阶段的是少数公德境界很高的人,他们有很强的社会责任意识,不论是去完成安排的任务还是遇到意外情况,都能够以公共利益为自己的利益。

这种划分只是为了分析问题,其实很难明确地将具体人的公德水准划分到某个阶段,可能在某种氛围和某些具体的境遇下,某些人可以作出符合公德的行为。在这里,一定的道德舆论环境对于建树社会主义的公德意识至关重要。通过大众媒介形成较强的公德舆论,是形成社会公德意识的方式之一。这是由于:"社会舆论具有大众化、压力大、影响深的特点,因而道德评价对于构成'扬善抑恶'的道德氛围,规范人们的行为举止,协调人与人之间的关系,实现道德由'现有'向'应有'的转化,有着重要作用。"(张琼,1995:167)也就是说,用这种方式可以促进人们在这点或那点上从道德接受他律转向道德接受自律,多一些道德接受自由的公众。这个过程即社会心理学家凯尔曼(Kelman,H)所说的"服从→同化→内化"过程(沙莲香,1987:250;时蓉华,1989:258 - 260)。

当然,这就需要媒介营造的公德舆论氛围略高于现有的公德水平,形成一定的"势差",无形中"迫使"公众转向较高的道德境界。由于公众的公德接受存在着从他律到自律和自由、服从→同化→内化的过程,因而"道德接受客体所蕴含或表现的道德价值高于或大于道德接受主体道德价值水平时,道德接受主体并非完全排斥,而是有一个'接受度'的问题"。"道德的根本力量在于它高于人们现实道德水平的高尚性,因此,道德传递—接受活动的生命力也在于其高于人们实有的道德水平"(张琼,1995:131、279)。"高于"并非高不可攀,应当是"略高",否则传播可能会出现逆向效果。

近年我国的不少媒介开展的关于公德的讨论,以普通人的生活为基准,又略高于现有公德水平,对营造公德舆论起了很好的推动作用。例如1996年《人民日报》持续两个月的"个人素质与公德意识"讨论,同年《中国青年报》的"我们需要什么样的社会公德"的讨论,同年各媒介关于"红伞失落"的讨论等。这些讨论以润物细无声的方式说理,让公众参与其中,又注意将道德问题区分境界和层次,使许多人感到可以接受。下面的观点得到了认同:"也许我确实成不了道德上的英雄,或者圣人,但我还是能够做一个有别于恶人的好人,有别于卑鄙者的正直的人。""只要我们乐于做我们认为正确的事情,每个普通人在公德建设中都是可以有所作为的"(罗华,1996)。正是在这种似乎要求不高讨论中,人们公德意识得到了升华。

其实,公德意识并不是要求达到多么高的境界。安徽一个集镇上有位卖豆腐的人,生意红火。但是有一段时间顾客们找不到他了,因为他得了流感,在家闲了十几天,就是为了怕顾客们因吃了他的豆腐而染病。《人民日报》的一篇小言论就此把它不仅作为公德,而且作为公民意识进行了分析,称它为"豆腐倌儿模型"。因为这位豆腐倌"显然清楚自己是处在社会环境中的哪一个环节,他清楚地知道自己所起到的影响,同时也知道如何控制这种影响,使之有利于社会,⋯⋯这样一个'模型'表现了个人与社会环境的一种良性循环关系"(杨继红,1995)。在公德方面媒介引导的目的,可以借鉴此模型,即使公众具有一种清醒、理智的自我意识——意识到我与国家、社会、他人、自然的关系,意识到自己在其中拥有的权利和分担的义务,并认真履行它们。它似乎简单,但对于营造市场经济条件下健康的社会关系的舆论,却意义重大。

媒介在公德方面形成的"压力",不能是简单的声势之"压"。人们的道德选择归根到底是一种行为选择,如果一个社会只有从善才能得到好处,那么生活于该社会的人将乐于从善而畏于从恶。因此,媒介的道德"压力"应表现为广义的奖赏和惩处。为了达到多数人遵守公德的目的,可以针对不同公众群的道德水准,采取给予社会赞许、尊重(心理快感),或给予一定的物质利益等方式。1995年《中国妇女报》关于"何以挽回拾金不昧"的讨论,便是在探索以道德交易赢得履行公德行为的问题,尽管道德归根到底不能用道德交易来维护。而各媒介开展的希望工程宣传、青年志愿者行动、各种呼吁社会救助的感人事件(例如北京市民对山东女孩杨晓霞的救助),则是在高一层次鼓励人们仅仅出于良心的平衡而弘扬公德。当然,即使这种善事,也要注意它们只能适量地展示引导方向,不能图声势、掀气势。社会道德的承受能力也是有限的,也会出现道德疲软现象。

全面营造市场道德的舆论氛围

　　社会主义市场经济条件下人与人或法人与法人的经济活动,主要由相关的法律和行政法规来约束,同时亦需要市场道德的自律。市场经济的本性是功利性的,因而经济活动不能完全遵循超功利性的道德。汪丁丁曾谈到,市场经济条件下作为个人的道德取向应该强调一定程度的自利(self-interested),而自私(selfish)并不会给社会带来财富的增长。经济行为当然要讲利益的获取,"充分理性的人应当考虑长远的利益,然后折现到现在,使效益最大化,这个最大化就有可能是道德性的行为,也就是顾及他人的行为"(陈蓬,1996)。人有两种可能的本能,如前面谈到的弗洛依德所说的原始性"本我"和追求高尚的社会性"超我"。"自私"是一种原始的本能,追求无节制的享乐,为了自己的利益毫无顾忌地侵害他人的利益,将他人完全当作实现自己利益的手段;"自利"则基于人的理性,虽然强调自己的利益,但是从理性出发,随时准备为改善个人利益而与他人利益作某种妥协,准备为合作付出代价,遵循"己所不欲勿施于人"的道德律。显然,自利应当成为市场道德的基础。

　　然而,在我国向市场经济的转型时期,由于对市场经济认识的偏差,未来收入和贴现的不确定,致使许多人对自利原则、自我信誉不予考虑,假冒伪劣屡禁不绝,结果促使更多的人变得短视起来。没有基本的市场道德,便产生道德风险(moral hazard),可能出现逆淘汰,就像伪币淘汰了良币一样,这对社会的稳定威胁极大。因而,大众媒介及时营造关于市场道德的舆论氛围,具有特别重要的意义。

从媒介引导的经验看,用通俗的道理反复说明经济学的"交易成本"理论,重建经济活动的信任结构,是营造市场道德舆论氛围的第一步。例如孙立平关于"车铃效应"的形象说明(孙立平,1995)就很流行。一些经济活动中"诚实报酬"的故事(肖峰,1995)通过媒介影响着社会。《经济日报》1996年关于"经营与做人"的讨论,从经济活动的短视转而谈到经营者的素质,用许多事例证明,真正高水平的经营,做人之道与经营之道不但是统一的,而且形成了良性循环。在这些工作的基础上,以下关于市场道德的表述得到了认同:"市场经济中的道德精神主要是指道德的诚信原则。……'诚信'往往被称为市场经济中的'帝王原则'。……说市场经济中道德精神的某种失落,主要是指'诚信'精神的失落,而需求和期待的也主要是道德的诚信精神。"(张晓林,1995)

在这个意义上,早些年某些媒介正面宣传将军事谋略用于现代市场竞争,对引导公众认识现代市场道德,带来了明显的反面作用。《人民日报》的一篇文章对这一导向的批评,从另一角度说明了市场道德应当是什么。文章指出:这种泛化的谋略预设了人与人之间"像乌眼鸡似的"绝对的利害关系。使社会上公开平等的竞争变得凶险狡诈,毁灭了人与人之间的真诚、信任与豁达。它是一种社会之癌。它的扩散毒化着生活世界的氛围,使正常的公共秩序无法形成。文明社会的规则要想在这种谋略氛围中建立,将如沙上建塔,顷刻倒塌(王焱,1995)。

媒介引导的第二步是倡导以诚信为主旨的职业道德。各媒介1996年开始的关于文明窗口、承诺制的讨论,宣传上改变了过去高调门、一窝蜂的陋习,不务形式主义,相当认真地讨论诸如不切实际的广告式承诺、非内在的轰炸式微笑等具体问题,引导经营者规范职业道德,遵从敬业精神。产品质量问题在这个阶段已不再是单纯"打假",而是联系到职业道德,一位作者写道:"在一定程度上来说,产品的质量问题其实是个人道德水平问题,它突出地表现着从事产品生产的人的道德水准。一个正直善良的人,一个对工作认真负责的人,他是绝不会忽视产品的质量的。这样的人,更不可想象他会去制假、造假。因此,在不少的时候,提高人的道德水准比提高人的技术水平更能保证产品的质量。"(李炳银,1996)

在这个阶段,媒介的引导方式也有所变化,以往的某些类型化的"好人好事"

不再视为公德,而是作为本份内的职业道德,这对于形成社会主义市场经济的新的经济秩序,带有一定的观念革命性质。诸如交通警在酷暑严寒状态下工作、出租司机不拒载等等,不可认为、媒介也不应助长"这是为老百姓做了大好事"的观念,这些属于职业份内的工作。单三娅就此写道:"传媒常常报道某些人对在职人员的帮助表示感谢等等,……不要在无形中降低职业道德的标准,助长一种'只有表扬才好好表现'的脆弱的儿童心理。……每个人都应该知道自己是干什么的,应该怎样干,干到什么程度才叫好。如此,社会每个人各司其职,互相合作,一架庞大的社会机器也就能顺利地运转起来了。"(单三娅,1996a)

1997 年,媒介的引导进入了第三步,开始要求消费者的文明,这是经济活动中另一面的道德问题。如果只是要求经营者文明,而不文明的消费者就可能利用这种文明图"自私",或表现出对人的不尊重。因而,媒介的导向需要面对两方面。媒介在不懈地保护消费者利益的同时,也要培养消费者的文明意识。《人民日报》连续数月开展的"做文明'上帝'讨论",发表了几十封读者来信,以身边的事情谈市场道德,入情入理。一位服务人员写道:"从一定意义上说,消费者的一言一行会成为我们服务人员的'参照系'和'试衣镜'。虽然,这种借鉴和感化作用或许是无声的,但在很多时候,很多场合,良知可以点燃良知,文明能够唤起文明。"(韩啸,1997)

市场的道德原则与物质利益原则应当是正相关的,但在人们经历了一些欺诈性质的经济活动以后,认识这个问题需要良好的市场道德氛围和较长的时间。因此,大众媒介面的引导工作将是持久的。

第九章　区域性的媒介引导舆论研究

我国领土广大,不同地区的历史、风俗和经济发展水平存在着较大的差异。虽然大众传播媒介引导舆论的基本方针在全国是一致的,但在许多具体的问题上,不同区域媒介引导中的问题、引导重点会有所不同。为了达到更好的引导效果,针对不同区域舆论的特点,采取的引导方式也需要有所不同。在这个意义上,讨论一下区域性的舆论导向问题是必要的。

我国几个主要区域的舆论特征

法国史学家丹纳(Taine,H)谈到一个地区人的精神面貌和舆论特征时,将种族(追溯历史)、时代(具体环境)和制度(包括风俗)视为考察的三个主要因素(丹纳,1963:242)。依据这种考察方法,在我国广袤的土地上,由于历史文化、自然环境、人种遗传等的差异,各个地区人类种群的个性、文化心理、行为特征、精神风貌、教养、趣味追求都有一些或大或小的差异。因而各个区域的舆论特征也不大相同。然而科学地概括各地人群的特征是困难的,人群在流动,时代在变化,每个人的差异更大,所谓"特征",一般只能是一种多少带有主观色彩的评价,下面的描述即属于这种性质。

如果从大区域的范围考察,那么以秦岭—淮河为大致的界线,我国可分为南北两大区域。林语堂曾就此写道:"中国内部尚有种族歧异、血统歧异之存在。仔细观察则抽象的'中国人民'意识消逝,而浮现出一种族不同之印象。他们的态度、脾气、理解各不相同,显然有痕迹可寻。"(林语堂,1988:17)在他的笔下,北方人身材高大,性格热情粗犷,行为相对保守;而南方人身材矮小,聪明灵活,善于处世。如果从北往南列数,各个区域的人群特征还有更细微的差异。

鉴于漫长的东北人形成的历史,"东北不出圣人,归咎于原始文化积淀的贫微。棍子扫一圈,扫倒的全是武夫"(杨军,1995：97)。但是,白山黑水间的茫茫雪原和莽莽密林造就了东北人剑胆侠义的性格、交往中坦诚而少含蓄的行为方式。最近的几百年,清王朝为"龙兴之地"的尊贵而在东北实行封地政策。解放以后,作为国家的重工业基地,东北实行全面的计划经济体制,虽为社会主义建设作出了巨大贡献,但长年的封闭也使得东北人的观念受到了相当的束缚。面临社会主义市场经济的新形势,东北人关于现实的观念在总体上(即舆论)有些落伍了,最初对于市场的理解比其他地区显得有些浅薄,惰性和依附性的表现也突出一些,以致新华社和《人民日报》发了一些关于"东北现象"的消息和文章(徐立善,1993；陈光明,1993；皮树义,1993),帮助他们分析问题。

生活在皇城根下的北京人,有着北方人的性格特点,诚实正直、直来直去,同时眼界较为开阔,抱负远大。北京的文化是我国各地文化的荟萃,因而在人际交往中有"不关门的北京"之说,"北京的小市民,小胡同里未必很有知识却未必没有教养的市民们,待人处世的和蔼,则是全国公认的,无论你对谁打声招呼,向他打听个什么地方,都会得到善意指点,这种市民层的普遍和善气氛,并不是各大城市都有的"(骆爽,1994：32)。北京人的生活环境使得他们天生地关心政治,以致自觉不自觉地用政治家的思维模糊了许多问题的客观立场；"侃",成了北京舆论经常的外在形式。面临社会主义市场经济的新环境,北京人的观念遇到了挑战,显舆论"紧跟快转",但转变为理性的行为舆论却相当缓慢,眼高手低的性格与观念特征显现了出来。

山东人比东北人(东北人中祖籍在山东的居多)显得多些思想,比北京人显得多些淳朴。也许由于两千多年相对开放的齐文化与相对保守的鲁文化的综合作用,在社会主义市场经济的新环境中,山东人在观念和行为上表现出一种特殊的状况："有思想但并不机智,有经商之能却不精于此道,有文化却不善于辞令。"(辛向阳,1995：6)

因为上海人遍布全国各地,同时又以明显的语言界线在各地自划圈子,所以各地关于上海人的议论颇多。不论评价如何,上海数百年的历史发展造就了上海人观念和行为的特点：商业化的利益驱动、世俗化的大众导向(杨东平,1994：126)。也许上海人有许多缺点,就像余秋雨所说："精明、骄傲、会盘算、能说会道、自由散漫、不厚道、排外、瞧不大起领导、缺少政治热情、没有集体观念、对人冷漠、吝啬、自私、赶时髦、浮滑、好标新立异、琐碎、市侩气……"（余秋雨，1994：143）但是，上海舆论在市场经济中的理智却是其他地方的舆论所缺少的，上海人虽然"小气"，一旦游戏规则确立，便严格在规范内行动。上海公众在横向传播中，很容易根据自己一贯的原则或利益要求，形成公认的选择，并较为自觉地维护建立在个人利益基础上的共同利益。只要新的生活习俗合理、便利，很快就会被普遍接受，进而形成一种新的规范予以通行。就这一舆论特征而言，它与现代市场经济是相适应的。

近十几年广东的改革开放对全国影响颇大，人们逐渐认识了广东人。广东相对于北方来说，淡于儒家思想的浸染，较早地睁开眼睛看世界，于是"广东人有其独特的变通思维方式"，"广东人的开放，用俗话说就是'兼收并蓄'"（李文飞，1995：57、60）。但是由于历史的原因，广东的文化积淀不够深厚，广东人勤恳、顽强，却不大重视知识，迷信比北方人浓重。广东的假货、畸形消费、超度享乐也是出名的，于是出现了种种关于广东人的说法：爱钱如命的广东人、好色的广东人、玩厚黑学的广东人、坑内地人的广东人……然而，广东人也以一系列正牌货和较有质量的电视连续剧和报刊，努力改变着自己的形象。

引导北方人：保持直爽和热情，多些市场经济意识

"北方人"是个笼统的概念。

媒介的引导对于东北人来说，重点在于淡化"官本位"观念，开阔视野，深化对于社会主义市场经济的理解。东北解放早，计划经济体制比全国任何地方实行的都长，拥有最大数量的国有重工业企业，为国家建设做出过贡献。然而现在的问题也出在这段历史上。市场经济来临，建立了一些对外开放的市，不少人首先想到的是"级别"有没有提高，而办事中遇到的最大障碍仍然是官僚作风，官本位的观念较其他地方要严重些；企业改革遇到困难，等、靠、要的思维定势一时难以转变；"社会主义市场经济"作为一个概念可以天天讲，但是落实下来却是像完成任务一样，一窝蜂地建几个具体的"市场"、圈地便是"开发区"；而在许多个体户看来，对外边贸就是一场要今天不想明天的欺诈战，以致闹得俄罗斯与中国的边贸冷清了好几年。"几亩地，一头牛，老婆孩子热炕头"的说法传播得颇广，其实它最早起于东北，由于生活环境的局限，造成了这一理想。"这种小农意识逐

渐地限定了东北人追求发展的深度、广度和力度,逐渐养成了固守本地、耕耘收获,再耕耘收获这样一种稳妥的小循环,与外界的干系越来越少。"(杨军,1995:271)正是这种深厚的潜意识,限制着心宽胆大的东北人在市场经济中前进的脚步。

对于山东人,媒介过多地宣扬孔孟之道的传统并不利于他们观念的进步,"在齐鲁文化的故乡,数不清的不仁、不义、非礼、无君的警告和教育,使一代一代的山东人的思想和行动受到了层层限制,失去了个性的地位和独立思考的权利,性格的直朴实在常常变为因循守旧"(辛向阳,1995:47)。现在需要的是让有思想、有一定经营之道传统、有文化基础的山东人学会在市场经济的海洋里自在地游泳。在保持传统风格的同时,具有"大商业"的头脑和勇于开拓的精神。

在"北方人"中,北京人带有各地北方人特征的综合性质。他们身处全国的政治中心,如果说北京人对社会主义市场经济理解不够,有些说不过去。但在行为上,计划经济的传统像惯性一样,在不小的程度上还支配着北京人。有人曾注意到,京城上班流中,从东到西的人不紧不慢,而从西到东的人则步履匆匆;从南到北的人急急忙忙,而从北到南的人毫无紧张感(骆爽,1994:308)。这是因为从西到东和从南到北的人群大都是去合资企业、高新技术企业上班,而另两条路线则是去国有企业上班。若没有外力的推动,北京人仍固守着"不紧不慢不伤身"信条。

对政治过分钟情的传统也在影响经济的发展,"企业家盯'官场',容易使企业经营活动政治化,多拿奖状、多拿锦旗、多奏凯歌。丰富的政治经验短期内对企业发展可能产生奇效,但对企业长期的发展却可能是一种灾难"(同上,294)。而民间的各种小买卖,从墙根已经挤上了慢行道上,一个凳子支起一个理发摊,一张塑料布摊开一个书摊,一支打气筒戳起一个修车摊,多年也没有个更大的发展。在下岗职工中,宁可没活干也不肯干"下贱"的脏活累活。

北京人精于说话的艺术,素有凑热闹的习惯,却不愿动手从小事做起。北京的文化"托儿"现象似乎比街头买卖中的"托儿"还要热闹,一些闹哄哄的庸俗电视剧总有一帮无聊文人在庸俗小报上吹捧,轰轰烈烈地影响着市民,而不少人还以为这就是"文化"。无疑,这对北京的舆论有着负面的作用。

针对上面谈到的北京人的观念和行为特征,北京的媒介做了不少批评和引导工作。例如对于北京人"大爷"心态(大事干不来,小事又不屑于干)的分析,已经持续了一段时间。对于文化"托儿"现象的盛行,媒介本身负有责任。北京人的语言幽默,但空侃也会误国、误人和误己,过分的侃风与北京某些媒介的有意无意倡导有关,"大腕"、"狂撮"、"海腕"、"傍家"之类新词在京城某报的"侃"专栏屡见不鲜。语言不可避免地包含思想,北京谐趣的流行语言中也透着一定的鄙俗、油光和肉气。在这方面,杨东平的批评是中肯的:北京的报纸未达到雅俗共赏的程度,这是根本性的缺陷(杨东平,1994:387)。

对北京人不需要讲多少市场经济的大道理,最需要的是引进生动具体的南方人闯市场的生活体验和观念。列宁在苏俄成立之初讲的话对北京人也许十分贴切:少谈些政治。政治已经完全明朗化了。多谈些经济。我们需要的经济是指周密的考察和研究新生活实际建设的各种事实(列宁,选3卷:600)。

引导上海人:保持市场的理性意识,多些大度与高些的精神追求

如果注意一下现在上海普通男人的一周生活,也许会更深刻地理解他们:周一至周五挤公共汽车,偶尔操持家务,还要关心股市,算计日常开支。间或朋友来访,不能酒海肉山,不能陪着长谈,因为经济力不支,时间也不够。计划周末携妻儿旅游,一想起交通费用、搭车困难而作罢。他实际上操守着经济利益至上的原则,也就容易将它作为一种价值尺度考虑其他问题,成为顽强的现实主义者。街头流行的新语言,亦显示着上海人强烈的实用心态:上当受骗被称为"吃药";离婚叫"解套";职工看望领导叫"感情投资";探测一个人的实力叫"搭脉",而去实力的单位叫"立升"。然而,不停地动脑筋,做成的爽快事并不多。上海人是自信而乐观的,他们被机器的效率和速度推动着,也确实算计得很累,缺乏生命的皈依感,更多地关注鸡零狗碎。1995年初著名的商业街四川路施工封路的消息一经传出,举城欢腾,因为可以借机买到便宜货了,购物的人流几乎达到了疯狂的地步(骆爽,1995:158)。

王唯铭1996年出版的描写上海近年生活风景线的著作,找到了一个恰当的书名:《欲望的城市》,很形象地说出了现在上海人的心态。在一般情况下,上海人很难为抽象的价值和理想而激动,除非他们的利益受到了威胁。正由于这种情况,上海的文化产品不乏广泛影响,但流行的多于深刻的。上海自己的著名剧作家沙叶新坦率地说:"上海的艺术家过于胆小拘谨而又乖巧玲珑。因而最善于揣摩各种精神,最善于察颜观色、见机行事,或者说最拎得清行情……可是他们始终不可能有恢弘博大的气度,不可能有沦肌浃髓的深刻。"(沙叶新,1992)这种情形是上海公众实际情况的反照:上海人的精神生活虽有一定的层次,但缺少深刻。

在各地方媒介中,上海的媒介是最关注对公众引导的。根据上海人的阅读趣味和文化心理,上海的报章一般不是义正词严地讲大道理、搞宣传,而是避重就轻,以虚入实,讲一些入情入理的小道理,逐渐积累着上海舆论的文化成分。它们对上海人的批评、揭露和讨论进行得最多,例如"外地人心目中的上海人"、"上海人的形象"、"90年代的上海人"、"上海市民应具备什么素质"等,甚至还有题为《丑陋的上海人》的批评文章。对于那些过于精明、讲实惠而缺少公德的现象,上海的媒介多次呼吁做大上海人,而不做小市民(杨东平,1994:457、463;骆爽,1995:363)。上海媒介引导的经验,值得各地媒介借鉴。

上海的媒介当然也身处上海的人文环境中,有时有意无意地强化了某些成问题的舆论。例如上海的"洋婚姻",出于有利可图动机的不在少数,而"作为上海人口舌的报纸等新闻媒介直言不讳地标榜他们的优越感,甚至不无自豪地声称'上海的女婿遍天下'。他们并不认为这是什么不体面或令人尴尬的事,相反以此作为一条可以大加炫耀的题材,并在道义和舆论上给予支持"(骆爽,1995:332)。媒介的商业蛊惑有时也走得过远,造成一定的舆论振荡。例如1993年秋天上海各媒介"八万元买一套私人产权房"的宣传,然而实际情况却是:"人们的获得仅是语词意义上的,在现实意义上他们获得的更多的是虚无。"这对于重实惠的上海舆论来说,引发的潜在反效应需要记取,它带给人们的感觉就如王唯铭所言:"我在今日的民宅推销这一时髦举措中目击的只是轮子下的平等,即被压扁了的平等。"(王唯铭,1996:184)

引导广东人:保持变通精神,加大文化含量,培养长远眼光

广东人敢干,做事会变通,因而有"北京出决议,东北开会议,广东产效益"(骆爽,1994:293)之说。但是手高眼低同样带来了许多广东人观念上的问题,在凭借优惠政策把经济搞上去的同时,一些广东人尚没有来得及培养更高些的文化与理想,因而也造成另一方面的认识偏差:"在广东人的生活中,钱已经成了

社会生活的轴心。追求钱,成了他们追求进步的标志;不去赚钱、不会赚钱都是不会工作、能力差的表现。"(李文飞,1995:387)也许由于广东人长期经商并与海洋打交道,时常体会到一种无法解释的机缘巧合、莫测变幻吧,现代化企业和商厦中供奉神灵成为广东一景,循粤语而讨口彩的吉祥数字风行全国,变成一种荒唐的现代迷信。缺乏对高层次文化的追求则带来无约束的汹涌"黄潮"、"吃"中找享受的畸形消费,民间俗文化较为丰富,但内容却显得苍白。人们还注意到,全国各地的人才造就了广东的辉煌,而作为地主的广东人,特别在富有的乡村,思想却相当贫乏。然而,正是大批外来务工的涌入,正在冲破地缘和血缘关系的束缚,转变着当地人的思想,任人唯贤正在替代着任人唯亲。例如只有3 000人的雁田村,外来务工者达到6万人,多数厂长企业选配管理人员,已很少考虑地缘和血缘关系(祝华新,1997)。

广东的大众传播媒介是发达的,较早地实现了市场化。如同广东人善于变通一样,广东的媒介为适应公众的需要不断地推出各种新鲜的节目或栏目,以新面孔争取更多的受众。广东媒介对于舆论的引导虽然在实行市场经济初期有些不利,但现在已经有了一套较有成效的经验。他们以建设适合市场经济的大众文化为起点,建设起现代文化产业,养作品而不养人头,以经济手段导向文化创作,使得一批体现主旋律、反映社会主义市场经济生活背景的电视剧,几乎与时代同步地闻名全国。一些著名的报刊也以市场化的视角进行改造,从而拥有了良好的读者口碑。通过贴近公众心态的影视作品、文学作品和新闻报道,广东正在调整公众的心态,建构新的人格。引导的起点就如音乐人解承强所说:"从小'我'走向大'我',引导听众关心大自然、社会和他人。"(祝华新,1994b)这里没有很高的调门,却很实际。

可喜的是,广东人正在意识到问题的症结,就像一位广州中学教师对他的学生讲的:"你们如果不好好学习,只知道想去赚钱,那么将来你们只能去给北方人打工,人家当经理、厂长,你们就是打工仔、打工妹。"(李文飞,1995:260)一位记者考察广州青年的价值观时注意到,他们的观念正在发生着渐进的变化,知识开始在城市青年中受到重视,有了较为远大的眼光,不少人以"经营成功"而非单纯追求利益为人生乐趣,个人消费趋向节俭(孟晓云,1995)。尽管广东的舆论有它的弱点,但向健康发展的趋势、媒介引导的经验还是值得借鉴的。

参 考 文 献

中文著作或文集:

三画

1. 马以鑫(1995):《接受美学新论》,学林出版社。

2. 《马克思恩格斯全集》中文版第 1、2、3、7、12、20、21、23、37、41、42 卷,人民出版社 1956—1985 年陆续出版。

3. 《马克思恩格斯全集》中文第 1 卷,人民出版社 1995 年第二版。

4. 马洪主编(1993):《什么是社会主义市场经济》,中国发展出版社。

5. 马谋超、高丹等(1988):《消费者心理学》,知识出版社。

四画

6. 王戈、曹焰主编(1989):《英汉双解大学英语用法词典》,吉林大学出版社。

7. 王石番(1995):《民意理论与实务》,黎明文化事业公司。

8. 王雨田主编(1988):《控制论信息论系统科学与哲学》,中国人民大学出版社第二版。

9. 王海光(1995):《旋转的历史社会运动论》,上海人民出版社。

10. 王唯铭(1996):《欲望的城市》,文汇出版社。

11. 王德胜(1996):《扩张与危机当代审美文化理论及其批评话题》,中国社会科学出版社。

12. 韦勒克、沃伦(1984):《文学理论》(1942),三联书店译本。

13. 《毛泽东选集》(1967),人民出版社袖珍一卷本。

14. 丹纳(1983):《艺术哲学》(1865—1869),人民文学出版社译本。

15. 巴克主编(1986)：《社会心理学》(1977)，南开大学出版社译本。

16. 巴勒特(1989)：《媒介社会学》(1986)，社会科学文献出版社译本。

17. 孔令智、汪新建、周晓红(1987)：《新编社会心理学》，辽宁人民出版社。

五画

18. 艾丰(1982)：《新闻采访方法论》，人民日报出版社。

19. 切特罗姆(1991)：《传播媒介与美国人的思想》(1982)，中国广播电视出版社。

20. 布尔迪厄、哈克(1996)：《自由交流》(1994)，三联书店译本。

21. 卢梭(1987)：《社会契约论》(1762)，商务印书馆译本。

22. 北川隆吉主编(1994)：《现代社会学》(1984)，中国人民大学出版社译本。

23. 卡西尔(1985)：《人论》，上海译文出版社译本。

24. 司马云杰(1987)：《文化社会学》，山东人民出版社。

25. 《圣西门选集》(1962)，商务印书馆译本。

26. 《弗洛依德著作选》(1986)，四川人民出版社译本。

27. 永昌卷(1995)：《百县市经济社会调查》，大百科全书出版社。

六画

28. 托马斯(1995)：《细胞生命的礼赞》(1975)，湖南科学技术出版社译本。

29. 托夫勒(1983)：《第三次浪潮》(1980)，三联书店译本。

30. 托夫勒(1991)：《权力的转移》(1990)，中共中央党校出版社译本。

31. 《列宁选集》中文版第 3 卷，人民出版社 1972 年第二版。

32. 伊泽尔(1988)：《阅读活动：审美响应理论》(1976)，中国人民大学出版社译本。

33. 竹内郁郎编(1989)：《大众传播社会学》(1987 年 8 版)，复旦大学出版社译本。

34. 朱学勤(1994a)：《风声 雨声 读书声》，三联书店。

35. 朱学勤(1994b)：《道德理想国的覆灭》，上海三联书店。

36. 刘建明(1988)：《基础舆论学》，中国人民大学出版社。

37. 刘建明(1990)：《当代舆论学》，陕西人民教育出版社。

38. 刘崇顺、王铁(1993)：《大潮下的情感波动》，中国社会科学出版社。

七画

39. 李文飞、周树兴主编(1995)：《"品评"广东人》，中国社会出版社。

40. 李良栋(1995)：《误区与超越当代中国社会舆论》，中央党校出版社。

41. 李金铨(1987)：《大众传播理论》，三民书局第三版。

42. 李勇锋(1988)：《变革中的文化心态》，国际文化出版公司。

43. 李彬(1993)：《传播学引论》，新华出版社。

44. 李树德等编著(1993)：《创世记人与文化论》，山东教育出版社。

45. 李晓明、冯平主编(1986)：《颤动写在文革结束后的第十年》，云南人民出版社。

46. 李普曼(1989)：《舆论学》(1922)，华夏出版社译本。

47. 李盛平等主编(1990)：《新学科新知识词典》，中国国际广播出版社。

48. 麦克卢汉(1992)：《人的延伸媒介通论》(1964)，四川人民出版社译本。

49. 麦克布赖德等(1981)：《多种声音 一个世界》(1980)，对外翻译出版公司译本。

50. 赵成杰(1995)：《流动的历史社会热点问题透视》，吉林大学出版社。

51. 吴予敏(1988)：《无形的网络》，国际文化出版公司。

52. 吴海民(1995)：《金元新闻》，华艺出版社。

53. 时蓉华主编(1989)：《现代社会心理学》，华东师范大学出版社。

54. 余秋雨(1994)：《文化苦旅》，上海知识出版社。

55. 何新(1987)：《艺术现象的符号》，人民文学出版社。

56. 邵道生(1996)：《中国社会的困惑》，社会科学文献出版社。

57. 纳奇拉什维里(1984)：《宣传心理学》(1979)，新华出版社译本。

58. 张世和(1994)：《心理追踪误区与超越》，西南交通大学出版社。

59. 张永杰、程远忠(1988)：《第四代人》，东方出版社。

60. 张廷琛主编(1989)：《接受理论》(译文集)，四川文艺出版社。

61. 张先翱主编(1994)：《大众传媒与儿童发展》，中国少年儿童出版社。

62. 张明澍(1994)：《中国政治人》，中国社会科学出版社。

63. 张春兴(1994)：《现代心理学》，上海人民出版社。

64. 张雄(1994)：《历史转折论》，上海社会科学出版社。

65. 张锦华(1994)：《传播批判理论》，黎明文化事业公司。

66. 张琼、马尽举(1995)：《道德接受论》，中国社会科学出版社。

67. 亨廷顿(1988)：《变革社会中的政治秩序》(1968)，华夏出版社译本。

68. 辛向阳主编(1995)：《"说道"山东人》，中国社会出版社。

69. 肖鹰(1996)：《形象与生存》，作家出版社。

70. 沙莲香(1987)：《社会心理学》，中国人民大学出版社。

71. 沙莲香主编(1990)：《传播学以人为主体的图象世界之迷》，中国人民大学出版社。

72. 阿恩海姆(1987)：《视觉思维》(1969)，光明日报出版社译本。

73. 陈刚(1996)：《大众文化与当代乌托邦》，作家出版社。

八画

74. 林语堂(1988)：《吾国与吾民》，宝文堂书店。

75. 林秉贤(1985)：《社会心理学》，群众出版社。

76. 杨东平(1994)：《城市季风北京和上海的文化精神》，东方出版社。

77. 杨军、周树兴主编(1995)：《"放谈"东北人》，中国社会出版社。

78. 周文柏(1988)：《文艺心理研究》，中国人民大学出版社。

79. 周文彰(1991)：《狡黠的心灵主体认识图式论》，中国人民大学出版社。

80. 罗素(1983)：《西方哲学史》上下册(1955)，商务印书馆译本。

81. 金开诚(1982)：《文艺心理学论稿》，北京大学出版社。

82. 知非(1996)：《中国幼稚病》，中国社会出版社。

83. 单纯(1993)：《西方新闻传播论文集》，四川文艺出版社。

84. 郑也夫(1995)：《走出囚徒困境》，光明日报出版社。

85. 孟小平(1989)：《揭示公共关系的奥秘舆论学》，中国新闻出版社。

九画

86. 胡文耕(1992)：《信息、脑与意识》，中国社会科学出版社。

87. 胡经之、张首映(1988)：《西方二十世纪文论史》，中国社会科学出版社。

88. 柏拉图(1986)：《理想国》，商务印书馆译本。

89. 哈贝马斯(1994a)：《交往行动理论》第一卷(1985 年 3 版)，重庆出版社译本。

　　90. 哈贝马斯(1994b):《交往行动理论》第二卷(1985 年 3 版),重庆出版社译本。

　　91. 昆德拉(1989):《生命中不能承受之轻》(1975),作家出版社译本。

　　92. 科林伍德(1985):《艺术原理》,中国社会科学出版社译本。

　　93. 钟义信(1988):《信息的科学》,光明日报出版社。

　　94. 施拉姆、波特(1984):《传播学概论》(1982),新华出版社译本。

　　95. 姚俭建、叶敦平(1994):《无形的历史隧道》,上海人民出版社。

　　96. 骆爽主编(1994):《"批判"北京人》,中国社会出版社。

　　97. 骆爽主编(1995):《"剖析"上海人》,中国社会出版社。

十画

　　98. 高小康(1993a):《大众的梦》,东方出版社。

　　99. 高小康(1993b):《人与故事》,东方出版社。

　　100. 高小康(1995):《世纪晚钟当代文化与艺术趣味评述》,东方出版社。

　　101. 高楠(1988):《艺术心理学》,辽宁人民出版社。

　　102. 康德(1987):《实用人类学》,重庆出版社译本。

　　103. 浦卫忠、马宪平主编(1996):《九十年代北京青年研究》,中国城市出版社。

　　104. 浦迪安(1996):《中国叙事学》(直接的中文讲演),北京大学出版社。

十一画

　　105. 理斯曼、格拉泽、戴尼(1989):《孤独的人群》(1948),辽宁人民出版社译本。

　　106. 龚文庠(1994):《说服学攻心的学问》,东方出版社。

　　107. 笛卡尔(1986):《第一哲学沉思录》(1642),商务印书馆译本。

　　108. 梁良良、黄牧怡(1996):《走进思维的新区》,中央编译出版社。

　　109. 梁晓声(1996):《九五随想录》,新疆人民出版社。

　　110. 维纳(1989):《人有人的用处》(1950),商务印书馆译本。

十二画

　　111. 斯拉姆等(1980):《报刊的四种理论》(1956),新华出版社译本。

112. 彭聃龄(1990)：《认知心理学》，黑龙江教育出版社。

113. 惠州卷(1993)：《百县市经济社会调查》，大百科全书出版社。

114. 黑格尔(1956)：《历史哲学》，三联书店译本。

115. 黑格尔(1961)：《法哲学原理》，商务印书馆译本。

116. 喻国明、刘夏阳(1993)：《中国民意研究》，中国人民大学出版社。

117. 奥修(1996)：《隐藏的和谐》，上海三联书店译本。

118. 谢高桥(1983)：《社会学》，巨流图书公司。

119. 赖希(1990)：《法西斯主义群众心理学》(1933)，重庆出版社译本。

十三画以上

120. 楼静波等(1993)：《中国青年大透视》，北京出版社。

121. 雅斯贝尔斯(1988)：《存在与超越》(1947)，三联书店上海分店译本。

122. 黎鸣(1988)：《控制论与社会改革》，光明日报出版社。

123. 赛弗林、坦卡特(1985)：《传播学的起源、研究与应用》(1980)，福建人民出版社译本。

124. 德弗勒、鲍尔-洛基奇(1990)：《大众传播学诸论》(1989 年 5 版)，新华出版社译本。

125. 霍夫斯塔特(1984)：《GEB 一条永恒的金带》，四川人民出版社编译本。

126. 肇东卷(1994)：《百县市经济社会调查》，大百科全书出版社。

中文论文和一般文章：

二画和三画

1. 卜卫(1992)：《北京儿童与传播调查报告》，手稿。

2. 于宁(1993)：《及时为民消疑云》，《人民日报》12 月 19 日。

3. 马建青、倪东等(1997)：《当代博士生的思想状况以及特点》，《青年研究》第 2 期。

四画

4. 王列(1993)：《市场经济需要什么样的意识形态》，《北京青年报》11 月 28 日。

5. 王奋宇(1995)：《关于"环境"的两个故事》，《北京青年报》8 月 2 日。

6. 王岳川(1995)：《广告消费主义的文化意识》,《北京青年报》7 月 3 日。

7. 王晓东、吴鲁平(1995)：《中国城市青年评价 1994》,《中国青年报》1 月 21 日。

8. 王焱(1995)：《警惕"没有仁爱的知识"》,《人民日报》4 月 3 日。

9. 王慧敏(1997)：《学会给信息"体检"》,《人民日报》3 月 7 日。

10. 毛时安(1996)：《重返文字阅读》,《光明日报》10 月 9 日。

11. 元也(1997)：《以什么养什么》,《人民日报》3 月 16 日。

12. 无署名(1989)：《为什么会有谣言》(《费加罗报》1 月 9 日),《参考消息》2 月 13 日。

13. 韦源(1996)：《切忌用旧眼光评判现代生活》,《文汇报》7 月 5 日。

五画

14. 田学文(1996)：《"世界末日"并未来临》,《新科技》第 3 期。

15. 田科武、张越(1995)：《北京青年：数据与调查》,《北京青年报》3 月 2 日;《一身正气的北京青年道德观》,《北京青年报》8 月 8 日;《北京青年：现状与思考》,《人民日报》2 月 16 日。

18. 立真(1996)：《免称"父母官"》,《新闻出版报》12 月 16 日。

19. 冯伯麟(1996)：《近万人回答生活、婚姻、教养、工作价值观念》,《光明日报》12 月 27 日。

20. 皮树义、赖仁琼(1993)：《摆脱"东北现象",进行第二次创业》,《人民日报》3 月 25 日。

六画

21. 老人(1996)：《一个有悖情理的公式》,《北京青年报》2 月 14 日。

22. 尧斯(1986)：《文学与阐释学》(1980),《文艺理论研究》第 5 期译文。

23. 尧斯(1989)：《文学史对文学理论的挑战》(1967),收入《接受理论》(译文集),四川文艺出版社。

24. 米博华(1995)：《造假与行骗》,《北京青年报》9 月 23 日。

25. 刘心武(1985)：《他追求天地境界》,《文汇读书周报》4 月 6 日。

26. 刘向荣(1996)：《热点冷看 避免误导》,《新闻出版报》12 月 28 日。

27. 刘伯红、卜卫(1997)：《我国电视广告中妇女形象的研究报告》,《新闻与传播研究》第 1 期。

28. 刘建明(1996)：《舆论的量度和舆论的增长》,《民意》第 6 期。

29. 刘治平(1995)：《他们为什么听音乐?》,《人民日报》4 月 28 日。

30. 刘胜明、习少颖(1997)：《电子动物能"活"多久》,《北京青年报》6 月 21 日。

31. 孙立平(1995)：《重建信任结构》,《新闻出版报》1 月 21 日。

32. 孙五三(1994)：《媒介行为与观念现代化》(之二),《新闻与传播研究》第 3 期。

33. 孙明泉、尹世杰(1996)：《精神文化消费的比重偏低》,《光明日报》9 月 8 日。

34. 阳跃余、邓亚利(1997)：《提篮买菜的情怀》,《人民日报》4 月 11 日。

七画

35. 芮必峰(1997)：《人类理解与人际传播》,《新闻与传播研究》第 2 期。

36. 李方(1996)：《地位：硬件和软件》,《南方周末》3 月 15 日。

37. 李伟杰、安奋伟(1993)：《消费大倾斜》,《北京青年报》1 月 14 日。

38. 李陀(1995)：《漫说广告教育》,《北京青年报》7 月 3 日。

39. 李杰伟(1996)：《不要动辄与文化攀亲》,《光明日报》5 月 15 日。

40. 李宗柱(1997)：《报道? 还是广告?》,《新闻出版报》2 月 13 日。

41. 李炳银(1996)：《质量与道德》,《人民日报》11 月 1 日。

42. 李培林(1992)：《另一只看不见的手：社会结构转型》,《中国社会科学》第 5 期。

43. 李培林(1995),《试析新时期利益格局变化的几个热点问题》,《人民日报》4 月 12 日。

44. 李晓娟(1995)：《不给您上镜》,《北京青年报》1 月 25 日。

45. 李曙明(1997)：《也该挨板子》,《人民日报》2 月 14 日。

46. 吴敬琏(1993)：《市场与社会主义》,《北京青年报》1 月 14 日。

47. 吴泓(1996)：《谁在教你"扮靓"》,《北京青年报》8 月 31 日。

48. 吴春燕(1996)：《重点影片也要好看》,《光明日报》11 月 13 日。

49. 肖峰(1995)：《诚实的报酬》,《人民日报》(海外版)11 月 10 日。

50. 余锌东(1996)：《观念也需扶贫》，《人民日报》4 月 17 日。

51. 谷与麦(1995)：《尽我举手之劳》，《人民日报》10 月 27 日。

52. 邵玉兰(1997)：《论社会舆论对道德建设的作用》，《人民日报》3 月 20 日。

53. 张大农(1997)：《读书与"打鸡血"、"红茶菌"……》，《人民日报》4 月 4 日。

54. 张开逊(1996)：《伪科学十题》，《光明日报》1 月 22 日。

55. 张玉来(1993)：《孟宪忠教授访谈录》，《人民日报》7 月 12 日。

56. 张玉来(1995)：《与孟宪忠教授对话录》，《人民日报》12 月 19 日。

57. 张永泉(1995)：《将心比心》，《人民日报》10 月 27 日。

58. 张汝伦(1994)：《论大众文化》，《复旦大学学报》第 3 期。

59. 张何平(1996)：《都市生活影片新突破》，《人民日报》(海外版)11 月 26 日。

60. 张倩、孟庆伟(1996)：《冰炭在怀　我将何去何从》，《北京青年报》9 月 27 日。

61. 张晓林(1995)：《市场经济与道德精神的期待》，《人民日报》3 月 10 日。

62. 纳乌曼(1989)：《从历史、社会角度看文学接受》(1980)，收入《接受理论》(译文集)四川文艺出版社。

63. 汪大昭(1997)：《足球报道要有利于团结稳定》，《人民日报》3 月 8 日。

64. 沙叶新(1992)：《重塑上海艺术家的文化品格》，《文汇报》4 月 4 日。

65. 评论员(1996)：《正确认识当前股票市场》，《人民日报》12 月 16 日。

66. 陈力丹(1995)：《论孔子的传播思想》，《新闻与传播研究》第 1 期。

67. 陈力丹(1996)：《有比较有鉴别　改进头版面貌》，《邮电新闻研究》第 4 期。

68. 陈心安(1995)：《以正确的舆论促进稳定》，《新闻出版报》10 月 25 日。

69. 陈光明、李春雷、杜晓明(1993)：《东北三省省长共识：换脑筋仍是重要课题》，《人民日报》3 月 5 日。

70. 陈君华(1996)：《慎提顺口溜口号》，《人民日报》5 月 24 日。

71. 陈晶晶(1996)：《我爱公益广告》，《北京广播电视报》10 月 15 日。

72. 陈辉(1997):《来喽! 洋快餐进村喽》,《北京青年报》2 月 11 日。

73. 陈蓬(1996):《访汪丁丁博士》,《光明日报》11 月 21 日。

八画

74. 范立峰(1995):《发表"奇闻"应慎重》,《新闻出版报》8 月 11 日。

75. 杨俊江(1996):《淄博停办艺术节的思考》,《中国青年报》6 月 23 日。

76. 杨继红(1995):《公民与公民意识》,《人民日报》4 月 13 日。

77. 郁进东(1995):《杨蔚现身说辩论:应该降温》,《中国青年报》10 月 4 日。

78. 罗华主持(1996):《良心:首先是对义务的尊重》,《人民日报》5 月 24 日。

79. 周朗、王莹(1997):《"白萝卜风波"引出的思考》,《人民日报》2 月 3 日。

80. 周涛(1995):《电视为标书为本》,《北京青年报》5 月 1 日。

81. 岳文厚(1997):《公益广告阔步走入生活》,《人民日报》(海外版)1 月 3 日。

82. 金犁(1996):《高档高价不吃香》,《人民日报》1 月 18 日。

83. 单三娅(1996a):《应该做的事是不必感谢的》,《光明日报》9 月 6 日。

84. 单三娅(1996b):《身为记者》,《光明日报》9 月 13 日。

85. 郑方辉、李恩坤(1996):《地位的面孔》,《南方周末》3 月 15 日。

86. 郑荣来(1997):《文化,不是　张牌》,《人民口报》5 月 16 日。

87. 孟晓云(1995):《广州青年价值观扫描》,《人民日报》1 月 19 日。

九画

88. 赵牧(1995):《面对陷阱》,《北京青年报》11 月 1 日。

89. 赵彦、方家木(1993):《从捕蝶到被捕》,《人民日报》12 月 21 日。

90. 胡雅杰(1996):《致读者》,《北京青年报》12 月 11 日。

91. 荣兴(1995):《失实报道引发桑车市场震荡》,《北京青年报》3 月 15 日。

92. 段正山(1995):《能为别人做点事,真好》,《人民日报》10 月 27 日。

93. 祝华新、卢新宁(1994a):《当代"清明上河图"》,《人民日报》2 月 15 日。

94. 祝华新、曹焕荣(1994b):《当代岭南文化的勃兴》,《人民日报》7 月 12 日。

95. 祝华新(1997)：《从田埂通向书斋》，《人民日报》3 月 26 日。

十画

96. 袁方等(1995)：《环境意识：调查京沪居民》，《北京青年报》8 月 2 日。

97. 袁可林(1994)：《西峡恐龙蛋化石宣传步入误区》，《人民日报》2 月 8 日。

98. 格林(1985)：《接受美学研究概论》(摘要译文)，《文艺理论研究》第 2 期。

99. 贾鲁生(1988)：《黑话》，《报告文学》第 1 期。

100. 柴米河(1996)：《辩论比赛的困惑》，《人民日报》4 月 22 日。

101. 徐立善(1993)：《"东北现象"又一种》，《人民日报》1 月 16 日。

102. 郭庆光(1995)：《大众传播、信息环境与社会控制》，《新闻与传播研究》第 3 期。

103. 郭庆晨(1997)：《慎提口号》，《人民日报》1 月 22 日。

104. 郭镇之(1997)：《大众传播的议程设置功能》，提交第五次全国传播学研讨会论文。

105. 高云才(1996)：《"艺术搭台经贸唱戏"的冷与热》，《人民日报》7 月 14 日。

106. 凌月(1995)：《零点调查报告市民心情》，《北京青年报》12 月 26 日。

107. 凌月(1996a)：《你印象如何》，《北京青年报》11 月 13 日。

108. 凌月(1996b)：《大都市人最关心什么》，《北京青年报》11 月 20 日。

十一画

109. 曹郁芬(1988)：《当记者导演新闻的时候》，台湾《远见》第 5 期。

110. 黄平(1995)：《面对消费文化：要多一分清醒》，《人民日报》4 月 3 日。

111. 黄志坚(1994)：《令人忧虑的青年消费结构失衡》，《人民日报》3 月 8 日。

112. 黄志坚(1995)：《当代中国青年缺什么?》，《人民日报》11 月 9 日。

113. 黄涛(1996)：《搭台唱戏岂能简单组合》，《光明日报》11 月 11 日。

114. 萨根(1997)：《论科学与伪科学》(译文)，《人民日报》1 月 15 日。

115. 崔佳主持(1995)：《建立和谐的人际关系》，《人民日报》10 月 27 日。

116. 梁治平(1996)：《广告 招牌 商业自由》，《南方周末》7 月 19 日。

117. 韩啸(1997)：《"上帝"，请亮出你的文明来》，《人民日报》3 月 24 日。

十二画

118. 韩毓海(1996)：《摩登者说》，《北京青年报》1 月 20 日。

119. 喻国明(1987)：《论党报报道模式》，《新闻学刊》第 2 期。

120. 鲁迅(1973)：《中国小说的历史的变迁》(1924)，收入《中国小说史略》，人民文学出版社。

121. 傅昌波主持(1996)：《经受市场风雨的洗礼》，《人民日报》8 月 2 日。

122. 傅瞰(1995)：《出售服务》，《人民日报》10 月 22 日。

123. 程秋生(1996)：《"公益广告"多多益善》，《人民日报》(海外版)8 月 23 日。

124. 强生(1996)：《时尚是一种感觉》，《北京工人报》12 月 20 日。

十三画以上

125. 赖仁琼主持(1995a)：《视听时代，我们怎样选择?》，《人民日报》6 月 17 日。

126. 赖仁琼主持(1995b)：《视听时代，我们怎样选择?》(续篇)，《人民日报》8 月 26 日。

127. 赖仁琼(1996)：《讲述寻常百姓事》，《人民日报》4 月 27 日。

128. 镇之(1996)：《议程设置研究第一人》，《新闻与传播研究》第 3 期。

129. 樊钢(1996)：《秩序混乱时向前走》，《光明日报》5 月 9 日。

130. 潘岗(1993)：《"这笔钱，值得花"》，《人民日报》4 月 25 日。

131. 戴建中(1995)：《广告给我们带来了什么?》，《北京青年报》7 月 3 日。

英文著作：

1. Glasser，T. & Salmon，C. （Eds）（1995）. *Public Opinion and Communication of Consent*，the Guilford Press New York London.

2. Janowitz，M. & Hirsch，P. （Eds）(1981). *Reader in Public Opinion and Mass Communication*，A Division of Macmillan Publishing Co/Inc third edition.

3. Lane，R. & Sears，D. (1964). *Public Opinion*，Prentice-Hall，Inc.

4. Lemert，J. (1981). *Does Mass Communication Change Public Opinion After all?* Nelson-Hall Chicago.

5. Noelle-Neumann，E. (1993). *The Spiral of Silence: Public OpinionOur Social Skin*，the University of Chicago Press，second edition.

6. Ogle，M. (1950). *Public Opinion and Political Pynamics*，Hougbton Miffilin Company.

7. Oskamp，S. (1977). *Attitudes and Opinions*，Prentice-Hall Inc.

8. Powell，N. (1956). *Anatomy of Public Opinion*，Prentice-Hall Inc. fourth edition.

9. Price，V. (1992). *Public Opinion*，Sage Publication，Inc.

10. Qualter，T. (1985). *Opinion Control in the Democracies*，Macmillan.

11. Schwartz，A. (1966). *What do you Think?* E. P. Dutton & Co/Inc.

12. Small，M. (Ed)(1994). *Public Opinion ahd Historians*，Wayne State University Press.

13. Society for the Psychhological Study of Sosial Issues (Ed)(1965). *Public Opinion and Propaganda*，Holt，Rinehot and Winston Inc，second edition.

14. Weiman，G. (1994). *The Influentials People Who Influence People*，State University of New York Press.

15. Zaller，J. (1992). *The Nature and Origins of Mass Opinion*，Cambridge University Press.

英文论文：

Zhu，J. (1992). Issue competition and attention distracton：A zero-sum theoy of agendasetting. *Journalism Quarterly*，69：pp. 825 – 836.

【增补】

陆定一(1943)：《我们对于新闻学的基本观点》,延安《解放日报》1943 年 9 月 1 日。

胡锦涛(2007)：《高举中国特色社会主义伟大旗帜 为夺取全面建设小康社会新胜利而奋斗——在中国共产党第十七次全国代表大会上的报告》,《人民日报》2007 年 10 月 25 日。

洛克(1983)：《人类理解论》,商务印书馆。

陈力丹(2008)：《精神交往论》,中国人民大学出版社。

奥尔波特、波斯特曼(2003)：《谣言心理学》,辽宁教育出版社。

蔡静(2008)：《流言：阴影中的社会传播》,中国广播电视出版社。

李冠礁(2009)：《试论流言传播变异的社会心理》,中国人民大学硕士论文（导师陈力丹）。

许静(2009)：《舆论学概论》,北京大学出版社。

才鸟的窝博客：http://hi.baidu.com/gip0/blog/item/1963638bebd2f917c9fc7a5e.html。

桑斯坦(2003)：《网络共和国——网络社会中的民主问题》,上海人民出版社。

刘易斯·科塞：《社会冲突的功能》,电子书：http://ishare.iask.sina.com.cn/f/4970608.html。